以厚積薄發四字篆印一方
贈高等教育出版社

厚積薄發

李嵐清
二〇〇七年初秋

生也有涯
学無止境

任繼愈

教育部哲学社会科学研究后期资助项目

历史性权利的法律问题研究

On Legal Issues of Historic Rights

曲 波 著

高等教育出版社·北京

图书在版编目（CIP）数据

历史性权利的法律问题研究 / 曲波著. -- 北京 :
高等教育出版社，2020.11
ISBN 978-7-04-049254-5

Ⅰ. ①历… Ⅱ. ①曲… Ⅲ. ①国际法-研究 Ⅳ.
①D99

中国版本图书馆CIP数据核字（2018）第002892号

LISHIXING QUANLI DE FALV WENTI YANJIU
历史性权利的法律问题研究

策划编辑 丁 扬 丁艳红　　责任编辑 丁 扬　　封面设计 张 志
版式设计 范晓红　　责任校对 刘娟娟　　责任印制 刘思涵

出版发行	高等教育出版社	咨询电话	400-810-0598
社　　址	北京市西城区德外大街 4 号	网　　址	http://www.hep.edu.cn
邮政编码	100120		http://www.hep.com.cn
印　　刷	佳兴达印刷（天津）有限公司	网上订购	http://www.hepmall.com.cn
开　　本	787 mm× 1092 mm 1/16		http://www.hepmall.com
印　　张	14.5		http://www.hepmall.cn
字　　数	300 千字	版　　次	2020 年 11 月第 1 版
插　　页	2	印　　次	2020 年 11 月第 1 次印刷
购书热线	010-58581118	定　　价	56.00 元

本书如有缺页、倒页、脱页等质量问题，请到所购图书销售部门联系调换

物 料 号 49254-00

总　序

哲学社会科学是探索人类社会和精神世界奥秘、揭示其发展规律的科学，是我们认识世界、改造世界的有力武器。哲学社会科学的发展水平，体现着一个国家和民族的思维能力、精神状态和文明素质，其研究能力和科研成果是综合国力的重要组成部分。没有繁荣发展的哲学社会科学，就没有文化的影响力和凝聚力，就没有真正强大的国家。

党中央高度重视哲学社会科学事业。改革开放以来，特别是党的十六大以来，党中央就繁荣发展哲学社会科学作出了一系列重大决策，党的十七大报告明确提出："繁荣发展哲学社会科学，推进学科体系、学术观点、科研方法创新，鼓励哲学社会科学界为党和人民事业发挥思想库作用，推动我国哲学社会科学优秀成果和优秀人才走向世界。"党中央在新时期对繁荣发展哲学社会科学提出的新任务、新要求，为哲学社会科学的进一步繁荣发展指明了方向，开辟了广阔前景。在全面建设小康社会的关键时期，进一步繁荣发展哲学社会科学，大力提高哲学社会科学研究质量，努力构建以马克思主义为指导，具有中国特色、中国风格、中国气派的哲学社会科学，推动社会主义文化大发展大繁荣，具有十分重大的意义。

高等学校哲学社会科学人才密集，力量雄厚，学科齐全，是我国哲学社会科学事业的主力军。长期以来，广大高校哲学社会科学工作者献身科学，甘于寂寞，刻苦钻研，无私奉献，开拓创新，为推进马克思主义中国化，为服务党和政府的决策，为弘扬优秀传统文化、培育民族精神，为培养社会主义合格建设者和可靠接班人作出了重要贡献。本世纪头 20 年，是我国经济社会发展的重要战略机遇期，高校哲学社会科学面临着难得的发展机遇。我们要以高度的责任感和使命感、强烈的忧患意识和宽广的世界眼光，深入学习贯彻党的十七大精神，始终坚持马克思主义在哲学社会科学的指导地位，认清形势，明确任务，振奋精神，锐意创新，为全面建设小康社会、构建社会主义和谐社会发挥思想库作用，进一步推进高校哲学社会科学全面协调可持续发展。

哲学社会科学研究是一项光荣而神圣的社会事业，是一种繁重而复杂的创造性劳动。精品源于艰辛，质量在于创新。高质量的学术成果离不开严谨的科学态度，离不开辛勤的劳动，离不开创新。树立严谨而不保守，活跃而不轻浮，锐意创新而不哗众取宠，追求真理而不追名逐利的良好学风，是繁荣发展高校哲学社会科学的重要保障。建设具有中国特色的哲学社会科学，必须营造有利于学者潜心学问、勇于创新的学术氛围，必须树立良好的学风。为此，自 2006 年始，教育部实施了高校哲学社会科学研究后期资助项目计划，旨在鼓励高校教师潜心学术，厚积薄发，勇于理论创新，推出精品力作。原中央政治局常委、国务院副总理李岚清同志欣然为后期资助项目题字“厚积薄发”，并篆刻同名印章一枚，国家图书馆名誉馆长任继愈先生亦为此题字“生也有涯，学无止境”，此举充分体现了他们对繁荣发展高校哲学社会科学事业的高度重视、深切勉励和由衷期望。

展望未来，夺取全面建设小康社会新胜利、谱写人民美好生活新篇章的宏伟目标和崇高使命，呼唤着每一位高校哲学社会科学工作者的热情和智慧。让我们坚持以马克思主义为指导，深入贯彻落实科学发展观，求真务实，与时俱进，以优异成绩开创哲学社会科学繁荣发展的新局面。

教育部社会科学司

序　言

在国际法中，一个热点问题的出现大多是由一个事件催生的，历史性权利大抵也是如此。2009 年，针对越南和马来西亚提起的外大陆架联合划界案，中国向联合国提交的照会中附有南海断续线地图，关于断续线是否是历史性权利线的观点相应产生。这一观点正确与否的前提是要对历史性权利有清楚的认识，要对其基本理论进行解析，才能达到理论指导实践的效果。

曲波教授的《历史性权利的法律问题研究》一书正是遵循这一目标而写的。该书对历史性权利与诸多相关概念，如历史性所有权、历史性逐渐巩固、历史性水域及既得权等概念进行辨析后，对历史性权利进行了界定，并指出了历史性权利的具体类型（第一章）；在对历史性权利构成要件的诸多观点进行分析后，指出了历史性权利构成要件与历史性权利特征的差别，提出历史性权利应具备两个要件（第二章）；由于国际公约并没有对历史性权利进行明确规定，作者从习惯国际法、条约解释等视角分析了历史性权利的权利来源（第三章）；多视角阐释了历史性权利对国际法的影响（第四章）；最后作者用大量的篇幅对南海断续线与历史性权利的关系进行了解析，探讨了断续线的合法性及性质定位，分析了断续线与《联合国海洋法公约》的关系（第五章）。

大约在十年前，中国人民大学出版社为适应我国法学院双语教学的需要，引进了英国学者蒂莫西·希利尔（Timothy Hillier）的《国际公法原理》（*Principles of Public International Law*）一书，我担任该书导读本的注释工作，曲波教授担任该书的翻译工作。从该书的翻译看，曲波教授有扎实的国际法学功底及英语能力，这在《历史性权利的法律问题研究》一书中也有体现，这也是该书的特点所在。由于语言的差异，学者对历史性权利采用了不同的表述方式，曲波教授通过对 historic rights、historic titles、historical rights 及 historical titles 这几个概念进行分析，指出我国主张的是 historic rights。作者自觉运用法理，提出历史性权利应当包括历史性所有权及不具有领土主权性质的权利；从国际法价值角度分析了历史性权利应具有的地位；运用国际法与国内法类比方式，探讨了领土主权与领土所有权的关系及国内法中的举证责任对历史性权利举证责任的借鉴；从国际法基本原则及法律渊源等角度探讨了断续线的合法性，并注意前瞻性研究，对断续线与海洋划界的关系进行了分析。

作者十余年来一直从事与中国相关的国际法问题的研究，《历史性权利的法律问题研究》一书亦属于这一性质。基于对作者的了解及对作品的认同，是为序。

杨泽伟*

2015 年 3 月 31 日

---

* 武汉大学珞珈特聘教授、法学博士、博士生导师，国家社会科学基金重大项目和教育部哲学社会科学研究重大课题攻关项目首席专家。

前　言

历史性权利并不是国际法中的新概念，与之相关的“历史性海湾”这一概念早在1910年的北大西洋渔业仲裁案中就被提及[①]；1951年国际法院在对英挪渔业案作出的判决中对“历史性水域”进行了界定，指出了历史性权利在划界中的地位及构成要件[②]；联合国的两个非常重要的文件——1957年的《关于历史性海湾的备忘录》及1962年的《历史性水域，包括历史性海湾的法律制度》——都谈到了历史性权利。[③]1958年的《领海及毗连区公约》及1982年的《联合国海洋法公约》涉及了历史性海湾与历史性所有权。[④]但是直到2009年前，历史性权利都没有成为国际法中的热点问题。2009年5月6日，越南和马来西亚共同向大陆架界限委员会提交了在南海南部的划界申请，由于该划界申请侵犯了中国在南海的主权、主权权利和管辖权，2009年5月7日，中国向联合国秘书长提交照会，指出：“中国对南海诸岛及其附近水域有无可争辩的主权，并对相关海域及

---

① 原文如下：“But the Tribunal while recognizing that conventions and established usage might be considered as the basis for claiming as territorial those bays which on this ground might be called historic bays...” 参见 the North Atlantic Coast Fisheries Case（Great Britain v. United States of America），Award，*P.C.A.* 1910，p.25。

② 参见 Fisheries Case（United Kingdom v. Norway），Judgement，*I.C.J. Reports 1951*，pp.125–144。

③ 这两个文件中多次使用了 historic rights 及 historic titles。参见 Historic Bays：Memorandum by the Secretariat of the United Nations，A/CONF，13/1，paras.8，34，37，51–52，55–56，107；Juridical Regime of Historic Waters including Historic Bays—Study Prepared by the Secretariat，A/CN，4/143，paras.8，33–34，36，39，74–76，78，80，108，110，113，116–121，131。

④《领海及毗连区公约》第7条第6款、第12条；《联合国海洋法公约》第10条第6款、第15条及第298条第1款（a）项。

其海床和底土享有主权权利和管辖权。”[①] 该照会同时附了南海断续线地图，但对断续线的具体性质没有进行说明。学界对此线性质有诸多观点，其中一种观点认为该线是历史性权利线。[②] 判断“历史性权利”观点正确与否的一个先决条件是要清楚到底何为历史性权利，其中涉及哪些法律问题。

就学者研究来看，在联合国第一次和第二次国际海洋法会议召开后，西方学者对历史性海湾及历史性所有权进行了研究，并出版了相关著述。如布歇（Leo J. Bouchez）所著的《国际法中的海湾制度》（*The Regime of Bays in International Law*. A.W. Sythoff，1964）；斯特罗尔（Mitchell P. Strohl）所著的《海湾的国际法制度》（*The International Law of Bays*. Martinus Nijhoff Publishers，1963）；布鲁姆（Yehuda Z. Blum）所著的《国际法中的历史性所有权》（*Historic Titles in International Law*. Martinus Nijhoff Publishers，1965）。可以说，布鲁姆所著的《国际法中的历史性所有权》是较早将历史性权利（历史性所有权）作为独立问题进行研究的著作，该书将时效及默认作为历史性权利的法律依据，并对历史性权利的构成要件等进行了解析。但是该书出版至今已经半个多世纪，国际法发生了很大变化，所以需要对一些新的问题进行解析。21 世纪以来，国外较有代表性的著作是塞蒙斯（Clive R. Symmons）的《海洋法中的历史性水域——当代的再评价》（*Historic Waters in the Law of the Sea—A Modern Re-Appraisal*. Martinus Nijhoff Publishers，2008）一书。但是该书侧重以美国的视角来看待历史性水域问题。2009 年后，历史性权利成为国际法热点问题的一个表现就是对历史性权利的研究相对增多。就国外研究而言，2015 年美国国务院发布的《海洋的界限：中国在南海的海洋主张》是较有影响力的对历史性权利进行分析的资料。[③] 就国内研究而言，2004 年中国南海研究院完成了《历史性权利与历史性水域研究》的报告；2009 年王军敏出版了《国际法中的历史性权利》；在中国知网查询国际法中“历史性权利”的文章，2010 年至 2014 年 4 年间共有 17 篇。但是，一些有关南海及断续线的著述中鲜有涉及历史性权利的。[④] 总体说来，2009 年后的著述主要集中

① Note Verbale No.CML/18/2009 from the Permanent Mission of the People’s Republic of China to the UN Secretary-General，http://www.un.org/depts/los/clcs_new/submissions_files/vnm37_09/chn_2009re_vnm.pdf，访问日期：2015 年 8 月 11 日。

② 贾宇：《南海问题的国际法理》，《中国法学》2012 年第 6 期，第 33 页。此外，对南海断续线性质的其他不同观点具体参见本书第 5 章。

③ 该资料主要包括以下内容：南海断续线的起源发展、地理坐标；《联合国海洋法公约》对海域、海洋划界及历史性海湾和历史性所有权的规定；南海断续线可能具有的性质。China：Maritime Claims in the South China Sea，Limits in the Seas，No.143，http://www.state.gov/documents/organization/234936.pdf，访问日期：2015 年 1 月 12 日。

④ 如吴士存：《南沙争端的起源与发展》，北京：中国经济出版社 2010 年版；高之国、贾兵兵：《论南海九段线的历史、地位和作用》，北京：海洋出版社 2014 年版。

分析中国南海断续线，对历史性权利基本理论的分析相对欠缺。

历史性权利问题本质上属于国际法基本理论问题，由于历史性权利与其他诸多概念之间存在关联，加上语言的差别，可能使同一用语表达的方式有所不同，进而产生不同的含义。本书侧重在概念界定清楚的基础上，运用国际法学，包括法理学的理论，主要通过价值判断分析方法、逻辑和语义分析方法及社会实证分析方法[①]，研究历史性权利的构成要件、权利来源及其对国际法的影响，阐释南海断续线的性质，追求“知己知彼”，避免“自说自话”，在查明国际社会对南海断续线态度的基础上，解读断续线的合法性，探讨断续线是否是历史性权利线及我国在其中享有的权利，并分析断续线与《联合国海洋法公约》的关系及未来设想，最终提出维护我国在断续线线内权益的对策。

① 郑成良将这三种研究方法认定为最基本的法学研究方法。参见郑成良:《法学方法论》，载王亚新等:《法学进阶之路》，北京：中国人民大学出版社 2008 年版，第 161~162 页。

目　　录

第一章　历史性权利的界定及类型

一直以来，学界对历史性权利的看法并不一致，尤其是该概念与其他概念间还存在交叉。本章在界定历史性权利概念的基础上，阐释其类型表现，为后续章节的研究奠定基础。

一、历史性权利的界定

（一）不同观点

历史性权利在国际法中是真实存在的，如 1958 年的《领海及毗连区公约》与 1982 年《联合国海洋法公约》中有关于历史性海湾、历史性所有权的规定；在司法和仲裁实践中，北大西洋渔业仲裁案最早提出“历史性海湾”概念，英挪渔业案对“历史性权利”作了较为详细的阐述，突尼斯与利比亚大陆架划界案、厄立特里亚与也门的领土和海域划界案等也涉及了历史性权利；一些双边条约，如印度与斯里兰卡 1974 年签订的《关于两国间历史性水域的疆界及有关事项的规定》及一些国家的立法也都提到历史性权利。[①]只不过上述法律文件及案例均未对历史性权利进行明确界定，学者的观点也不尽一致。概括起来看，学界对历史性权利的界定主要有三种表述方式。[②]

---

① 这些实践具体参见本书第三章。

② 这里列举的几种界定方式参见曲波：《历史性权利在〈联合国海洋法公约〉中的地位》，《东北师大学报》（哲学社会科学版）2012 年第 3 期，第 31~32 页；曲波：《海洋法中历史性权利构成要件探究》，《当代法学》2012 年第 4 期，第 3~4 页。

1. 从权利形成角度进行解释

如有学者认为："'历史性权利'是一系列长期的作为、不作为以及行为状态的产物，它们作为一个整体并通过其积累的效果，使权利形成并巩固为国际法上有效的权利。"[①]《元照英美法词典》对历史性权利的定义是，根据国际法的一般规则本来不属于一国，而由于该国在相当长的历史过程中反复主张并得到国际社会的默认所取得的权利。例如，一国对其历史性海湾所拥有的权利即属于历史性权利。[②]也有学者认为历史性权利是指一个国家由于特殊的历史背景在一些特定的海域而享有一些特定的权利。[③]

2. 从历史性海湾及历史性水域角度进行阐述

如有学者认为，"历史性权利"是从《联合国海洋法公约》中的"历史性水域""历史性海湾"概念析出的，是国际法中解决国家间领土冲突时所遵循的一项关键原则。[④]或认为"历史性海洋权利"是在"历史性海湾"和"历史性海域"的基础上延伸而来的，它比"历史性海湾"和"历史性海域"概念更宽泛，是一种准"历史性海湾"和"历史性海域"的概念。[⑤]也有学者提出："从'历史性海湾'延伸到'历史性水域'，表明'历史性所有权'的概念及法律地位，在国际实践中被不断扩展。"[⑥]

3. 从历史性权利内容角度进行表述

有学者指出，一国对特定水域主张的"历史性权利"可以包括"历史性主权""历史性主权权利""特殊利益"三种含义。[⑦]

通过对上述历史性权利界定不同观点的分析，可以发现以下两点：第一，上述界定各异的原因是因为各自出发角度不同，因为即便是同一权利，如果从权利形成过程及从权利包括的内容角度解析，得出的结论也会有所差异。第二，上述界定除涉及历史性权利概念外，同时还涉及了一些与历史性权利相关联的概念，如历史性所有权、历史性海湾、历史性水域、历史性逐渐巩固，所以，只有厘清历史性权利与这些概念的关系，才能真

---

① Yehuda Z. Blum，*Historic Titles in International Law*，The Hague：Martinus Nijhoff Publishers，1965，p.335.

② 薛波主编：《元照英美法词典》，北京：法律出版社 2003 年版，第 641 页。

③ 参见黄异：《海洋秩序与国际法》，台北：学林文化事业有限公司 2000 年版，第 400 页。

④ 刘江萍、郭培清：《加拿大对西北航道主权控制的法律依据分析》，《中共青岛市委党校 青岛行政学院学报》2010 年第 2 期，第 101 页。

⑤ 曹丕富：《关于历史性权利与我国海域划界的研究》，载高之国、张海文主编：《海洋国策研究文集》，北京：海洋出版社 2007 年版，第 468 页。

⑥ 潘石英：《南沙群岛・石油政治・国际法》，香港：经济导报出版社 1996 年版，第 45~46 页。

⑦ 参见周忠海：《论海洋法中的历史性权利问题》，载周忠海：《周忠海国际法论文集》，北京：北京出版社 2006 年版，第 408~409 页。

正地理解历史性权利的内涵和外延。

（二）历史性权利概念与相关概念的厘清

1. 历史性权利与历史性所有权

谈到历史性权利与历史性所有权这两个概念，首先涉及的是其表述方式。查阅文献，不难发现学者采用的相关表述方式有以下几种：historic titles①；historic rights②；historical rights；③historical titles。④那么权利前应该用 historical 还是 historic？historical 指的是历史上的（有别于传说或虚构的）（belonging or pertaining to history，as contrasted with legend and fiction）、有关历史的（having to do with history）⑤，historic 指的是历史上著名的（notable or memorable in history）、与过去时代有关的（associated with past time）。⑥所以在法律中，“权利”前面的“历史性”这一限定词，更适宜用 historic 这一用语，是指与过去时代有关的权利。

从含义看，“权利”一词的含义十分丰富，《布莱克法律词典》将 right 解释为：（1）在法律、道德或者伦理上适当的东西；（2）由正当的要求、法律保障、道德原则而归于某人的东西；（3）由法律保障给人的权利、特权和豁免；（4）一个在法律上可强制实施的、要求他人为或不为特定行为的要求，一项被确认和保护的利益，如果侵犯就会构成过错；（5）人对于有形物或者无形物的利益、要求或者拥有权（狭义上的财产权利）；（6）公司股东购买与其所拥有股份相适应的新发行股的优先权；（7）授予公司股东前项优先权的票证。⑦张文显认为可以将权利理解为资格、主张、自由、利益、法力、可能、规范和选择，他将权利界定为：“法律权利是规定或者隐含在法律规范中、实现于法律关系中的，主体

① 参见 Yehuda Z. Blum，*Historic Titles in International Law*，The Hague：Martinus Nijhoff Publishers，1965。

② 参见 Florian Dupuy and Pierre-Marie Dupuy，A Legal Analysis of China's Historic Rights Claim in the South China Sea，*American Journal of International Law*，2013，107，p.124。

③ 参见 Nozomu Hayashi，*Official Says Beijing has "Historical Rights" over South China Sea*，Asahi Shimbun，26 January，2012，http：//ajw.asahi.com/article/special/pla/AJ201201260061a，访问日期：2014 年 6 月 13 日。我国在联合国交存的《专属经济区和大陆架法》的第 14 条的翻译也使用了 historical rights。"The provisions of this Act shall not affect the historical rights of the People's Republic of China."，http：//www.un.org/Depts/los/LEGISLATIONANDTREATIES/PDFFILES/chn_1998_eez_act.pdf，访问日期：2014 年 6 月 13 日。

④ 参见 Ted L. McDorman，The South China Sea after 2009：Clarity of Claims and Enhanced Prospects for Regional Cooperation？，In M. McConnell，S. Coffen-Smout and A. Chircop（eds.），*Ocean Yearbook* 24，Leiden：Martinus Nijhoff Publishers，2010，p.515。

⑤ 参见《牛津现代高级英汉双解词典》，北京：商务印书馆、牛津大学出版社 1988 年版，第 543 页。

⑥ 参见《牛津现代高级英汉双解词典》，北京：商务印书馆、牛津大学出版社 1988 年版，第 543 页。

⑦ Bryan A. Garner（editor in chief），*Black's Law Dictionary*，9th Edition，Eagan，Minnesota：Thomson Reuters Business，2009，p.1436.

以相对自由的作为或不作为的方式获得利益的一种手段。”① 还有学者从权利属性来分析权利，认为一项权利的成立有五个要素是必不可少的，即利益、主张、资格、权能、自由。“以其中任何一个要素为原点，以其他要素为内容，给权利下一个定义，都不为错。”② 郑成良指出：“我们认为，严格地说，权利和义务是非定义性概念。这是因为，一方面，权利和义务像时间、空间、存在、虚无等概念一样，很难找到一个能把它们归入其中的属概念；另一方面，给权利和义务下定义常常会遇到复杂的技术性问题和重大的法律理论分歧问题。因此，给出一个严谨和周延并能对抗一切合理含义的定义，几乎是不可能的。”③ 即便权利内容丰富，大家对其理解不一致，我们也可以看到权利是一种“能”，作为国际法主体享有的这种“能”首先可以表现为国家对领土的所有权，实质属于领土主权的范畴。在国际法中，对领土主权与所有权的关系存在不同观点。一种观点认为二者的相似之处是“非常明显的”，但应加以区别，领土主权主要是国家的“统治权”④；另一种观点认为国家对领土的主权包括对领土的所有权。⑤ 笔者也认为领土主权包括领土所有权，而且二者是非常相似的，“国家与其领土的关系等同于或类似于私法上的所有权关系。”⑥ 一国对其领土的权利完全可以具有通常国内法中所言的所有权的权能，即有完全支配和处分其领土的权利，第一种看法“混同了国际法上国家对私人土地的关系与国际法上国家对领土的关系的性质”。⑦ 另外，国际社会和国内社会在社会方面和价值方面均具有共同性，所以即便从类比的角度⑧，将国际法中的主权观念与国内法的所有权相类比也是正当的。在将领土所有权界定为领土主权的情况下，这种权利主要是通过管辖权的方式体现的。虽然管辖权与领土主权在范围上并不完全相同，但“一个国家行使管辖权的权利是以它的主权为依据的”。⑨ 首先，在将领土所有权界定为领土主权的情况下，这种权利主要是通过管辖权的方式体现的。管辖权从广义上来说，包括立法、行政、司法管辖权，国家

① 张文显主编：《法理学》，北京：高等教育出版社、北京大学出版社 1999 年版，第 85~86 页。

② 夏勇：《人权概念起源——权利的历史哲学》，北京：中国政法大学出版社 2001 年版，第 47~48 页。

③ 郑成良主编：《现代法理学》，长春：吉林大学出版社 1999 年版，第 91 页。

④ James Crawford，SC，FBA，*Brownlie's Principles of Public International Law*，New York：Oxford Universtiy Press，2012，p.204.［德］沃尔夫刚·格拉夫·魏智通主编：《国际法》，吴越、毛晓飞译，北京：法律出版社 2002 年版，第 257 页。

⑤ 周鲠生：《国际法》（上册），武汉：武汉大学出版社 2007 年版，第 274~276 页；Malcolm N. Shaw，*International Law*，2nd Edition，Beijing：Peking University Press，2005，p. 412。

⑥ H. Lauterpacht，*Private Law Sources and Analogies of International Law*，Clark，New Jersey：The Lawbook Exchange Ltd.，2002，2013，p. 92.

⑦ 周鲠生：《国际法》（上册），武汉：武汉大学出版社 2007 年版，第 275 页。

⑧ 参见蔡从燕：《类比与国际法发展的逻辑》，北京：法律出版社 2012 年版，第 119 页。

⑨［德］奥本海：《奥本海国际法》（第一卷第一分册），［英］詹宁斯、瓦茨修订，王铁崖等译，北京：中国大百科全书出版社 1995 年版，第 328 页。

对相关领域行使立法、行政和司法管辖权实质上就是对该领域的有效控制。其次，从权利的内容看，历史性权利不仅包括主权性质的权利，也体现为国家享有的非领土主权性质的权利，包括历史性航行权、历史性开发资源的权利（如历史性捕鱼权）等，这些权利的产生及原因具体在下文历史性权利的类型中说明。

《布莱克法律词典》将“title”一词解释为:（1）构成控制及处置某项财产的合法权利的所有要素（所有权、占有权及监管权）的集合;财产所有者与财产间的合法连接;（2）一个人对财产享有所有权的合法证据。[①] 由此可见，title 一词在私法中含义丰富，既有所有权的含义也有证据来源方面的意思。在国际法中，title 的含义同样也很丰富，其具体含义要视上下文背景来确定。如在布基纳法索诉马里案中，法院指出:“法律上的权利（legal title）不仅指书面证据，……事实上，争端当事方已经在不同含义下使用该用语，该概念也可以被理解为既包括可以确立权利存在的证据，也包括‘法律上的权利’的实际来源。”[②] 在陆地、岛屿及海洋边界争端案中，法院也认为 title 有不同含义，但在该案中，法院指出:“萨尔瓦多或洪都拉斯对争议区域的所有权（title），在国际层面权利来源的意义上，正如双方所承认的，是两个国家对西班牙王室殖民领土的继承。”[③] 可见，在不同上下文中，title 有不同的含义，historic titles 也应如此。与 historic rights 比较而言，historic titles 强调的是所有权范畴或者说国家主权范畴，即前文所述的 right 中的第一种情况。这可以从以下几点得到证明:第一，《联合国海洋法公约》的证明。《联合国海洋法公约》第 15 条“海岸相向或相邻国家间领海界限的划定”及第 298 条“适用导致有拘束力裁判的强制程序的选择性例外”中都运用了 historic title(s) 这一用语。[④] 同样也有学者将此

① Bryan A. Garner (editor in chief), *Black's Law Dictionary*, 9th Edition, Eagan, Minnesota: Thomson Reuters Business, 2009, p.1622.

② Frontier Dispute, Judgment, *I.C.J. Reports 1986*, p.564.

③ Land, Island and Maritime Frontier Dispute (El Salvador / Honduras: Nicaragua Intervening), Judgment, *I.C.J. Reports 1992*, pp.388-389.

④ Article 15 Delimitation of the territorial sea between States with opposite or adjacent coasts: "Where the coasts of two States are opposite or adjacent to each other, neither of the two States is entitled, failing agreement between them to the contrary, to extend its territorial sea beyond the median line every point of which is equidistant from the nearest points on the baselines from which the breadth of the territorial seas of each of the two States is measured. The above provision does not apply, however, where it is necessary by reason of historic titles or other special circumstances to delimit the territorial seas of the two States in a way which is at variance therewith."

Article 298 Optional exceptions to applicability of section 2: "1. When signing, ratifying or acceding to this Convention or at any time thereafter, a State may, without prejudice to the obligations arising under section 1, declare in writing that it does not accept any one or more of the procedures provided for in section 2 with respect to one or more of the following categories of disputes: (a)(i) disputes concerning the interpretation or application of articles 15, 74 and 83 relating to sea boundary delimitations, or those involving historic bays or titles, provided that a State ..."

处的 historic titles 翻译为“历史性所有权”[①]，有的学者译为“历史性权利”。[②] 根据 1969 年《维也纳条约法公约》第 31 条和第 32 条关于条约的解释规则，条约应依其用语，按照其上下文，并参照条约之目的及宗旨所具有的通常意义进行善意的解释；条约解释应基于条约的所有内容，包括条约的序言、附件、缔结条约的准备工作、缔约情况及嗣后协议。由于《联合国海洋法公约》第 15 条解决的问题是“海岸相向或相邻国家间领海界限的划定”，而领海划界本身就是要明确所有权；《联合国海洋法公约》第 298 条第 1 款（a）项（i）目是将 historic bays 和 historic titles 放在一起来说的，历史性海湾是一国享有主权（所有权）的范畴，是《联合国海洋法公约》明确规定的，所以将 historic titles 理解为历史性所有权比较恰当，即历史性主权的范畴。[③] 第二，国际文件的证明。1962 年联合国大会秘书处提供的《历史性水域，包括历史性海湾的法律制度》这一文件也通过规定持续行使国家主权、管辖权等方式来证明历史性所有权（historic titles）。[④] 第三，学者的观点。titles 主要强调所有权或者国家主权的范畴，这从学者的著作中可以看出，如提到历史性权利必提的一本著作，就是布鲁姆所著的《国际法中的历史性所有权》一书，该书的第二章专门探讨了时效这一国际法领土取得方式，而时效是国际法上国家取得领土主权的一种方式，很明显该书是从主权角度来说明 historic titles，强调的就是历史性主权范畴。[⑤]

总之，对于 historic rights 与 historic titles，有学者认为，“历史性所有权（historic titles）或历史性权利（historic rights）的含义并无实质性差别”[⑥]，或认为二者可相互替代[⑦]；也有学者认为二者是“既相似又有所不同的概念”，“但却是一脉相承的”[⑧]。但是在法学理论中，如果从“权利”和“所有权”的范畴讲，毫无疑问，历史性权利（historic rights）属于属概念，历史性所有权（historic titles）属于种概念，历史性权利是包含历史性所有权的，其具体含义需要通过上下文背景来确定。有时历史性权利指的是历史性

---

① 刘振民编著的《海洋法基本文件集》对《联合国海洋法公约》第 15 条及第 298 条中的 historic title（s）均翻译为“历史性所有权”。参见刘振民编著：《海洋法基本文件集》，北京：海洋出版社 2002 年版，第 8、135 页。

② 张海文主编：《〈联合国海洋法公约〉释义集》，北京：海洋出版社 2006 年版，第 30 页。

③ 参见曲波：《历史性权利在〈联合国海洋法公约〉中的地位》，《东北师大学报》（哲学社会科学版）2012 年第 3 期，第 31 页。

④ 参见 Juridical Regime of Historic Waters including Historic Bays—Study Prepared by the Secretariat，A/CN，4/143，para.84。

⑤ 参见 Yehuda Z. Blum，*Historic Titles in International Law*，The Hague：Martinus Nijhoff Publishers，1965，pp.6-37。

⑥ 赵建文：《联合国海洋法公约与中国在南海的既得权利》，《法学研究》2003 年第 2 期，第 152 页；郭渊：《南海断续线的形成及其历史涵义的解析》，《浙江海洋学院学报》（人文科学版）2011 年第 3 期，第 5 页。

⑦ Sienho Yee，The South China Sea Arbitration（the Philippines v. China）：Potential Jurisdictional Obstacles or Objections，*Chinese Journal of International Law*，2014，13，p.730.

⑧ 郭冉：《论中国在南海 U 形线内海域的历史性权利》，《太平洋学报》2013 年第 12 期，第 40~41 页。

所有权，有时则指的是不具有领土主权性质的权利。如在突尼斯与利比亚的大陆架划界案中，该案的判决有这样一段话："While it may be that Tunisia's historic rights and titles are more nearly related to the concept of the exclusive economic zone ..." [1] 结合该判决的上下文，不难发现此处的历史性权利（historic rights）指的正是该段判决开头所言的历史性捕鱼权（historic fishing rights）。[2] 另外前文提到的布鲁姆的著作虽然书名用的是 *Historic Titles in International Law*，全书研究的也是历史性所有权，但在论证过程中，该书很多时候并没有明确区分二者，多次使用了 rights 这一用语 [3]；国际文件《历史性水域，包括历史性海湾的法律制度》也是如此。[4] 所以结合上下文，通过国际法中的解释规则，不难发现历史性权利到底是何含义。

本书所说的历史性权利使用的用语是 historic rights，其既包含具有主权性质的历史性所有权（historic titles），也包含历史性捕鱼权等不具有领土主权性质的权利。

2. 历史性权利与历史性逐渐巩固

"历史性逐渐巩固"（historical consolidation）[5] 这一概念最初是在英挪渔业案中提出的。在该案中，英国认为挪威政府 1935 年诏令所划出的直线基线不是依照国际法划出的。[6] 挪威认为它以历史性权利作为根据而享有的水域是不违反国际法的，指出挪威政府不是以历史来论证它的额外权利、对海域提出为法律所拒绝的权利，而是用历史和其他因素一起来说明它所采用的方法是符合法律的。[7] 国际法院在判决中指出："挪威长期对这些水域行使了必要管辖权且没有遭到其他国家的反对，这是一种自古以来的占有，因此，挪威对这些水域的管辖权现在必须被承认，虽然它构成对一般规则的背离。"[8] 在论及挪威实施其领海制度形成的历史性权利时，国际法院指出，由于挪威 1869 年和 1889 年领海法令的公布及其实施都没有引起其他国家的任何反对，"这些法令是对挪威领海制度的一贯实施，而正是该制度本身取得了其他国家普遍容忍，历史性逐渐巩固足以使其对抗所有的

---

① Continental Shelf（Tunisia/Libyan Arab Jamahiriya），Judgment，*I.C.J. Reports 1982*，p.74，para.100.

② 原文为："In so far as the question of historic fishing rights is raised in connection with the concept of 'natural prolongation', it no longer falls for consideration in view of the Court's findings on that matter." 参见 Continental Shelf（Tunisia/Libyan Arab Jamahiriya），Judgment，*I.C.J. Reports 1982*，p.74，para.100。

③ 参见 Yehuda Z. Blum，*Historic Titles in International Law*，The Hague：Martinus Nijhoff Publishers，1965，pp.38–98。

④ 参见 Juridical Regime of Historic Waters including Historic Bays—Study Prepared by the Secretariat，A/CN，4/143. para.80。

⑤ 也有学者将其译为"历史性逐渐强化"。参见王军敏：《领土所有权的形成过程——历史性逐渐强化》，《中共中央党校学报》2009 年第 2 期，第 91~95 页。

⑥ Fisheries Case（United Kingdom v. Norway），Judgment，*I.C.J. Reports 1951*，p.128.

⑦ Fisheries Case（United Kingdom v. Norway），Judgment，*I.C.J. Reports 1951*，p.133.

⑧ Fisheries Case（United Kingdom v. Norway），Judgment，*I.C.J. Reports 1951*，p.130.

国家。”[①]“事实的显著性，国际社会的一般容忍、大不列颠在北海的立场、英国对该问题的自身利益及其对挪威做法长期的漫不经心，无论如何都确保了挪威执行自己的制度。”[②]

正如有学者所言：“历史性所有权是包含一系列的作为、疏忽以及行为模式的一个长期过程的结果，这些过程构成一个整体，并且通过其累积效果才产生了所有权，并使它逐渐巩固为国际法上有效的所有权。”[③]也有学者指出：“历史性所有权是国家通过历史性巩固过程取得陆地和海洋主权的渊源与证据。”[④]还有学者认为：“历史性逐渐巩固概念引入了超越主权证据的思想；例如普遍认可、承认这些因素……不仅有助于时效完成情势的证据，而且在形成领土所有权过程中它们本身也是决定要素。”[⑤]所以说，历史性逐渐巩固强调的是权利取得的过程，是说这种历史性权利的取得不是一蹴而就的，而是在日积月累中渐进增强的。历史性逐渐巩固是历史性权利产生的一个基础，意在表达历史权利形成的过程。[⑥]

3. 历史性权利与历史性水域（包括历史性海湾）的关系

解析历史性权利与历史性海湾及历史性水域的关系，首先需要清楚的是历史性海湾与历史性水域的关系。

（1）历史性海湾与历史性水域的关系

历史性海湾一词首先是德来格（Drago）在1910年的北大西洋渔业仲裁案中使用的，他说：“某种类型的海湾，可能恰好被称为历史性海湾，例如在北美的切萨皮克湾（Chesapeake Bay）和德拉华湾（Delaware Bay），这些海湾与传统沿岸国的海湾有所区别，但毫无疑问，不管这类海湾的深度及湾口宽度如何，当这类国家主张对其有主权以及有特殊的情势，如地理方面的原因、长久的使用及自卫的需要，这类海湾就属于沿岸国，这一主张是正当的。”[⑦]该案的中心问题是解决在北大西洋沿岸有海湾地形的地方如何划定3海里领海的起算线，但是该案并没有对历史性海湾进行界定。《联合国海洋法公约》

---

① Fisheries Case（United Kingdom v. Norway），Judgment，*I.C.J. Reports 1951*，p.138.

② Fisheries Case（United Kingdom v. Norway），Judgment，*I.C.J. Reports 1951*，p.139.

③ Yehuda Z. Blum，*Historic Titles in International Law*，The Hague：Martinus Nijhoff Publishers，1965，p.335.

④ Andrea Gioia，Historic Titles，in R .Wolfrum（ed.），*The Max Planck Encyclopedia of Public International Law*，New York：Oxford University Press，2008，online edition，www.mpepil.com，访问日期：2014年6月13日。

⑤ R. Y. Jennings，*The Acquisiton of Territory in International Law*，Manchester：Manchester University Press，1963，p.25.

⑥ 很多学者都强调，历史性权利逐渐巩固是历史性权利形成的基础。参见 D. H. N. Johnson，Consolidation as a Root of Title in International Law，*Cambridge Law Journal*，1955，13，p.225；R Y. Jennings，*The Acquisition of Territory in International Law*，Manchester：Manchester University Press，1963，p.25；王军敏：《领土所有权的形成过程——历史性逐渐强化》，《中共中央党校学报》2009年第2期，第95页。

⑦ James Brown Scott，*Hague Court Reports*，First Series，New York：Oxford University Press，1916，pp.199–200.

有两处明确提到历史性海湾，一是第 10 条第 6 款规定，第 10 条关于海湾的一般规定不适用于所谓“历史性”海湾；二是第 298 条第 1 款（a）项（i）目中提到了历史性海湾的争端不受《联合国海洋法公约》第 15 部分第 2 节规定的“导致有拘束力裁判的强制程序”的约束。但是对于何为历史性海湾，《联合国海洋法公约》也没有明确的定义。学者一般认为，历史性海湾是指那些沿岸属于一国，湾口宽度超过领海宽度的 2 倍，本不应被视为内水但根据沿岸国历史性权利被确立为沿岸国内水的海湾。[①]《牛津法律大辞典》指出，在国际法上，海湾可以通过普遍默认而成为一国内水的组成部分，尽管该海湾的封闭线超过一般法律所允许的界限。[②]《元照英美法词典》对历史性海湾的解释是，海岸属于一国，湾口宽度超过两岸领海宽度的海湾。由于沿海国在长期的历史中对这样的海湾主张并连续行使主权，且该主权得到国际社会的默认，这样的海湾即构成了历史性海湾，在法律地位上被认为是一国内水的组成部分。[③] 按照以上界定及实践，历史性海湾具备以下特点：第一，历史性海湾在大多数情况下沿岸属于一国，在特殊情况下沿岸属于两国或两国以上，如丰塞卡（Fonseca）湾就是一例。[④] 第二，历史性海湾的湾口宽度超过两岸领海宽度，也就是历史性海湾湾口封闭线不按照《联合国海洋法公约》第 10 条第 4 款和第 5 款的规定处理。[⑤] 第三，历史性海湾是一国内水的组成部分，也就是沿岸国对历史性海湾有完全的主权。

至于历史性水域，《联合国海洋法公约》并没有提及这一概念，有学者更直接指出，在任何国际公约中都不可能找到关于“历史性水域”的权威定义。[⑥] 但有学者对其进行界定，指出历史性水域是“沿海国明确、有效、连续和长期地行使主权、并得到国际社会默认的水域”。[⑦] 英挪渔业案的判决指出：“‘历史性水域’通常是指被视为内水的水域，

① 参见曾令良等主编：《国际法》，北京：法律出版社 2005 年版，第 338 页；魏敏主编：《海洋法》，北京：法律出版社 1987 年版，第 45 页；王铁崖主编：《国际法》，北京：法律出版社 1995 年版，第 191 页；刘楠来等：《国际海洋法》，北京：海洋出版社 1986 年版，第 17 页；Malcolm N. Shaw. *International Law*，2nd Edition，Beijing：Peking University Press，2005，p.499；Timothy Hillier，*Principles of Public International Law*，2nd Edition，London：Cavendish Publishing Limited，1999，p.87。

②［英］戴维·M. 沃克编辑：《牛津法律大辞典》，北京社会与科技发展研究所译，北京：光明日报出版社 1988 年版，第 413 页。

③ 薛波主编：《元照英美法词典》，北京：法律出版社 2003 年版，第 641 页。

④ 丰塞卡湾在历史上是中美洲联邦共和国的历史性海湾。中美洲联邦共和国是在 1823—1838 年由危地马拉、萨尔瓦多、洪都拉斯、尼加拉瓜和哥斯达黎加组成的联邦国家，后来该国不复存在，1839 年，丰塞卡湾作为历史性海湾为萨尔瓦多、洪都拉斯和尼加拉瓜所继承。

⑤《联合国海洋法公约》第 10 条第 4 款规定，如果海湾天然入口两端的低潮标之间的距离不超过 24 海里，则可在这两个低潮标之间划出一条封口线，该线所包围的水域为内水。《联合国海洋法》公约第 10 条第 5 款规定，如果海湾天然入口两端的低潮标之间的距离超过 24 海里，24 海里的直线基线应划在海湾内，以划入该长度的线所可能划入的最大水域。

⑥ 参见李金明：《南海断续线的法律地位：历史性水域、疆域线、抑或岛屿归属线？》，《南洋问题研究》2010 年第 4 期，第 23 页。

⑦ Leo J. Bouchez，*The Regime of Bays in International Law*，Leyden：A.W. Sythoff，1964，p.281.

但是如果没有历史性权利，这样的水域就并不是内水。”[①] 历史性水域产生的一个原因与历史上关于海洋领土划界的国际法规则存在争议有关。在1982年《联合国海洋法公约》通过前，一直没有被国际社会普遍接受的领海的最大宽度或者开放性海湾的最大宽度的规定。在这种情况下，一些国家以毗邻海岸的海域对其安全及经济至关重要且该国对其长期行使管辖权、并未遭到他国反对为由，基于历史性权利主张对其毗邻海岸的海域享有主权。吉德尔（Gidel）指出：“无论给‘历史性水域’这一概念怎样的界定，都不能否认这是一个非常必要的理论；在海域划界问题上，它扮演着一个安全阀的角色；对它的排斥将意味着对国际公法分支制定一般规则所有可能性的结束……”[②] 后来，1962年联合国国际法委员会通过的《历史性水域，包括历史性海湾的法律制度》的报告，对之进行了如下阐释：根据这样的历史事实，即国家历世纪以来宣称和保留对这些水域的主权，认为这些是至关重要的，而并不是很关心对一般国际法所作的有关领海划界规定的争议和变化。[③]

就历史性海湾与历史性水域的关系而言，历史性海湾只是历史性水域的一种类型，即历史性水域类型不局限于海湾。对此结论，有不同角度的证明。第一，司法实践的观点。国际法院在对突尼斯与利比亚的大陆架划界案的判决中确认了历史性权利仍为一般国际法（即国际习惯法）所规范，这似乎肯定了一个很清楚的规则，即“这一问题继续由一般国际法进行调整，但一般国际法中并没有为‘历史性水域’或‘历史性海湾’规定单独的制度，而仅对每一个具体的、确定的‘历史性水域’或‘历史性海湾’案件作了规定”[④]。这种说法表明历史性水域不仅仅是指历史性海湾。在英挪渔业案中，挪威主张，历史性权利应适用于任何水域——事实上是“各种类型的海洋领土”。[⑤] 美国判例法也采取了类似的方式。在2005年的阿拉斯加州诉美国（Alaska v. U.S.）一案中，特别主事官（Special Master）确认了这一较宽泛的地理性倾向。他指出，美国联邦最高法院“在某些情况下，将历史性海湾称为‘历史性内水’或者‘历史性水域’，也许是为了强调他们不赞同对海湾这一概念的地理定义”。[⑥] 第二，国际文件的观点。《关于历史性海湾的备忘录》规定历史性水域不仅限于海湾，而同样适用于“海峡、群岛中的水域以及通常可被

---

① Fisheries Case（United Kingdom v. Norway），Judgement，*I.C.J. Reports 1951*，p.130.

② Historic Bays：Memorandum by the Secretariat of the United Nations，A/CONF，13/1，para.92.

③ Juridical Regime of Historic Waters including Historic Bays—Study Prepared by the Secretariat，A/CN，4/143，para.38.

④ Continental Shelf（Tunisia/Libyan Arab Jamahiriya），Judgment，*I.C.J. Reports 1982*，p.73，para. 100. 国际法院注意到《联合国海洋法公约》没有包含“历史性水域”制度的详细规定也没有给历史性水域进行界定，亦未对该法律制度详细阐述。

⑤ I.C.J.，Pleadings，Oral Arguments，Documents，Fisheries Case，Vol.2，p.643，para.471.

⑥ Alaska v. U.S.，545 U.S. 75（2005）.

包含在一国海域管辖范围内的各种海域”[①]。第三,学者的观点。斯特罗尔(Strohl)指出,虽然1958年的《领海及毗连区公约》只具体涉及了关于“历史性海湾”的历史性权利主张[②],但并没有理由认为在适当的情况下不可以就其他海域主张历史性权利;布鲁姆也指出:“有关历史性海湾的法律制度同样适用于一般意义上的历史性水域似乎是种很可靠的假设。”[③]因而可见,历史性水域并不限于历史性海湾。

需要提及的是,有学者对“历史性海域”与“历史性水域”进行了区分,认为历史性水域范围广于历史性海域,历史性水域包括海域及群岛水域。[④]但事实上,这种区分需要斟酌,“水域”和“海域”并不是这种文字上的区分,群岛水域同样也可属于历史性海域的范围。

(2)历史性权利是一国取得历史性水域(包括历史性海湾)的根据

一国是基于历史性权利而取得历史性水域的,这种关系可以从以下两个方面得以证明。第一,国际法院的论证。在英挪渔业案中,国际法院指出:“历史性水域是被视为内水的水域,但是如果不存在历史性权利,这种水域就不会有内水的特征。”[⑤]第二,学者的观点。有学者认为:“历史性水域,在基本上是指一些特定的海域,在此海域中一个国家由于特殊的历史背景而享有一些特定的权利,此项权利谓之历史性权利。历史性水域是指历史性权利所涵盖的海域。”[⑥]《元照英美法词典》也指出:“海湾、河口等特殊水域如果依国际法的一般规则不具有沿海国内水的性质,但由于沿海国对该水域拥有历史上的权利根据,从而排除一般规则的适用,而赋予该水域具有沿海国内水的性质,则该水域在国际法上被称为历史性水域。除历史性海湾外,河口、海峡及群岛水域等也可以成为历史性水域。”[⑦]

综上可以得出的结论是,历史性水域与历史性海湾是包含与被包含的关系,历史性海湾是历史性水域的一种类型,一国可以基于历史性权利而取得历史性水域(包括历史性海湾)。

4. 历史性权利与既得权利

有学者从既得权的角度论证历史性权利,认为历史性权利是《联合国海洋法公约》

① Historic Bays: Memorandum by the Secretariat of the United Nations, A/CONF, 13/1, para.8.
② Mitchell P. Strohl, *The International Law of Bays*, The Hague: Martinus Nijhoff Publishers, 1963, pp.224-228.
③ Yehuda Z. Blum, *Historic Titles in International Law*, The Hague: Martinus Nijhoff Publishers, 1965, p.299.
④ 郭渊:《论海洋法中的“历史性权利”》,《中国海洋法学评论》2008年第1期,第33~34页。
⑤ Fisheries Case (United Kingdom v. Norway), Judgment, *I.C.J. Reports 1951*, p.130.
⑥ 黄异:《海洋秩序与国际法》,台北:学林文化事业有限公司2000年版,第400页。
⑦ 薛波主编:《元照英美法词典》,北京:法律出版社2003年版,第641页。

和一般国际法明确承认和保护的权利[①]，这实际涉及如何对既得权进行理解。“既得权利的取得以该权利产生时的法律为依据。”[②]《牛津法律词典》将既得权解释为：权利人已实际取得的权利。[③]既得权利实际强调的是法不溯及既往，所以在历史上已经取得的历史性权利实质上就是一种既得权，即便有新的立法也不能否认一国基于既得权已经取得的权利。

通过上述分析可知，历史性权利概念与其他诸多概念间既有联系也有区别。本书将历史性权利界定为：一国在长期的过程中对某一特定领土（陆地或海洋）行使主权或根据对某一领土的依赖而对其行使特定的权力（authority），并得到其他国家容忍而形成的历史性所有权和不具有领土主权性质的权利。历史性权利实质上是一种既得权，历史性权利的形成不是一蹴而就的，而是历史性逐渐巩固的结果。由此定义可知，历史性权利至少具有以下四个特征。

第一，享有历史性权利的主体是国家。由于历史性权利针对的对象涉及领土，而领土是国家构成的重要要素，所以国家当之无愧是享有历史性权利的主体。在国际法的其他主体中，国际组织的权利是成员方通过协议赋予的，是派生性主体。争取独立的民族的国际法主体资格虽然已得到国际社会的普遍承认，但其能力与国家相比，具有一定的局限性，“是一种准国家的或过渡性的国际法主体，是一种特殊主体。”[④]当然，根据国际法中的继承原则，当争取独立的民族成为国家后，可以继承原殖民国在历史上对某领土，包括某海域的权利。

第二，历史性权利涉及的对象或者说历史性权利的类型或内容既包括领土所有权，也包括不具有领土主权性质的权利。对此问题将在下文中具体阐述。

第三，历史性权利具有“历史性”的特点，其形成需要一国在长时间内持续对某领土行使主权或行使不具有领土主权性质的权力。也就是说，历史性权利的形成是国家长期行使权力最终导致的结果。反之，一国可以通过行使“权力”的方式（包括行使“管辖权”“捕鱼权”“航行权”等方式）来体现对“权利”的享有。

第四，历史性权利的形成与其他国家的态度有关。

在这四个特征中，后两个特征实质上涉及历史性权利的构成要件，对此，本书将在第二章进行详细分析。

---

① 赵建文：《联合国海洋法公约与中国在南海的既得权利》，《法学研究》2003 年第 2 期，第 147~160 页。

② 赵建文：《联合国海洋法公约与中国在南海的既得权利》，《法学研究》2003 年第 2 期，第 152 页。

③ Jonathan Law，Elizabeth A. Martin，*Oxford Dictionary of Law*，New York：Oxford University Press，2013，p.576.

④ 梁西主编：《国际法》，武汉：武汉大学出版社 2011 年版，第 73 页。

二、历史性权利的类型

对于历史性权利包括哪些类型，学者观点并不一致，如有的学者认为历史性权利包括“领土主权、历史性主权权利及有关海洋划界方法的历史性权利”①；有的学者将其表述为：“主权、非排他性权利以及适用特别习惯法的权利”②；此外也有学者认为特定水域的历史性权利包括“历史性主权”“历史性主权权利”“特殊利益”③；还有学者将其分为“海域空间”“特定资源”“特定活动”④；当然也有观点认为历史性权利仅指“历史性所有权”⑤。从国家实践看，历史性权利具体包括哪些，很难有统一的标准，它取决于一国在特定领土（领陆、领空、领水及底土）具体实施了哪些行为，也就是说由于各国对所涉领土，尤其是海域具体行使主权、使用、管理情况有所差异，所以具体到不同的国家，历史性权利的类型并不相同，即历史性权利的范畴很难整齐划一。但无论是何种行为，从分类方式上，是可以将其进行归类的。从权利行使方式看，一国基于历史性权利可以享有对领土的所有权，也可以享有不具有领土主权性质的权利。因此，历史性权利可以分为以下两类。

（一）对水域及对陆地领土的历史性所有权

如前所述，历史性所有权属于历史性主权范畴，强调的是对某领土的完全的管辖权，具体包括对水域的历史性权利和对陆地包括岛屿的历史性权利。

1. 历史性水域

前文说明了历史性水域和历史性海湾的关系，历史性水域的类型不限于历史性海湾，总体说来，包括以下类型。

（1）历史性海湾。历史性海湾是历史性水域的主要类型，不仅《联合国海洋法公约》对此有明确规定，而且也是实践的主要体现，历史性海湾的产生、发展及国家实践具体参见本书第三章和第四章。

（2）群岛间水域。《历史性水域，包括历史性海湾的法律制度》报告尤为明确地指出“历史性权利”不仅可以对“海湾”提出主张，也可以对其他海域“如群岛水域或是群岛与相

① Andrea Gioia，Historic Titles，in R .Wolfrum（ed.），*The Max Planck Encyclopedia of Public International Law*，New York：Oxford University Press，2008，online edition，www.mpepil.com，访问日期：2014 年 6 月 13 日。

② 徐栋：《英挪渔业案中的历史性权利研究及对中国实践的启示》，《中国海商法研究》2013 年第 1 期，第 75 页。

③ 周忠海：《论海洋法中的历史性权利问题》，载周忠海：《周忠海国际法论文集》，北京：北京出版社 2006 年版，第 408~409 页。

④ 参见贾宇：《试论历史性权利的构成要件》，《国际法研究》2014 年第 2 期，第 36~42 页。

⑤ 参见曹鉴燎：《历史性所有权原则与中国对南沙群岛的主权》，《学术研究》2002 年第 4 期，第 85~88 页。

邻大陆之间的水域”提出。[①]从理论上讲,划定群岛间历史性水域的情况包括如下情况:第一,由于历史性水域是一国长期持续行使管辖权并得到他国容忍的水域，所以，如果群岛国历史上就一直对某水域持续管辖且得到他国容忍,群岛国可对该水域主张历史性水域。换言之,《联合国海洋法公约》虽然规定群岛国可按照《联合国海洋法公约》关于河口、海湾、港口的规定，在其群岛水域内用封闭线划定内水的界限[②]，但《联合国海洋法公约》同时在序言中指出:“确认本公约未予规定的事项,应继续以一般国际法的规则和原则为准据。”[③]所以，群岛国也可基于历史性权利主张历史性水域，而使其成为该国的内水。第二，通过历史性权利主张划定群岛国的直线基线。事实上，群岛定义本身就包含历史因素。“群岛”是指一群岛屿，由于其彼此密切相关，以致这种岛屿及其“水域”在本质上构成一个地理、经济和政治的实体，“或在历史上已被视为这种实体。”[④]同时,《联合国海洋法公约》第47条第4款规定:“除在低潮高地上筑有永久高于海平面的灯塔或类似设施，或低潮高地全部或一部与最近的岛屿的距离不超过领海的宽度外，这种基线的划定不应以低潮高地为起讫点。”所以，对沿岸群岛水域主张历史性权利可能与《联合国海洋法公约》第7条第4款的解读（关于低潮高地的起讫点）有关，因为这种高地作为划定基线的起讫点需要该高地“已获得国际的一般承认”——这暗示了特定直线基线内已被一般承认为历史性权利主张。[⑤]

（3）海峡中的历史性水域。俄罗斯曾提出历史性海峡的主张，一般认为俄罗斯主张的历史性海峡是桑尼科夫海峡等4个海峡。因此，以往的历史性权利主张似乎在极罕见的情况下会包括某些海峡。[⑥]判断某海峡是否是历史性海峡取决于沿海国对外国船舶在该海峡采取了何种限制，即外国船舶在该海峡的通过制度是什么样的。一些学者指出，对于显而易见的国际海峡不得主张其为内水。[⑦]

（4）历史性领海。在以往领海宽度不确定时期，很难分类说明哪些是历史性领海。但是，随着领海宽度制度的确立，无须通过历史性领海制度就能使12海里范围内的海域成为一国的领海，而且须注意的是，提出历史性领海主张的国家需要表明他国船舶在本国主张海域航行的权利仅限于无害通过。

---

① Juridical Regiime of Historic Waters including Historic Bays—Study Prepared by the Secretariat，A/CN，4/143，para.29.

② 参见《联合国海洋法公约》第50条。

③ 参见《联合国海洋法公约》序言。

④ 参见《联合国海洋法公约》第46条（b）项。

⑤ 参见 Clive R. Symmons，*Historic Waters in the Law of the Sea: A Modern Re-Appraisal*，Leiden/Boston: Martinus Nijhoff Publishers，2008，p.24。

⑥ 王丹维:《北极航道法律地位研究》,《中国海洋法学评论》2011年第2期，第7页。

⑦ 参见 A.M. Gross，The Maritime Boundaries of States，*Michigan Law Review*，1966，64，p.650。

2. 对陆地领土的历史性所有权

有学者以国际法院在喀麦隆与尼日利亚的陆地和海洋边界案中提出的观点为依据，认为历史性权利不适用于陆地领土。[①] 该案中尼日利亚提出基于历史性权利的巩固而取得领土主权的观点被国际法院否认，国际法院指出："历史性权利的巩固理论是具有很大争议性的，不能取代根据国际法所建立起来的领土取得的既有模式，该理论需要考虑许多其他重要的事实和法律的变化。"[②] 但是需要注意的是，国际法院同时也指出，尼日利亚提出的事实和形势仅仅涉及20年的时间，即使根据历史性权利巩固的理论，该时间也过短。[③] 所以，国际法院认为历史性权利的巩固涉及时间因素。在喀麦隆与尼日利亚的陆地和海洋划界案中，法官克罗马（Koroma）及专案法官阿吉博拉（Ajibola）分别发表异议意见，不同意国际法院对历史性权利巩固提出的观点。克罗马法官和阿吉博拉法官认为领土取得方式显然并不局限于法院在判决中所提到的"已确立"的那些模式，否则，有关"时效""承认""禁反言或排除""默示同意"等国际司法裁定的内容就没有存在的必要了。而且，如果有足够的证据支持（如长期的实践、众多利益和关系的紧密结合、有关默示的证明等），"历史性权利的巩固"就可以成为一种有效的领土取得方式，这在有关司法实践中已得到证实。[④] 在厄立特里亚与也门的领土和海域划界仲裁案中，仲裁庭毫不怀疑历史性权利既可以适用于包括岛屿在内的领土，也可适用于海洋。[⑤] 从国家领土构成看，海洋和陆地（包括岛屿）一样是领土的组成部分，从理论上讲，如果能够依据历史性权利取得对海洋的权利，那么同样也能依据该权利取得对陆地（包括岛屿）领土的权利。对此很多学者也持肯定态度。[⑥] 但是，在实践中用历史性权利主张陆地领土主权的案例较少，其中一个原

① 参见 Florian Dupuy and Pierre-Marie Dupuy，A Legal Analysis of China's Historic Rights Claim in the South China Sea，*American Journal of International Law*，2013，107，p.138。

② Land and Maritime Boundary between Cameroon and Nigeria（Cameroon v. Nigeria：Equatorial Guinea intervening），Judgment，*I. C. J. Reports 2002*，p.352.

③ 参见 Land and Maritime Boundary between Cameroon and Nigeria（Cameroon v. Nigeria：Equatorial Guinea intervening），Judgment，*I. C. J. Reports 2002*，p.352。

④ 参见 Land and Maritime Boundary between Cameroon and Nigeria（Cameroon v. Nigeria：Equatorial Guinea intervening），Dissenting Opinion of Judge Koroma，Judgment，*I. C. J. Reports 2002*，p.476，para.8；Dissenting Opinion of Judge Ajibola，Judgment，*I.C.J. Reports 2002*，p.560，para.58。

⑤ 参见 Eritrea-Yemen Arbitration，Phase 1：Territorial Sovereignty and Scope of the Dispute，Award，*P.C.A. 1998*，pp. 35-43。

⑥ 参见 Yehuda Z. Blum，*Historic Titles in International Law*，The Hague：Martinus Nijhoff Publishers，1965，p.335。也有学者指出"It seems that the concept of historic titles can be applied equally to efforts to show sovereign rights to maritime land territories"。参见 Artur Kozlowski，The Legal Construct of Historic Titles to Territory in International Law-An Overview，*Polish Yearbook of International Law*，2010，30，p.64；Zou Keyuan，Historic Rights in International Law and in China's Practice，*Ocean Development and International Law*，2001，32，p.150；贾宇：《南海问题的国际法理》，《中国法学》2013 年第 6 期，第 33 页。

因在于国际法中关于领土主权取得的方式规定得比较明确。而从国际法的发展看，统治者最初针对的领土是陆地领土，所以先占等领土取得方式主要是对陆地领土适用，且已作为习惯国际法被各国接受，在这种情况下，无须借助历史性权利就可主张领土主权。

（二）非领土主权性质的权利

非领土主权性质的权利侧重的是对某领土的依赖性，强调对领土的"使用权"，而非对该领土的主权。比较典型的权利包括以下几类。

1. 对陆地领土的过境通行权

在印度领土通行权案中[①]，国际法院以 11 : 4 的投票结果判决葡萄牙有过境通过印度领土的某些权利。国际法院在判决中指出，关于私人、文职官员和一般货物，在印度被英国统治期间及其后，存在在达曼港与飞地之间自由通行的持久统一的管理。这种实践持续了一个多世纪，并且没有受到主权更替的影响。基于以上事实，这种实践已被当事国接受为法律，产生了权利和相应的义务。因此国际法院判定，在 1954 年葡萄牙仍然拥有它所要求的这种通行权，但这种权利仅限于私人、文职官员和一般货物的通过，且隶属于印度的管理和控制。[②] 而且国际法院指出这种历史性权利的建立所需要的国家的数目并不必然要多于两个国家。[③] 换言之，只要在两个国家之间存在这种国家实践，该历史性权利就可在这两个国家之间建立。

2. 历史性航行权

事实上，提到海洋，人们首先想到的就是航行。历史上的航行权主要体现为一种航行自由。被称为国际法之父的格劳秀斯（Grotius）在其《海洋自由论》中明确提到"所有人依国际法均可自由航行"。[④] 但是，随着海域的划分，沿海国管辖的范围不断扩大，公海范围不断缩小，可自由航行的海域范围自然也在缩小。历史上的航行自由逐渐向特定的航行权转变。基于历史性权利可在特定海域享有特定的航行权，如直线基线的使用，使一些原本不是内水的海域变成了沿海国有管辖权的范围，因此，《联合国海洋法公约》

---

① 该案案情大致如下：在印度的葡萄牙属地，包括从达曼港向内地的一段距离的达德拉和纳加尔哈维利两个飞地（enclaves），1954 年成立了自治地方政府。印度政府自 1954 年 7 月起中止了葡萄牙前往上述地区及这两块土地相互之间的通行权。1955 年 12 月 22 日，葡萄牙向国际法院提起诉讼，指出在其行使主权必要的范围内并且在印度的规定和管制的约束下，葡萄牙有前往这两个飞地的通行权。这项权利来源于葡萄牙和马拉地族之间在 18 世纪缔结的各项协定、葡萄牙和印度半岛各君主之间先后确立的地方习惯以及关于飞地的一般国际习惯和文明国家公认的一般法律原则。葡萄牙请求国际法院承认并宣布葡萄牙的通行权和印度违反了由这一通行权产生的国际义务，并裁决印度立即让葡萄牙行使上述通行权。

② Right of Passage over Indian Territory，Judgement，*I.C.J. Reports 1960*，p.40.

③ Right of Passage over Indian Territory，Judgement，*I.C.J. Reports 1960*，p.39.

④［荷］格劳秀斯：《论海洋自由或荷兰参与东印度贸易的权利》，马忠法译，上海：上海人民出版社 2005 年版，第 9 页。

第 8 条第 2 款规定："如果按照第七条所规定的方法确定直线基线的效果使原来并未认为是内水的区域被包围在内成为内水，则在此种水域内应有本公约所规定的无害通过权。"这种无害通过权的规定实质上就是照顾了其他国家在该海域的历史上的航行权。再如，之所以在群岛水域规定"群岛海道通过权"，就是因为在未划定群岛水域时，历史上群岛国以外的国家在该海域是可以自由通过的，所以为了平衡群岛国及其他国家的利益，要照顾群岛国以外的国家在历史上享有的权利，因此规定了"群岛海道通过权"。用于国际航行的海峡中的"过境通行权"的设立也是同样的道理。

除此之外，司法实践中还存在为行使特定活动而享有的航行权。如在厄立特里亚与也门的领土与海域划界仲裁案中，仲裁庭不仅确认了长久存在于红海两岸的"技艺性"捕鱼活动，同时也指出渔民享有借助有简单动力装置的船舶、独木舟或小木筏等工具，航行至裁决书确定的特定海域捕鱼作业的权利。[①]可见，基于历史上特殊类型的捕鱼活动，仲裁庭赋予了渔民这种附条件的航行权。

3. 历史性资源开发权（捕鱼权）

由于在历史上海洋资源的开发利用主要是捕鱼，所以历史性资源开发权主要体现为历史性捕鱼权，但是如果能够证明一国在历史上也开发了其他海洋资源，那么这种开发资源的权利就不仅限于历史性捕鱼权。有学者指出："一国可以对历史性海湾享有完全的主权，然而在某些情况下，一国可能对历史性海湾仅享有排他的捕鱼权。"[②]从海洋法的历史发展过程不难发现，历史性捕鱼权的产生也与海域划分有关。由于传统的海洋法只将海洋分为领海和公海，这样国家在领海外的海域就都有捕鱼权。但是随着新的海域划分规则的产生，沿海国设立专属渔区或专属经济区，致使原本能够自由捕鱼的公海成为沿海国有专属捕鱼权的海域，从而就产生了一国基于历史性捕鱼权而主张在他国海域捕鱼的问题。在联合国第二次海洋法会议上，与会国基本达成了共识：沿海国在扩大领海、设立专属渔区时，应尊重其他国家的渔民长期以来在原来是公海的一部分，现在却成为沿海国专属捕鱼或管辖范围的海域进行捕鱼活动的历史性权利。[③]所以，历史性捕鱼权实质上是一国在特定海域享有"特殊权利"的表现形式，是"沿海国不断扩大管辖海域范围和公海航行自由矛盾冲突的产物"[④]。

---

① Eritrea-Yemen Arbitration，Phase 2：Maritime Delimitation，Award，*P.C.A. 1998*，pp.33–34，paras.106–108.

② Timothy Hillier，*Principles of Public International Law*，2nd Edition，London：Cavendish Publishing Limited，1999，p.187.

③ 参见王军敏：《历史性捕鱼权在专属经济区划界中的地位和作用》，《湖北行政学院学报》2009 年第 4 期，第 16 页。

④ 付玉、黄硕琳：《历史性捕鱼权的习惯国际法效力研究》，《太平洋学报》2015 年第 4 期，第 84 页。

联合国第三次海洋法会议通过的《联合国海洋法公约》在第五部分专门对专属经济区进行了规定。根据这些规定，可以得出以下结论：(1)《联合国海洋法公约》赋予了沿海国对其专属经济区内一切自然资源享有的以勘探、开发、养护和管理为目的的主权权利，当然包括对渔业的权利[①]；(2)《联合国海洋法公约》并没有直接提到其他国家可基于历史性权利在他国的专属经济区进行捕鱼，对于“沿海国在没有能力捕捞全部可捕量的情形下，应通过协定或其他安排，并根据第4款所指的条款、条件、法律和规章，准许其他国家捕捞可捕量的剩余部分”[②]，沿海国在准许其他国家进入其专属经济区时，应考虑所有相关因素，除其他外，包括该区域的生物资源对有关沿海国的经济和其他国家利益的重要性，内陆国和地理不利国的权利，该分区域或区域内的发展中国家捕捞一部分剩余量的要求，以及尽量减轻其国民惯常在专属经济区捕鱼或曾对研究和测定种群做过大量工作的国家经济失调现象的需要。[③]这里与历史性权利相关联的部分有两处，一是“除其他外”这一用语，可考虑是否包括历史性捕鱼权；二是“以及尽量减轻其国民惯常在专属经济区捕鱼……的需要”，“惯常”这一用语实际体现了历史性权利这一情况，所以即便从“除其他外”这一用语不能确定是否包括历史性捕鱼权，但是后来提及的“惯常”这一用语也体现了历史性权利这一含义。但是这一历史性捕鱼权只是沿海国在准许其他国家进入其专属经济区时考虑的因素，这一因素与其他因素处于同样的地位。换言之，一国并不能基于历史性捕鱼权在他国专属经济区有捕捞可捕量的剩余部分的优先权。另外，《联合国海洋法公约》规定了群岛国邻国在其群岛水域的合法权利[④]，同时《联合国海洋法公约》第51条第1款规定：“在不妨害第四十九条（群岛水域、群岛水域的上空、海床和底土的法律地位）的情形下，群岛国应尊重与其他国家间的现有协定，并应承认直接相邻国家在群岛水域范围内的某些区域内的传统捕鱼权利和其他合法活动。”这也说明历史性权利是可以包括历史性所有权以外的权利的。

在2006年的巴巴多斯与特立尼达和多巴哥仲裁案中涉及历史性捕鱼权[⑤]，同时在英国与冰岛的渔业案中，有法官发表独立意见指出，除沿海国的特殊利益及优先权利外，沿海国在公海的历史性的捕鱼权也应被考虑在内。[⑥]

---

① 参见《联合国海洋法公约》第56条。

② 参见《联合国海洋法公约》第62条第2款。

③ 参见《联合国海洋法公约》第62条第3款。

④《联合国海洋法公约》第47条第6款规定：“如果群岛国的群岛水域的一部分位于一个直接相邻国家的两个部分之间，该邻国传统上在该水域内行使的现有权利和一切其他合法利益以及两国协定所规定的一切权利，均应继续，并予以尊重。”

⑤ 参见 Barbados/Trinidad and Tobago Arbitration，Award，*P.C.A. 2006*，p.32，para.112。

⑥ 参见 Fishiers Jurisdiction (UK v. Iceland)，Sepetate Opinion of Judge De Castro，Judgment，*I.C.J. Reports 1974*，p.99。

虽然总结上述案例及立法规定可以发现，这里提到的历史性捕鱼权是在他国管辖海域享有的，但由于历史性权利这一概念并不是地理概念，一国是否享有历史性权利与享有权利的地点并无直接关系，之所以在公海或者是他国管辖海域享有特定的权利是因为一国长期以来一直在特定海域行使特定的权利且得到其他国家的容忍，即便是像前文所述的《联合国海洋法公约》第 47 条第 6 款和第 51 条第 1 款的规定，也是因为在该海域没划定为属于群岛水域时，其他国家就已经在该海域持续进行捕鱼，所以《联合国海洋法公约》赋予的这一权利，出发点是基于对历史的尊重而非简单地从地域范围考虑。

需要说明的是，对于定居种生物，即“在可捕捞阶段在海床上或海床下不能移动或其躯体须与海床或底土保持接触才能移动的生物”[①]，基于其自然属性，决定了它们属于沿海国对大陆架自然资源主权权利的范围，由于一国对大陆架的权利是沿海国固有的权利，所以不属于历史性权利的范围。

总之，历史性权利形态具有“个案化”的特点。[②]一国到底能够享有哪些历史性权利，取决于该国具体实施了哪些行为且得到他国容忍，所以，这种权利的范围很难一概而论。相应的，还有学者也提出了历史性权利可能包括在特定海域的科考活动等的观点。[③]基于此，历史性权利的范畴如图 1–1 所示。

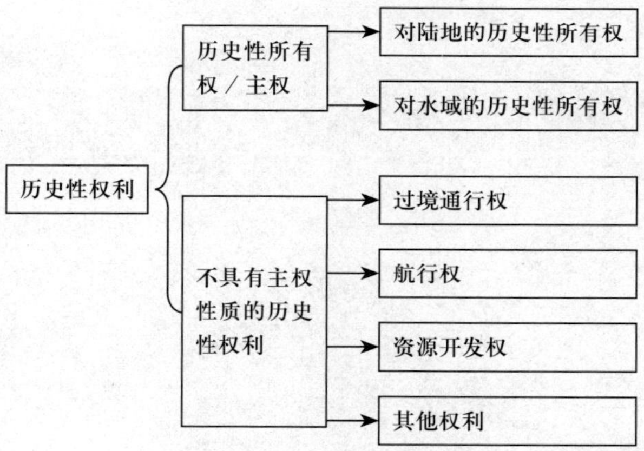

图 1–1　历史性权利的范畴示意图

①《联合国海洋法公约》第 77 条第 4 款。

② 参见袁古洁、李任远：《历史性权利对海洋权利的影响——兼及中国南海权利主张》，《中山大学法律评论》（第 12 卷第 3 辑），桂林：广西师范大学出版社 2014 年版，第 170 页。

③ 余东晖：《专访贾兵兵教授：在美国“南海年会”上舌战群儒阐述中国主张》，《中国评论新闻》2014 年 7 月 16 日。

三、小结

历史性权利与历史性所有权、历史性水域、历史性逐渐巩固等概念间具有关联性。历史性权利的含义要视具体情况而定。历史性权利作为一种理论依据，根据该权利，可以取得对水域（包括海湾）及陆地领土的所有权，也可以取得不具有领土主权性质的权利。但是，实践中依据历史性权利主张陆地领土主权的做法相对较少。任何历史性权利的取得都是历史性逐渐巩固的结果，具有既得权性质的历史性权利不应因为新法的出现而否认其合法性。历史性权利形态的个案化特点决定了一国实际享有哪些具体权利，需要视具体情况而定。

第二章　历史性权利的构成要件

前文分析了历史性权利与相关概念的关系，指出了历史性权利的具体类型，但是一些概念本身是难以界定清楚的，“历史性”及“权利”就属于难以定义的概念，此时最好用分析构成要件的方式来解释。①

历史性权利包括具有主权性质的历史性所有权及不具有领土主权性质的权利。对于历史性所有权的构成要件，由于历史性所有权属于国家主权范畴，所以该国至少对主张领土持续地行使了主权，尤其是管辖权；如果主张的是非主权性质的权利，须证明的则是该国持续地行使了某项具体的权力，如捕鱼权、航行权等，但是这些捕鱼和航行活动在很多时候是与个人的行为分不开的，虽然个人的行为无法代表国家在该领土的权利，但由于个人是国家的具体构成要素，国家在某领土的权利具体是通过个人来实现的，所以此时的个人行为是一国在该领土享有权利的证据，有确证作用。如果涉及他国的态度，实质只是一国对另一国行使主权或行使权力是否容忍。以下主要以历史性权利中的所有权为依据来分析历史性权利的构成要件。

一、关于历史性权利构成要件的不同主张

纵观司法实践、国际文件及学者对历史性权利的阐述，可以将历史性权利的构成要件总结为以下几种观点。

① 本章内容已作为阶段性成果发表。参见曲波:《海洋法中历史性权利构成要件探究》,《当代法学》2012 年第 4 期，第 3~9 页。

（一）二要件说

由于历史性水域（海湾）是历史性权利的一种主要表现形式，一些判例中指出了历史性水域的构成要件。概括说来，这两个要件是沿海国行事的方式及其他国家的态度，但具体表述有所不同。如在1951年的英挪渔业案中，国际法院指出，从历史性水域的观点来说，在那片被称为内水或领海的水域中，挪威曾经在没有第三国反对的情况下，实施其必要的管辖达到很长一段时间，这势必造成以下结果，即虽然该国的行为不符合国际法规则，但是其管辖仍须被承认。[①]在1992年萨尔瓦多与洪都拉斯关于丰塞卡湾的争端中，国际法院也承认长久和平行使管辖权且未有第三国反对的事实，是历史性权利的要件。[②]在1985年亚拉巴马州与密西西比州州界案件中，在认定密西西比河是否为历史性水域时，法院也明确解释历史性权利的构成要件包括以下两点：（1）对于水域，沿海国须对具体水域连续地行使管辖权；（2）须得到第三国的默认。[③]在民用航空委员会诉岛屿航空公司案（Civil Aeronautics Board v. Island Airlines，Inc.）中，法院在查明是否存在历史性权利时考虑了以下因素：权利主张国对水域行使国家主权、行使这种主权的连续性及外国的态度。[④]

很多学者也以历史性水域（海湾）为基础来论证历史性权利的构成应包括两个要件，主要有以下几种观点。（1）认为"历史性权利基本上是建立在下列两个条件之上的：一是国家长期地对于海域实施有效管辖；二是国际社会或有关国家对前项关系默示同意"[⑤]；（2）将历史性权利成立的要件归纳为"主张历史性权利的国家应对有关海域实施管辖、国际社会对于上述管辖之容忍"[⑥]；（3）认为"沿海国行使主权权利的长期性是由海湾的地理地位和保卫国家的经济和国防利益的必要性所决定的"[⑦]；（4）也有学者认为这两个要件包括沿海国对其水域公开行使权力且在相当长时间内连续行使这种权力，这种权力得到外国的承认或默认[⑧]；（5）认为沿海国必须确认有效地行使主权、连续经过一段期间行使

---

① Fisheries Case（United Kingdom v. Norway），Judgment，*I.C.J. Reports 1951*，p.130.

② Case concerning the Land，Islands and Maritime Frontier Dispute（EL Salvador/Honduras：Nicaragua intervening），Judgment，*I.C.J. Reports 1992*，para.332.

③ 105 S.Ct. 1074（1985）.

④ 235 F. Supp. 1004（D. Hawaii 1964）.

⑤ 刘楠来等：《国际海洋法》，北京：海洋出版社1986年版，第19~20页。

⑥ 黄异：《海洋秩序与国际法》，台北：学林文化事业有限公司2000年版，第401页。

⑦［苏联］拉扎列夫：《现代国际海洋法》，吴云琪、刘楠来、王可菊译，天津：天津人民出版社1981年版，第84~85页。转引自刘楠来等：《国际海洋法》，北京：海洋出版社1986年版，第19页。

⑧ 参见沈固朝：《关于北部湾的"历史性水域"》，《中国边疆史地研究》2000年第4期，第54页；魏静芬：《海洋法》，台北：五南图书出版股份有限公司2008年版，第329页。

其主权，并得到相邻国家的默认。[1]还有学者以具体实践为根据提出了历史性权利的构成要件，如认为加拿大主张哈德逊湾为历史性海湾的正当性在于"加拿大对该湾的占有得到了其他国家的默认"。[2]

（二）三要件说

三要件说认为历史性权利的构成要件包括以下内容:（1）沿岸国已经对历史性海湾长期地实行了作为内海加以有效控制的实践;（2）并因此在沿岸国和海湾之间形成了紧密的、重要的利益关系;（3）其他有关国家长期以来对沿岸国实行该项控制的承认（明示或默示）。[3]

（三）四要件说

四要件说认为构成历史性权利的四个要件包括沿海国排他性的国家司法管辖、长期控制、外国默认及沿海国还须承担举证责任。[4]

（四）六要件说

1958年联合国第一次海洋法会议的准备文件指出，构成历史性海湾，获得历史性权利的条件包括以下因素:（1）国家"利用"是历史性权利的唯一基础;（2）某一个海湾或海域的历史性权利是该沿海国的利益所必需的;（3）有涉及历史性海湾或水域的司法判决;（4）历史性权利由该国占有并得到国际承认;（5）获得历史性权利应考虑到时间因素;（6）历史性权利在连续的基础上形成。[5]有学者也认为历史性权利应具备六个要件:（1）国家对水域行使排他性权利;（2）长时期地使用和通行;（3）外国的默认;（4）法律上有效的保护;（5）重要利益;（6）举证责任。[6]还有学者认为包括以下六个要件:（1）沿海国对有关水域拥有防卫或安全等主要利益;（2）沿海国长期以来对有关水域有效控制并行使权利;（3）沿海国通过国内立法、行政和管辖行为来行使权利，连续而不中断;（4）强制执行法令并限制他国船舶进入有关水域从事活动;（5）前述权利之行使已为第三国或邻近国家所明示承认或默许，且没有他国之抗议或相反权利之主张;（6）基

① Leo J. Bouchez，*The Regime of Bays in International Law*，Leyden：A.W. Sythoff，1964，p.281.

② V.K. Johnston，Canada's Title to Hudson Bay and Hudson Stratit，*British Yearbook of International Law*，1934，15，pp.1，20.

③ 参见魏敏主编:《海洋法》，北京：法律出版社1987年版，第45页。

④ 刘江萍、郭培清:《加拿大对西北航道主权控制的法律依据分析》，《中共青岛市委党校 青岛行政学院学报》2010年第2期，第101页。

⑤ Historic Bays：Memorandum by the Secretariat of the United Nations，A/CONF，13/1，paras. 137–198.

⑥ 刘惠荣、刘秀:《北极群岛水域法律地位的历史性分析》，《中国海洋大学学报》（社会科学版）2010年第2期，第3页。

于时效之理由而对水域享有历史性权利。①

（五）《历史性水域，包括历史性海湾的法律制度》的规定

提到历史性权利的构成要件，必须提及的是1962年国际法委员会为联合国秘书处准备的《历史性水域，包括历史性海湾的法律制度》，该报告指出各国代表一般公认历史性水域应至少符合三个要素，原文为：

There seems to be fairly general agreement that at least three factors have to be taken into consideration in determining whether a State has acquired a historic titles to a maritime area. These factors are:（1）the exercise of authority over the area by the State claiming the historic right;（2）the continuity of this exercise of authority;（3）the attitude of foreign States. First, the State must exercise authority over the area in question in order to acquire a historic titles to it. Secondly, such exercise of authority must have continued for a considerable time; indeed it must have developed into a usage. More controversial is the third factor, the position which the foreign States may have taken towards this exercise of authority. Some writers assert that the acquiescence of other States is required for the emergence of an historic titles; others think that absence of opposition by these States is sufficient.②

Besides the three factors just referred to a fourth is sometimes mentioned. It has been suggested that attention should also be given to the question whether the claim can be justified on the basis of economic necessity, national security, vital interest or a similar ground. According to one view, such grounds should even be considered to form the fundamental basis for a right to "historic waters", so that they would be sufficient to sustain the right even if the historic element were lacking.③

前三个条件是学界公认的，有人将之翻译为："主张历史性权利的国家应对该水域行使权利;该权利的行使应是连续地在一个相当长时间，并且已发展成为惯例;各国的态度，即为各国所承认。"④ 还有人将之翻译为："对此地区行使权力;行使权力有连续性;这种权力要求得到外国的默认。"⑤ 此外还有提及第四个条件的，即证明是基于经济、国家安全及其重大利益上的需要或类似理由而主张历史性权利。学界公认的前三个条件，实质上表

① 参见赵国材:《从国际法观点分析我国南海历史性水域之法律制度》,《问题与研究》1993年第8期，第13页。

② Juridical Regime of Historic Waters including Historic Bays—Study Prepared by the Secretariat，A/CN，4/143，para.80.

③ Juridical Regime of Historic Waters including Historic Bays—Study Prepared by the Secretariat，A/CN，4/143，para.81.

④ 刘楠来等:《国际海洋法》，北京：海洋出版社1986年版，第19页。

⑤ 李金明:《中法勘界斗争与北部湾海域划界》,《南洋问题研究》2000年第2期，第84页。

达的是两层含义，一是主张国行事的方式；二是其他国家的态度。最后提及的条件是主张国主张历史性权利的原因。所以，如果以学界公认的条件为标准，该文件体现的是二要件说，如果将主张的理由也列为要件之一，则该文件体现了三要件说。

通过以上列举，可以看到理论界和实践中对历史性权利的关注点主要集中在主张历史性权利的原因、主张国行使权力的方式及其他国家对主张国的态度几个方面，具体如表 1–1 所示。

表 1–1　历史性权利构成要件的关注点

主张历史性权利的原因	1. 主张国与海域之间有紧密的、重要的利益关系； 2. 基于经济、国家安全及重大利益的需要； 3. 主张国的利益所必需的； 4. 国家利用； 5. 防卫或安全等主要利益； 6. 基于时效的理由
主张国行使权力的方式	1. 长期进行有效控制； 2. 长期实施（有效）管辖； 3. 连续在相当长的时间行使权利（权力），形成惯例； 4. 相当长的时间连续公开行使权力； 5. 排他性权利； 6. 有效控制并行使权利； 7. 通过管辖行为来行使权利； 8. 举证责任
其他国家对主张国的态度	1. 对主张国控制的承认（明示或默示）； 2. 默示同意（默认）； 3. 容忍； 4. 承认或默认； 5. 其他国家是否仅限于邻国还是包括主张国以外的所有国家

此外，有学者从历史性权利的主体、客体、他体（第三方）和相关因素角度分析了历史性权利的构成要件。① 也有学者认为历史性权利包括“历史性要素”“政治性要素”“国际社会要素”这几个关键性的要素。② 由于构成要件是判断一定法律效果能否发生的前提条件，构成要件对判断行为具有规范性的作用。在法理学中，一般在谈到法律责任时会提到构成要件，虽然各国对具体的民事责任的构成要件的规定有所不同，但从法的一般

① 贾宇：《试论历史性权利的构成要件》，《国际法研究》2014 年第 2 期，第 33~48 页。
② 郭渊：《论海洋法中的“历史性权利”》，《中国海洋法学评论》2008 年第 1 期，第 34~35 页。

原理来认识，法律责任的构成要件可概括为“主体、过错、违法行为、损害事实和因果关系五个方面”[①]。但是，历史性权利的构成要件不涉及上述情况，涉及的是一国如果主张历史性权利应符合哪些条件，这与分析历史性权利的特征是不同的，构成要件是判断标准，而特征是“作为事物特点的征象或标志”[②]，二者有重叠，如构成要件中的一些要素也是某事物特征的表现，但特征的征象未必都是构成要件。基于此，下文将对上述关注点是否均是历史性权利的构成要件进行分析。

二、主张历史性权利的原因与历史性权利的构成要件

有学者主张沿海国可基于自身与相关海域的利益关系而主张历史性权利。沿海国在主张的海域有重要利益这一观点的起源通常认为是由德来格在北大西洋渔业仲裁案的异议意见中表达的，他说：“某种类型的海湾，可能恰好被称之为历史性海湾，例如在北美的切萨皮克湾和德拉华湾，这些海湾与传统沿岸国的海湾有所区别，但毫无疑问，不管这类海湾的深度及湾口宽度如何，当这类国家主张对其有主权，以及有特殊的情势，如地理方面的原因、长久的使用及自卫的需要，这类海湾就属于沿岸国，这一主张是正当的。”[③]那么，主张历史性权利的原因是否是历史性权利的构成要件？

首先，如德来格所言的地理因素是否是历史性权利的构成要件？地理因素对历史性权利的存在是有影响的。如就历史性海湾来说，历史性海湾首先须符合自然地理意义的要件，即“为本公约的目的，海湾是明显的水曲，其凹入程度和曲口宽度的比例，使其有被陆地环抱的水域，而不仅为海湾的弯曲。但水曲除其面积等于或大于横越曲口所划的直线作为直径的半圆形的面积外，不应视为海湾”。[④]但地理因素并不是历史性权利的构成要件。从司法实践看，地理因素与其他因素，如社会、经济、文化等因素相结合，共同说明海湾对沿海国的合理性。[⑤]而且“在历史性权利扩展到其他海域时，地理因素的特征早已不再鲜明和被强调”。[⑥]

其次，也有用国家利益因素来主张历史性权利的。如在1957年，苏联基于大彼得湾（又名彼得大帝湾）的特殊地理条件及其在经济和国家防卫方面的重要性，宣布其为苏联

① 张文显主编：《法理学》，北京：法律出版社1997年版，第145页。

② 商务印书馆辞书研究中心修订：《新华词典》，北京：商务印书馆2001年版，第964页。

③ James Brown Scott，The *Hague Court Reports*，First Series，New York：Oxford University Press，1916，pp.199–200.

④《联合国海洋法公约》第10条第2款。

⑤ Mitchell P.Strohl，*The International Law of Bays*，The Hague：Martinus Nijhoff Publishers，1963，p.296.

⑥ 贾宇：《试论历史性权利的构成要件》，《国际法研究》2014年第2期，第44页。关于地理因素与历史性权利的构成要件也可参见王军敏：《国际法中的历史性权利》，北京：中共中央党校出版社2009年版，第157~164页。

的内海湾[①];加拿大1970年颁布的《加拿大北极水域污染法》也主张出于重要利益，宣布北极群岛水域是加拿大的历史性水域[②]；突尼斯也曾从传统的经济利益出发，认为渔业资源是维持其生存的重要经济支柱，是其历史性权利。[③]但是，从构成要件的要义出发，主张历史性权利的原因不应是历史性权利的构成要件。构成要件应该是一定法律效果发生的前提条件，其应是与所发生的法律效果有实质影响的，而且应是特定的。但从主张历史性权利的条件看，前文所列的基于利益或者需要而主张历史性权利过于宽泛，是各国都会强调的，所以不宜将之作为构成要件。"'历史性权利'是一回事，'重要利益'是另一回事。"[④]但是这些重要利益对历史性权利的构成有间接影响,因为一国因为某海湾或水域对其有重要利益，必然会行使管辖权，其权力的行使实质上有助于历史性权利的形成。

至于基于时效取得历史性权利问题，实质上涉及领土取得方式，对此将在本书第四章中进行说明。

三、主张国行事的方式与历史性权利的构成要件

由于历史性权利是一国主张的，因此，毫无疑问，一国对某领土行事的方式是该国能否对该领土享有历史性权利的重要要件。历史性权利的形成是国家长期行使主权或其他权力最终导致的结果。反之,一国可以通过行使"权力"的方式(包括行使"管辖权""捕鱼权""航行权"等)来体现对"权利"的享有。由于历史性水域是历史性权利的主要表现形式，因此，以下主要以历史性水域为例说明历史性权利的构成要件。对此要件，有以下问题需要关注。

（一）主张国必须有效地行使权力

主张国有效地行使权力即该国的行为应是有效的行为。那么,有效的行为如何体现?这涉及以下问题。

1. 权力行使的范围是主张的领土范围

如果一国主张历史性水域，声称某一海域属于其国家管辖的一部分，那么该国在这一海域不间断行使的权力，必须与该国提出的主张相称。因此，权力行使必然是主权，

① 参见周鲠生:《国际法》(上册)，北京：商务印书馆1983年版，第374页。

②[德]奥本海:《奥本海国际法》(第一卷第二分册)，[英]詹宁斯、瓦茨修订，王铁崖等译，北京：中国大百科全书出版社1998年版，第43页。

③ Continental Shelf (Tunisia/Libyan Arab Jamahiriya), Judgment, *I.C.J. Reports 1982*, p.77, para.106.

④ Bourquin, *Les baies historiques*, Melanges Georges Sauser-Hall, 1952, p.51.

国家必须行使而且作为主权者在这一海域行事。[①]

2. 必须是有效的行为

首先，行使有效行为的主体需要是国家或国家机关。个人的行为除非能作为国家权力的表达，否则不能视为国家有效地行使权力。正如阿诺德·麦克奈尔（Arnold McNair）在英挪渔业案的异议意见中指出的："个人独立的活动几乎没有意义，除非他们能够表明，他们的行为是得到许可的，或者他们是得到政府的授权，或者通过其他方式政府已经对他们行使了管辖权。"[②] 徐谟（Hsu Mo）法官也指出："个人出于个人利益，但没有得到政府授权主动而为的行为不能赋予国家主权的性质，即便其行为经过一定时间且没有遭到其他国家国民的干扰。"[③] 但对于哪些行为是国家的行为，存在争议。吉德尔说："想要明确地说明哪种类型的占用行为构成了有效的证据是非常困难的：在某一海域禁止外国船只进入，或者要求外国船只遵守沿海国规则，而这些规则是超过了基于航行利益考虑的通常规则范围的，这些行为显然是一国有说服力的行为。但是，坚持只有这样的行为才能构成证据会显得过于严格了。在瑞典和挪威的格里斯巴丹那（Grisbadarna）争议中，1909 年 10 月 23 日的判决中提到，瑞典已经执行的各种行为……由于其有说服力的证据表明这些地区是属于瑞典的，这些证据如，放置灯塔，海洋的测量，安装了灯船，这些行为均涉及相当大的费用，而瑞典之所以这样做，是因为瑞典认为它不仅是在行使权利，更是在履行职责。"[④] 但是柏坤（Bourquin）认为："就可以作为表达主权的行为来说，有些行为明显是不易产生任何误解的行为。国家禁止外国船只进入海湾或在没有争议的地区捕鱼，通过这些行为能够表明国家行使主权的意愿。然而，有一些模棱两可的情况。放置灯塔或信号灯有时可能是主权行为的显示，而在其他情况下，可能这种行为没有这样的意义。"[⑤]

在英挪渔业案中，挪威政府在向国际法院提交的反诉状中指出："在历史性水域理论的适用上，按照国内法，沿海国的某些行为是最基本的，这是不能被严重质疑的，这种行为是隐含在历史性权利中的。主权的行使恰好是以这种权利为基础的。一国在相当长

---

① 参见 D. H. N. Johnson，Acquisitive Prescription in International Law，*British Yearbook of International Law*，1950，27，pp.344–345。本书认为必要权利的行使是取得时效的基础。

② Fisheries case（United Kingdom v. Norway），Dissenting Opinion of Sir Arnold Manair，Judgment，*I.C.J. Reports 1951*，p.184.

③ Fisheries Case（United Kingdom v. Norway），Separate Opinion of Judge Hsu Mo，Judgment，*I.C.J. Reports 1951*，p.157.

④ Juridical Regime of Historic Waters including Historic Bays—Study Prepared by the Secretariat，A/CN，4/143，para.89.

⑤ Juridical Regime of Historic Waters including Historic Bays—Study Prepared by the Secretariat，A/CN，4/143，para.90.

的时间里和平和连续行使这种权力，使其具有国际化的意义，并使其成为国际司法秩序的元素之一。”[①] 在被问到如何宣称主权时，反诉状的答复是：“首先，根据国内法（法律，法规，行政措施，司法裁决等）采取行动。”[②] 然而英国政府强调这些行为本身不足以建立历史性权利，但同意由国家依据国内法的规定采取的行为对海洋领土的历史性权利的建立是必不可少的这一观点。[③] 但对于不具有主权性质的权利而言，需要证明国家持续在该领土行使了权力，如捕鱼、航行等，但是这些权力很多时候是与个人的行为分不开的，虽然个人的行为无法代表国家对该领土的权利，但由于个人是国家的具体构成要素，国家对某领土的权利具体是通过个人来实现的，所以此时的个人行为不受干扰地行使是一国在该领土享有权利的证据，有确证作用。

其次，有效的国家行为必须是国家公开在领土上行使的体现其意志的行为。由于历史性权利的形成与其他国家的态度有关，只有一国行为是公开的行为才能使其他国家有了解该国行为的机会，其他国家也才有可能对主张国的行为承认或抗议。所以从公平角度讲，秘密的行为不会促成历史性权利的产生，不可能构成历史性权利的基础，其他国家必须至少有机会知道该国正在进行什么活动。[④]

再次，在权利行使方式上，有效的国家行为意味着“主权必须得到有效行使；国家的意图必须通过行为明确地表达而不仅仅是通过公告得以表达”[⑤]。

最后，有效的国家行为意味着权利行使具有连续性，即构成通例。通例有两个作用，一是很多国家长期反复实践形成的通例是国际习惯形成的物质要素；二是一国反复同一或类似活动有助于历史性权利的形成。正如前文所述，某海域历史性权利的建立，必须以特定国家对该海域有效行使主权为基础。构成“通例”的活动必须是同一个国家重复的或是不间断的活动。需要经过多长时间通例才能形成，并无精确的标准，这是一个判断问题。虽然有学者提出，增加的形容词“自古以来”对时间长度没有太多帮助，因为从字面意义看，“自古以来”是一个完全不切实际的概念[⑥]；但是，无论如何，这一表述对时间的长短是否会导致通例的产生有评估作用。[⑦] 持续性的真正标准是规则性，如与通常

① I.C.J., Pleadings, Oral Arguments, Documents, Fisheries Case, Vol. 1, pp.567-568.
② I.C.J., Pleadings, Oral Arguments, Documents, Fisheries Case, Vol. 1, p.568.
③ I.C.J., Pleadings, Oral Arguments, Documents, Fisheries Case, Vol. 2, p.648.
④ 参见 Juridical Regime of Historic Waters including Historic Bays—Study Prepared by the Secretariat, A/CN, 4/143, para.96。
⑤ Fisheries Case (United Kingdom v. Norway), Judgment, *I.C.J. Reports 1951*, p.43.
⑥ D. H. N. Johnson, Acquisitive Prescription in International Law, *British Yearbook of International Law*, 1950, 27, p.339.
⑦ 参见 Juridical Regime of Historic Waters including Historic Bays—Study Prepared by the Secretariat, A/CN, 4/143, para.104。

认为的领土占有的一般实践相一致。这样，有居民领土的持续性要高于对无居民岛屿的占有，对陆地领土的持续性的标准要高于对海域的标准。[①] 这里所说的“与通常认为的领土占有的一般实践相一致”，涉及的问题是，国际法的不断变化，不同历史时期对同一问题的标准必然是不同的，此时应适用什么法律来判断权利的行使是否是连续的？这个问题涉及时际法。

（二）时际法与有效行使权力的关系

1. 时际法在国际法中的地位

时际法[②]本是国内法中的一个概念，对于时际法在国际法中的地位，有两种观点。一种观点认为时际法是一种方法，如丹麦国际法学家马克斯·索伦森（Max Sorensen）在《国际秩序中的时际问题》的临时报告中指出，“时际法”这一用语是“不适当的”，时际法不是真正意义的法律，只是解决时际问题的一种方法。因为“一个法律规则的时间上的范围，主要取决于该规则本身的内容。如果没有明示的规定，解释过程就可能解决该问题。如果没有其他解释因素，人们终究可以求助于受一切法律的目的所启示的一个方法，这个方法植根于超越国家和社会差别而共同于任何法律结构的一些因素”。[③] 但更多的学者认为时际法是一种法律，时际法可以表现为规则或原则的形式。如有学者认为，时际法这一名称被用来指（解决法律在）时间上的冲突的规则，人们也借用这一名称来指国际法规范在时间上的冲突——时际国际法；[④] 或认为修改或废除先前法律规范的属时效力的一些原则时常被称为时际法；[⑤] 或将时际法定义为“解决法律时间抵触的法律”“决定法律时间适用范围的法律”。[⑥] 从理论和实践看，时际法是一种法律，而不仅仅是一种方法，原因如下。

首先，时际法包含了法律应具备的要素。在法理学中，对于法的要素，学者有不同的看法，如存在奥斯丁的“命令模式论”、庞德的“律令—技术—理想模式论”、哈特的“规则模式论”、德沃金的“规则—原则—政策模式论”等，中国法理学界主要将法的要素分为规则、原则、概念三类。[⑦] 时际法包含法应具备的要素，最典型的表现形

---

① Yehuda Z. Blum，*Historic Titles in International Law*，The Hague：Martinus Nijhoff Publishers，1965，p.111.

② 关于时际法的论述可参见曲波：《时际法在解决领土争端中的适用》，《社会科学战线》2015 年第 4 期，第 214~220 页。

③［德］马克斯·索伦森：《国际秩序中的时际问题》，《国际法学会年刊》（第 55 卷），1973 年法文版，第 20 页。转引自李浩培：《论条约法上的时际法》，《武汉大学学报》（社会科学版）1983 年第 6 期，第 69 页。

④ Wolf-Dietrich Krause-Abla B，*Intertemporales Völkerrecht–Der zeitliche Anwendungsbereich von Völkerrechtsnormen*，Hamburg 1970，S.15. 转引自黄远龙：《国际法上的时际法概念》，《外国法译评》2000 年第 2 期，第 75 页。

⑤ 参见［美］汉斯·凯尔森：《国际法原理》，王铁崖译，北京：华夏出版社 1989 年版，第 79 页。

⑥ 李浩培：《论条约法上的时际法》，《武汉大学学报》（社会科学版）1983 年第 6 期，第 61 页。

⑦ 张文显：《法理学》，北京：法律出版社 2004 年版，第 51~53 页。

式是法不溯及既往原则。

其次，时际法在国际法的主要渊源——国际条约中有所规定。李浩培在 20 世纪 80 年代就曾撰文分析了条约法上的时际法问题，他指出“条约法较之习惯法更易于发生时际法的问题”[①]，尽管 1969 年《维也纳条约法公约》关于时际法的规定较简单[②]，但不能否认时际法的法律性是“缔约国必须适用的法律规定”[③]。

最后，国际司法裁判已适用时际法来解决争端，典型的案例如帕尔马斯岛仲裁案。在该案中，美国认为，西班牙基于最初发现取得了帕尔马斯岛的主权，主权一经取得，根据国际法，就不会丧失，而与主权国是否实际行使主权无关。根据 1898 年的《巴黎和约》，该岛的主权通过割让方式转移给了美国，所以美国以继承者的身份取得了对帕尔马斯岛的主权。荷兰认为西班牙发现该岛的事实没有足够证据，也没有任何取得主权的形式。即使西班牙在某段时间对该岛有过权利，该权利也早已失去。荷兰自 1677 年，或者可能在 1648 年以前就已经对该岛行使主权，1898 年《巴黎和约》签订时该岛就已经是荷属东印度公司的一部分了。[④] 由此可见，该案的核心问题是 1898 年《巴黎和约》签订时，该岛的主权属于西班牙还是荷兰?

帕尔马斯岛仲裁案的独任仲裁员胡伯（Huber）指出，一种行为的效力，只能按照与之同时的法律，而不是按照争端发生或争端解决时的法律来确定。[⑤] 在连续的各时期内通行的不同的法律制度，在某一特别案件中应适用何者的问题（所谓时际法），必须区别权利的产生和权利的存在两种不同的情况。权利的产生必须适用权利产生时有效的法律，这个原则同样要求权利的存在应遵循法律发展所要求的条件。根据 19 世纪流行的观点，发现不会产生确定的主权，只产生“初步权利”。发现的初步权利须在一段合理时间内以有效占领的方式来完成，该原则必须在帕尔马斯岛仲裁案中适用。直到争端发生时，西班牙对帕尔马斯岛既没有有效占领，也没有行使主权，即使 1898 年时它还有初步权利并且可以写在条约中，这种初步权利也不能与荷兰长期以来的有效占领相比拟。[⑥] 法院认为荷兰行使了有效占领，即持续和平稳地行使国家权力。如从 1677 年到 1906 年，荷兰都在该岛行使国家权力，中间虽有间断，但不影响其行使国家权力的持续性。而且在这一

① 李浩培：《论条约法上的时际法》，《武汉大学学报》（社会科学版）1983 年第 6 期，第 62 页。

② 1969 年《维也纳条约法公约》关于时际法的规定主要体现在第 24 条、第 28 条、第 52 条、第 53 条、第 64 条及第 70 条。

③ 李浩培：《论条约法上的时际法》，《武汉大学学报》（社会科学版）1983 年第 6 期，第 69 页。

④ The Island of Palmas（United States of America v. the Netherlands），Award，*P.C.A.1928*，p.7.

⑤ The Island of Palmas（United States of America v. the Netherlands），Award，*P.C.A.1928*，p.14.

⑥ The Island of Palmas（United States of America v. the Netherlands），Award，*P.C.A.1928*，pp.14–15.

过程中，西班牙或其他国家没有对荷兰行使主权的行为提出反对，荷兰的权力行使是平稳的。所以美西1898年《巴黎和约》签订和生效时，或本争端发生时，帕尔马斯岛一直是荷兰的领土。基于上述理由，胡伯裁定该岛归荷兰所有。①

2. 时际法的界定

从前文可知，尽管很多学者认为时际法是法律，但对其界定并不相同。从这些表述来看，对时际法的界定有两种方式：一是认为时际法是解决法律在时间上冲突的规则。这种界定方式强调的是同一事项新旧法律规定不同时，适用哪一部法律。二是认为时际法是解决时间适用范围的法律。这种情况涵盖了第一种情况，即时际法不仅包括解决两部法律的时间上的冲突，而且包括确定单一法律在时间上的适用范围。相对说来，第二种界定方式更合理。1975年国际法研究院通过的《国际公法中的时际问题》的决议就是在第二种意义上使用时际法的概念。该决议首先对时际问题进行了界定，指出“国际法律秩序中一般时际问题与国内法中的时际问题相同,也是关于确定规范适用的时间范围”，而且指出“除非另经表示,任何国际公法规范适用的时间范围应根据一般国际法原则确定，根据该原则，无论任何事实、任何行为或情势都必须根据与其同时的法律规则来判断”。为了“促进国际法律体系的发展，同时维护法律的稳定性”，该决议还规定了适用决议的具体情况，如除非有例外情形，时际法应得以适用。②

3. 时际法适用中的特点

（1）时际法适用中存在两个要素

按照胡伯的观点，时际法应包括两个要素：一是权利的产生须依据与之同时的法律来判断；二是权利的存在也应依据权利存续时的国际法来判断，即依照法律的演进来判断权利是否存在，这意味着“依照产生时的国际法有效取得的权利，如果没有按照国际法的发展加以维持，可能失去有效性”③。对于第二个要素，有人提出了批评，认为“所有权的连续性的要求在实际上使新法具有溯及力，而危及旧的所有权”。④但是在实践中，从未发生过第二要素对第一要素干扰的情况。主要有两个原因。

首先，从法律发展的存在载体看，法不溯及既往原则一般体现在法律适用阶段，而

① The Island of Palmas（United States of America v. the Netherlands），Award，*P.C.A.1928*，pp.34-37.

② 这里的例外情形就是《国际公法中的时际问题》第3条所言的，基于国家同意可以决定规则适用的范围，但要受国际强行法的约束。

③ Alexander George Roche，*The Minquiers and Ecrehos Case: An Analysis of the Decision of the International Court of Justice*，Geneva: Droz，1959，p.79.

④［德］奥本海:《奥本海国际法》（第一卷第二分册），［英］詹宁斯、瓦茨修订，王铁崖等译，北京：中国大百科全书出版社1998年版，第149页。

不适用于立法阶段。国际条约是由缔约国意思表示一致制定的，因此立法者有权决定法律是否有溯及力，所以1969年《维也纳条约法公约》才会规定："除非条约显示或另经确定有不同的意思外，关于该条约对一个当事国生效日以前所发生的任何行为或事实或已不存在的任何局面，该条约的规定对该当事国无拘束力。"换言之，条约无溯及力并不是强制性规范，因此，从条约法中可以解释时际法第二要素的合理性；如果法律发展存在的载体是习惯法，那么如何适用？习惯国际法存在的要件之一就是通例的存在，其中包含诸多国家的长期反复实践，所以，第二要素中涉及的法律如果是习惯法，该法必定不是突然产生的，而是可以依据习惯国际法的特性对当事国具有约束力的。

其次，从国际法中的诸多规则看，时际法并非在"真空"中发挥作用。在实践中，其理论范围将因承认、默认、禁反言、时效、假定不放弃的规则以及诉讼和证据的一般条件而有所减损。[①] 所以詹宁斯（Jennings）认为，原始权利国维持权利的行为程度尽管可能不如对手的竞争程度，但只要前者的行为不构成默示的放弃权利，或者默认对手取得权利，就不能认为其丧失权利。[②]

所以可以说，第二要素与第一要素之间是相互作用的，目的是为了实现法律的稳定性和发展性，即区分权利产生和权利存在时的法律目的是协调法律的两个基本需要——稳定和变革。[③]

（2）关键日期对时际法的确立有重要作用

胡伯指出，一种行为的效力，只能按照与之同时的法律，而不是按照争端发生或争端解决时的法律来确定。[④] 这意味着在一个案件中，会涉及三个时期的法律：一是法律事实发生时适用的法律；二是争端产生时适用的法律；三是解决争端时适用的法律。时际法的两个要素强调的是"变化前后的法律关系如何进行法律适用的问题"，[⑤] 从权利的产生到存续发展，到争端产生及解决，中间可能经历很长时间，那么在争端解决时应适用哪一法律，胡伯虽然没有明确说明，但是他多次提到关键日期。如在分析领土主权时，胡伯指出："领土主权，是获得承认和由自然边界或条约划定的空间。如果对领土的部分主权发生争端，习惯的做法是审查哪一个主张主权的国家可基于割让、征服、先占等方式

① Iran Brownlie，*Principles of Public International Law*，7th Edition，New York：Oxford University Press，2008，p.125.

② 参见 R.Y. Jennings，The *Acquisition of Territory in International Law*，Manchester：Manchester University Press，1963，p.70。

③ 参见 T. O. Elias，*The International Court of Justice and Some of Contemporary Problems*：*Essays on International Law*，The Hague：Martinus Nijhoff Publishers，1983，p.145。

④ The Island of Palmas（United States of America v. the Netherlands），Award，*P.C.A.1928*，p.14.

⑤ 张新军：《法律适用中的时间要素——中日东海争端关键日期和时际法问题考察》，《法学研究》2009年第4期，第159页。

拥有优于另一国家主张的主权。然而，如果这种争讼是以另一当事方已经实际表现了主权为依据，那么它不足以确立使领土主权在某一时刻有效取得所依据的所有权；它必须表明该领土主权是继续存在的，而且在争端裁决被认为关键之时也是存在领土主权的。”[①] 所以，“一个基本问题就是帕尔马斯岛在《巴黎和约》缔结和生效时是西班牙领土还是荷兰领土。”[②] 胡伯接着指出：“即使按照那时的实在法规则，发现即可使发现国取得对帕尔马斯岛的主权……那么，将提出的问题是，曾经取得的主权在关键日期，即《巴黎和约》缔结和生效时是否仍然存在？”[③] 所以，胡伯实际上是以 1898 年 12 月 10 日《巴黎和约》缔结之日作为关键日期并依当时的国际法来判断岛屿归属的，即适用的是关键日期时的国际法。值得一提的是，在该案中，胡伯除使用了“关键日期”（critical date）外，也使用了关键时刻（critical moment）[④]、关键期间（critical period）[⑤] 等用语，但这些用语的含义并无实质差别。今天通行的观点认为：“本质上，时际法意味着的全部内容是，应当适用于某个特定的争端的法律……因此，如果 1898 年是关键日期，该争端就必须依照这一日期存在的各项国际法规则来决定。”[⑥] 换言之，关键日期是“某段时期的最后时点。在该时期内，争端相关的一系列重大事实都已经发生了”[⑦]。那么如何确定重大事实的发生则成为确定关键日期的关键问题。从司法实践中可以总结出有关规律，典型的案例包括如下几个。

第一，英法敏基埃岛和艾克利荷斯岛案。在该案中，英国主张，尽管双方长期以来一直对两组小岛的主权归属问题存在分歧，但在 1950 年 12 月 29 日《英法特别协定》缔结之前，争端并没有明确化，所以这一天应被视为关键日期。相反，法国主张 1839 年 8 月 2 日签订《英法渔业公约》的日期应是关键日期，之后的行为应被排除。[⑧] 国际法院认为，在 1839 年《英法渔业公约》签订时，关于两组小岛的主权争端尚未产生，两国虽然在捕鱼权上存在争议，但并未涉及两组小岛的主权问题。在这种情况下，该公约的缔结没有理由具有排除岛屿主权证据的效力（即没有理由不考虑 1839 年以后的证据）。直到 1886 年和 1888 年，当法国首先对这两组小岛提出主权要求时，这两组小岛主权争端才产生。国际法院认为该日期之后的行为也必须被考虑，除非这些措施是为了改善当事国的法律

---

① The Island of Palmas（United States of America v. the Netherlands），Award，*P.C.A.1928*，p.8.

② The Island of Palmas（United States of America v. the Netherlands），Award，*P.C.A.1928*，p.12.

③ The Island of Palmas（United States of America v. the Netherlands），Award，*P.C.A.1928*，p.14.

④ The Island of Palmas（United States of America v. the Netherlands），Award，*P.C.A.1928*，p.12.

⑤ The Island of Palmas（United States of America v. the Netherlands），Award，*P.C.A.1928*，p.34.

⑥ Martin Dixon，*Textbook on International Law*，London：Blackstone Press Limited，1990，p.83.

⑦ L.F.E.Goldie，The Critical Date，*International and Comparative Law Quarterly*，1963，12，p.1251.

⑧ The Minquiers and Ecrehos case（France / United Kingdom），Judgment，*I.C.J. Reports 1953*，p.59.

地位而采取的。在该案中，有关两组小岛的许多活动在争端发生之前就已经出现而且还在继续，所以如果将1886年和1888年以后发生的事情排除在考虑之列，将是不公平的。[①]国际法院最后并没有确定该案的关键日期，但从国际法院排除将1839年作为关键日期的做法看，国际法院应当是认为关键日期是“争端首次发生的日期”或“使争端明确化的日期”的。[②]最后，国际法院通过对英法两国证据的考察，判决两组小岛主权归英国所有。

第二，东格陵兰案。1931年7月10日，挪威政府发表声明，宣布对东格陵兰东部的埃立克劳德斯地实行占领。丹麦政府对此提出反对。丹麦认为挪威1931年7月10日占领东格陵兰的行为是无效的，因为此时东格陵兰是处于丹麦主权管辖之下的。[③]国际常设法院认为1931年7月10日是关键日期，因为如要证明挪威的先占无效，丹麦主权存在的日期必须是挪威实施先占的那一天，即1931年7月10日。[④]

第三，尼加拉瓜与洪都拉斯在加勒比海的领土和海洋争端案。在该案中，国际法院认为存在两个相互关联的争端，两个争端的关键日期可以不同，一个是关于岛屿争端的，另一个是关于海域划界争端的。[⑤]由于尼加拉瓜直到2001年3月21日递交诉状时才首次主张对争议岛屿拥有主权，甚至在其此前提交的申请书中也未曾提及对争议岛屿拥有主权，所以该日期为岛屿争端明确化的关键日期。[⑥]关于海域划界争端，国际法院认为，尼加拉瓜提交外交照会的1977年5月11日不能作为关键日期，双方此时既没有权利主张，也没有反驳存在，所以没有形成争端。1982年3月17日，由于尼加拉瓜在争议区域捕获洪都拉斯的渔船而遭到洪都拉斯正式抗议，这一时间应为关键日期。[⑦]

第四，马来西亚和新加坡白礁岛等岛屿主权争端案。国际法院认为，由于马来西亚在1979年通过出版地图的形式对白礁岛主权提出正式要求，新加坡在1980年2月14日通过外交照会对马来西亚的主张表示抗议，所以这一天争议明确化，应成为关键日期。[⑧]

---

① The Minquiers and Ecrehos case (France / United Kingdom), Judgment, *I.C.J. Reports 1953*, pp.59–60.

② The Minquiers and Ecrehos case (France / United Kingdom), Judgment, *I.C.J. Reports 1953*, p.59.

③ 参见 Legal Status of Eastern Greenland (Denmark v. Norway), P.C.I.J .Series A/B, No.53, 1933, p.44。

④ 参见 Legal Status of Eastern Greenland (Denmark v. Norway), P.C.I.J .Series A/B, No.53, 1933, p.45。

⑤ 参见 Territorial and Maritime Dispute between Nicaragua and Honduras in the Caribbean Sea (Nicaragua v. Honduras), Judgment, *I.C.J. Reports 2007*, p.37。

⑥ 参见 Territorial and Maritime Dispute between Nicaragua and Honduras in the Caribbean Sea (Nicaragua v. Honduras), Judgment, *I.C.J. Reports 2007*, pp.699–700。

⑦ 参见 Territorial and Maritime Dispute between Nicaragua and Honduras in the Caribbean Sea (Nicaragua v. Honduras), Judgment, *I.C.J. Reports 2007*, p.700。

⑧ 参见 Sovereignty over Pedra Branca/Pulau Batu Puteh, Middle Rocks and South Ledge (Malaysia/Singapore), *I.C.J. Reports 2008*, p.17。

关于中岩岛和南礁岛，国际法院注意到当事方并未对争端明确化的日期达成一致。马来西亚认为，1993年2月6日，新加坡在两国谈判时才首次提出对这两个岛礁的主权要求，新加坡对此没有表示否定，但是新加坡指出这样做是对谈判前一天马来西亚将这两个岛礁作为其领土的回应。新加坡主张不应将中岩岛、南礁岛和白礁岛分离开，三者的关键日期应是一致的。[①] 国际法院注意到1980年2月14日新加坡的外交照会明确提及的只是白礁岛，而且新加坡并没有提供任何当时的证据证明该份外交照会中意图包括中岩岛和南礁岛。所以，国际法院认为1993年2月6日中岩岛和南礁岛主权争端明确化，该日应为关键日期。[②]

从以上诸多案例中可以发现以下特点：

第一，在领土争端中，关键日期一般是争端明确化的日期。由于争端是指“当事方之间法律或事实的分歧，法律观点或利益的冲突”[③]，所以，法律分歧明确化或事实对立明确化的日期为关键日期。具体体现如下：首先，就领土争端来说，法律分歧涉及的就是领土取得方式的分歧。如在帕尔马斯岛仲裁案中，美国主张根据1898年《巴黎和约》而取得对帕尔马斯岛的主权，而荷兰主张直到这一天它一直享有对帕尔马斯岛的有效控制，所以1898年12月10日《巴黎和约》签订这一天，法律对立分明，成为关键日期。其次，诉状中体现的法律或事实的对立。在尼加拉瓜与洪都拉斯在加勒比海的领土和海洋争端案中，由于尼加拉瓜直到2001年3月21日向国际法院递交诉状时才首次主张对争议岛礁拥有主权，甚至在其此前提交的申请书中也未曾提及，所以该日期为岛屿争端明确化的关键日期。[④] 再次，对抗行为发生之时。如尼加拉瓜与洪都拉斯在加勒比海的领土和海洋争端案中，关于海域划界争端，国际法院认为，尼加拉瓜提交外交照会的1977年5月11日不能作为关键日期，因为双方此时既没有权利主张，也没有反驳存在，所以没有形成争端。1982年3月17日，由于尼加拉瓜在争议区域捕获洪都拉斯的渔船而遭到洪都拉斯正式抗议，这一时间应为关键日期。[⑤] 最后，外交抗议之时。由于马来西亚在1979

① 参见 Sovereignty over Pedra Branca/Pulau Batu Puteh，Middle Rocks and South Ledge (Malaysia/Singapore)，*I.C.J.Reports 2008*，p.17。

② 参见 Sovereignty over Pedra Branca/Pulau Batu Puteh，Middle Rocks and South Ledge (Malaysia/Singapore)，*I.C.J. Reports 2008*，p.17。

③ Mavromattis Palestine Concessions (Greece v. U.K.)，*P.C.I.J. series A*，No. 2，1924，p.11.

④ Territorial and Maritime Dispute between Nicaragua and Honduras in the Caribbean Sea (Nicaragua v. Honduras)，Judgment，*I.C.J. Reports 2007*，pp.699-700.

⑤ Territorial and Maritime Dispute between Nicaragua and Honduras in the Caribbean Sea (Nicaragua v. Honduras)，Judgment，*I.C.J. Reports 2007*，p.700.

年通过出版地图的形式对白礁岛主权提出正式要求，新加坡在1980年2月14日通过外交照会对马来西亚的主张表示抗议，所以这一天争议明确化，应成为关键日期。[①] 事实上，关键日期并不能一概而论，而要视具体情况而定，但无论如何，它强调的是法律或事实分歧的明确化。

第二，一个案件中可能不止存在一个关键日期。在领土和海域划界类案件中，领土主权的关键日期和海域划界的关键日期可能是不同的。如尼加拉瓜与洪都拉斯在加勒比海的领土和海洋争端案中，国际法院认为该案中存在两个相互关联的争端，两个争端的关键日期可以不同，一个是关于岛屿主权争端的关键日期，一个是关于海域划界争端的关键日期。[②] 即便都是岛屿主权争端类案件，关键日期也可不同。如在新加坡和马来西亚白礁岛等岛屿主权争端案中，白礁岛与中岩岛、南礁岛主权争端的关键日期并不相同。[③]

第三，关键日期具有凝固化的作用，关键日期之后的行为一般不作考虑，但如果该行为是先前行为的继续，而非为改善法律地位，则是可以被考虑的。如在英法敏基埃岛和艾克利荷斯岛案中，虽然最终没有确定关键日期，但国际法院指出："有关两组小岛的许多活动在争端发生之前就已经出现而且还在继续，所以如果将1886年和1888年以后发生的事情排除在考虑之列，将是不公平的。"[④] 基于此，国际法院对这之后的行为也加以考虑。

第四，并不是所有的领土争端案都会考虑关键日期，法院更重视的是当事方的合意。如在博茨瓦纳与纳米比亚的卡西基里（Kasikili）/ 塞杜杜（Sedudu）岛主权争端案中，由于两国在特别协定第1条规定"国际法院应当以1890年的《英德条约》和国际法原则、规则为基础，确定卡西基里 / 塞杜杜地区的边界线和卡西基里 / 塞杜杜的法律地位"，所以，虽然在书面程序中，博茨瓦纳引用菲茨摩里斯（Fitzmaurice）关于关键日期是就某一具体问题出现明确对立的时间这一观点，认为1948年10月14日双方争议明确化，所以这一天应为关键日期。[⑤] 但是国际法院并没有支持博茨瓦纳的观点，而是从英文版1890年《英

① Sovereignty over Pedra Branca/Pulau Batu Puteh，Middle Rocks and South Ledge（Malaysia/Singapore），*I.C.J. Reports 2008*，p.17.

② Territorial and Maritime Dispute between Nicaragua and Honduras in the Caribbean Sea（Nicaragua v. Honduras），Judgment，*I.C.J. Reports 2007*，p.37.

③ 事实上，南礁岛是一个低潮高地。

④ The Minquiers and Ecrehos case（France/United Kingdom），Judgment，*I.C.J. Reports 1953*，pp.59-60.

⑤ Kasikili/Sedudu Island（Botswand/Namibia），*Memorial of the Republic of Botswana*，1997，p.122.

德条约》第3条规定的“主河道中间线”入手[①],并结合双方嗣后行动,最后将卡西基里/塞杜杜岛判归博茨瓦纳所有。[②]之所以如此，在于特别协定是当事方自愿达成的，既然特别协定中已约定用条约解决争端，那么如果该条约是与争端相关的，法院当然首先要依据该协定国际法来审理案件，更何况“为了澄清条约中有关条款含义的模糊性，当事方嗣后行为是具有证据的可采信性的”[③],所以,国际法院适用条约而非考察关键日期来解决争端。

上述关于时际法的说明对判断一国是否有效行使权力同样适用。

四、其他国家对主张国的态度与历史性权利的构成要件

对于历史性权利的形成，其他国家的态度同样不能忽视，它对历史性权利能否产生也发挥作用，只不过处于次要的地位。

（一）其他国家的“容忍”态度

前文所述的观点中关于其他国家对主张国主张海域权利的态度，采用了“承认”（recognization）、“默认”（acquiescence）及“容忍”（tolerance）等用语，基于以下原因，采用“容忍”这一用语更为妥当。

第一，承认在国际法中是一种单方行为，从性质上看，可归因于意思表示的范畴。从法律上讲，“以具有足以形成法律行为之内容之意思，表示于外部之行为，为意思表示。”[④]意思存于内心,是不能发生法律效果的。当事人要使自己的内心意思产生法律效果，就必须将意思表现于外部，即将意思发表。如果其他国家的意思表示是历史性权利的构成要件，即将其他国家的态度置于与主张国的行为同等的地位，最后产生的实质结果是其他国家的单方行为会影响历史性权利的存在，会否定主张国的行为。

第二，就默认来讲，一般是指没有反抗的消极同意。“默认”这一国际法术语似乎至少在表面上传达了同意的观点，因此，它的使用可能导致这样的结论：只要其他国家的行为已用一种积极的方式得以证明，那么历史性权利就能产生。[⑤]

第三，“容忍是指单纯的不作为，亦即没有动作，没有反应。”[⑥]这样，其他国家的

① Kasikili/Sedudu Island（Botswand/Namibia），Judgment，*I. C. J. Reports1999*，p.1061.

② Kasikili/Sedudu Island（Botswand/Namibia），Judgment，*I. C. J. Reports 1999*，p.1108.

③ Case concerning the Temple of Preah Vihear（Cambodia v. Thailand），Merits，Judgment，*I.C.J. Reports 1962*，p.29.

④ 胡长清：《中国民法总论》，北京：中国政法大学出版社 1997 年版，第 223 页。

⑤ 参见Juridical Regime of Historic Waters including Historic Bays—Study Prepared by the Secretariat，A/CN，4/143，para.110。

⑥ 黄异：《海洋秩序与国际法》，台北：学林文化事业有限公司 2000 年版，第 403 页。

态度对历史性权利的形成处于次要地位。柏坤指出："虽然说要求其他国家的默认是错误的，但是，如果他们对一国和平和持续地行使主权有干扰行为，那么历史性权利是不可能形成的，这一点却是正确的。在这种情况下，要问的问题不是是否其他国家同意沿海国主张权利，而是它们是否干扰沿海国的行动，最终使形成历史性权利所需要的两个条件相剥离。显然只是反对行为可以达到那样的效果。只要沿海国的行为没有导致国外的抗议，对主权的行使就是继续畅通的……没有任何外国的反应就足够了。"①

事实上，国际法院在审理英挪渔业案时，当讨论海洋划界体制中挪威的历史性权利时，国际法院使用了"容忍"这一术语。国际法院指出，"鉴于上述考虑，并且在没有令人信服的相反证据面前，法院必须持这样的观点：挪威当局从 1869 年开始持续不断地并未受干扰地使用其划界制度直到争端发生。从国际法的观点来看，现在有必要考虑是否挪威使用的制度遇到任何来自外国的反对……外国对挪威实践的普遍容忍是不争的事实。"② 国际法院在其判决中继续阐述："法院注意到这一形势只能随着时间的流逝得以巩固，英国政府对此没有保留。事实的显著性，国际社会的一般容忍，大不列颠在北海的立场，英国对该问题的自身利益及其对挪威做法长期的漫不经心，无论如何都确保了挪威执行自己的制度。"③ 按照国际法院的观点，挪威长期连续地使用某一制度和其他国家的普遍容忍一并引起了历史性权利的适用。

需要说明的是，尽管承认、默认及容忍之间存在差别，但三者并不能截然分开。④"默认不同于承认之处仅在于默认的表达方式是一种消极容忍。默认中有肯定的行为时，默认就等同于承认。"⑤ 尤其是将默认理解为不反对时，二者之间更是几乎等同。因为默认实质上是一种缺少拒绝、消极的容忍。在英法敏基埃岛和艾克利荷斯岛案中，有法官发表个人意见认为岛屿归英国所有的原因是，长期以来泽西当局以一贯的方式在艾克利荷斯岛和敏基埃岛存在利益关系，并采取相关行动。泽西当局的行为没有遭到任何有权行为的反对，法国当局也没有采取任何行动。⑥ 在印度领土通行权案中，国际法院指出，葡萄

① 参见Juridical Regime of Historic Waters including Historic Bays—Study Prepared by the Secretariat，A/CN，4/143，para.109。

② Fisheries Case (United Kingdom v. Norway)，Judgment，*I.C.J.Reports 1951*，p. 138.

③ Fisheries Case (United Kingdom v. Norway)，Judgment，*I.C.J.Reports 1951*，p. 139.

④ 本书在引证该要件时也引用了含有"承认""默认"等用语的学者的观点。

⑤ G. Schwarzenberger，The Fundamental Principles of International Law，*Hague Recueil*，1955，87，pp.326-327.

⑥ The Minquiers and Ecrehos case (France / United Kingdom)，Individual Opinion of Judge Basdevant，Judgment，*I.C. J. Reports 1953*，p.83.

牙对这些村庄的排他的管辖权从来未受质疑。葡萄牙对村庄的主权主张事实上是被英国承认的且随后得到印度的默示承认。相应的结果是，这些村庄在印度的领土内，成了葡萄牙的飞地。①

施瓦曾博格（Schwarzenberger）在讨论“历史性水域”这一术语时指出，历史性水域是一国将本属于公海的部分并入领海，或将领海部分并入内水，这种做法长期存在未受其他国家抗议。随着时间的推移，假定其他国家的沉默构成了默认，达到了禁反言的效果，② 此时就涉及禁反言原则的问题。③ 起源于中世纪的英国的禁反言原则是指禁止当事人提出与其以前的言行相反的主张，即对于当事人先前的行为主张或否认，禁止其在此后的法律程序中反悔，否则将会对他人造成损害。④ 英美法系中的禁反言原则内容丰富，从不同角度出发可分为不同类型，如以禁反言所属的部门法或其性质为标准，可以将禁反言分为诉讼法上的禁反言、证据法上的禁反言和实体法上的禁反言；⑤ 以禁反言的载体为标准，可以将禁反言分为记录禁反言、契据禁反言和表示禁反言。⑥ 在国际法中，禁反言是一国对另一国同意某些事务后，不能在日后改变其立场的一种法律技术。⑦ 可见国际法中的禁反言的理论根基同样是可靠性、诚信、稳定性和一致性。⑧ 从仲裁及司法实践看，⑨ 只有符合下列条件，禁反言才会适用：（1）陈述或行为的内容必须清楚明确。禁反言强调的是约束力问题，只有一方清楚的陈述或明确的行为才能使对方明确自己要表达的内容并相应产生信赖。但是什么是清楚明确，本身就是难以界定和相对的。从实践看，如果一方的陈述或行为得到了对方的认可，对方对其产生信赖就可视为是清楚明确的。在许多情况下，默认有时被解释为不存在反对。如劳特派特认为：“不存在反对本身

---

① Right of Passage over Indian Territory，Judgement，*I.C.J. Reports 1960*，pp.37–41.

② 参见 G. Schwarzenberger，The Fundamental Principles of International Law，*Hague Recueil*，1955，87，pp.326–327。

③ 本段关于禁反言的论述已作为阶段性成果发表。参见曲波：《禁反言在国际法中的适用——以领土争端案为例》，《法学杂志》2014 年第 8 期，第 16~25 页。

④ 参见薛波主编：《元照英美法词典》，北京：法律出版社 2005 年版，第 495 页；Bryan A. Garner，*Black's Law Dictionary*，9th Edition，Eagan，Minnesota：Thomson Reuters Business，2009，p.53。

⑤ 沈达明编著：《英美证据法》，北京：中信出版社 1996 年版，第 72~73 页。

⑥ 参见薛波主编：《元照英美法词典》，北京：法律出版社 2003 年版，第 495 页。

⑦ 参见 D.W. Bowett，Estoppel before International Tribunals and Its Relation to Acquiescence，*British Yearbook of International Law*，1957，33，p.176；Malcolm N. Shaw，*International Law*，Beijing：Peking University Press，2005，p.439；Lord McNair，*The Law of Treaties*，Oxford：Clarendon Press，1961，p.485。

⑧ 参见 Territorial Dispute（Libyan Arab Jamahiriya/Chad），Separate Opinion of Judge Ajibola，Judgment，*I.C.J. Reports 1994*，p.78，para.99。

⑨ 仲裁庭及国际法院在一些案件中运用了禁反言原则，如 Legal Status of Eastern Greenland（Denmark v. Norway），*P.C.I.J. Series A/B*，No.53，1933；Case concerning the Temple of Preah Vihear（Cambodia v. Thailand），Judgment，*I.C. J. Reports 1962*；Territorial Dispute（Libyan Arab Jamahiriya/Chad），Judgment，*I .C. J. Reports 1994*。

就有可能成为与禁反言或时效有关的法律权利的一种渊源。”[①] 需要说明的是，国际法对默认所需的时间并无明确规定，应视具体情况而定，但这一时间应与对方产生信赖相关联。（2）陈述或行为是有权主体自愿作出的。自愿作出强调的是意思表示的真实性相应产生的有效性，暗含着欺诈、胁迫的意思表示无效。这里的问题是如何判断行为是有权主体而为的，如果授权是明示的自然不会产生什么问题，但如果暗含着授权，该如何处理？对此问题需要视作出陈述之人的地位及有权行事的范围而定，即取决于该人所作出的行为是否是在其职权范围之内。（3）信赖利益的存在。该要件是说，一方因对另一方的信赖而做出某些行为或获得利益，信赖一方会因为对方的陈述或对行为的违反而受损。[②] 之所以要求信赖利益的存在，这与国际法要求的善意原则密不可分。国际法存在的根据是善意，《联合国宪章》明确规定各会员国应善意履行国际义务，1969 年的《维也纳条约法公约》也规定，一国知悉事实后，如该国已经明白同意条约有效，或仍然生效或继续有效，或根据该国行为必须视为已默认条约的效力或条约的继续生效或施行，那么该国不得援引条约失效、终止、退出或停止施行。[③] 禁反言在国际法中处于一般法律原则的地位。[④]“法庭可能利用该原则来解决模棱两可的问题，并且将它视为一项公平与正义的原则。”[⑤]

（二）其他国家的反对对历史性权利成立的影响

其他国家对主张国行为的容忍要件说明其他国家对沿海国对某一海域长期持续有效地行使主权的不作为足以导致该国对该海域享有历史性权利。如果沿海国的行为任何时候都没有受到来自其他国家的反对，这将不会存在困难。但是，一旦出现一个或者多个国家一次或者几次的反对，将会发生什么？这种来自一个或者多个国家的一直的反对是否妨碍了历史性权利？为此，需要考虑以下三点：第一，什么样的反对会阻止历史性权利的出现，即反对的形式；第二，构成反对的反对国的数目应如何广泛，即反对的范围；

① H. Lauterpacht，Sovereighty over Submarine Areas，*British Yearbook of International Law*，1950，27，pp.395-396；I.C. MacGibbon，The Scope of Acquiescence in International Law，*British Yearbook of International Law*，1954，31，p.147。

② 参见 D.W.Bowett M.A.，Estoppel before International Tribunals and Its Relation to Acquiescene，*British Yearbook of International Law*，1957，33，p. 202。

③ 参见 1969 年《维也纳条约法公约》第 45 条。

④ 对于禁反言在国际法中的地位，有三种观点；第一种观点认为禁反言具有习惯国际法的性质，参见 G. Schwarzenberger，The Fundamental Principles of International Law，*Hague Recueil*，1955，87，p.312。第二种观点认为禁反言具有一般法律原则的地位，参见 Wolfgang Friedmann，The Uses of "General Principles" in the Development of International Law，*American Journal of International Law*，1963，57，pp.286-287。第三种观点认为在国际法中禁反言还只是形成中的原则，无法确定其属于习惯国际法的组成部分还是国际法的一般原则，参见 Territorial Dispute（Libyan Arab Jamahiriya/Chad），Separate Opinion on Judge Ajibola，Judgment，*I.C.J. Reports 1994*，p.77，para.96。本书认为从一般法律原则的构成要件及其在国际法中的地位分析，可以发现禁反言处于一般法律原则的地位。

⑤［英］伊恩·布朗利：《国际公法原理》，曾令良、余敏友等译，北京：法律出版社 2003 年版，第 713 页。

第三，反对必须在什么时候出现，即反对的时间。[①]

第一，反对的形式。柏坤指出："如果外国的反应阻止沿海国和平和持续地行使主权，那么没有历史性权利能够形成。"[②]反对包括以下具体方式：（1）武力方式。毫无疑问，武力方式是最明显、最直接的阻止历史性权利形成的方式，但是也不尽如此，还可以有其他方式。（2）抗议或其他等同方式。菲茨摩里斯认为："为了阻止一种取得时效权利的形成，无论是以哪种形式表现的抗议或者等同的行为都是必需的。"[③]"外交抗议及对主张国发表的涉及历史性权利声明的否认或抵制或某种行为的反措施同样可以起到相同的作用。"[④]比如，越南1982年曾主张中国北部湾为其历史性海湾，不仅引起我国提出抗议，同为东南亚国家的泰国和新加坡也发表抗议照会。[⑤]其他域外国家如法国在1983年的照会中也认为从国际法规则上看，中国北部湾并不构成越南的历史性海湾[⑥]，美国也发表照会抗议越南的基线制度及其与柬埔寨签订的历史性水域协议。[⑦]就反对的有效性来说，菲茨摩里斯指出："反对的有效性取决于它所需要的环境。最初单纯的反对可能是充分的，但是随着时间的推移，这个反对行动的作用可能变得不充分。"[⑧]万一沿海国家不管外国的反对继续在争议海域行使主权，那么外国必须通过新的抗议或采取一些等量的行为来保持它的反对。[⑨]

第二，反对的范围，即为了阻止一种历史性权利的产生需要多大规模的反对活动。首先，仅一个国家充分地表明其反对并不足以阻止历史性权利的产生。从常理上讲，一个国家的反对无法使通例无效。如果说没有任何反对不是一种历史性权利出现的必要条件，那它就是一种判断问题，这种判断受特定案件具体情况的限制来决定多大范围的反对一定会阻止历史性权利成为现实。其次，不是所有反对国的反对都具有同等作用。吉德尔认为："仅一个国家发起的单一的反对将不会使通例无效；并且不能不顾反对国的类

---

① 参见 Juridical Regime of Historic Waters including Historic Bays—Study Prepared by the Secretariat，A/CN，4/143，para.112。

② 参见 Juridical Regime of Historic Waters including Historic Bays—Study Prepared by the Secretariat，A/CN，4/143，para.113。

③ Gerald Fitzmaurice，The Law and Procedure of the International Court of Justice，1951-54：General Principles and Sources of Law，*British Yearbook of International Law*，1953，30，p.42.

④ Gerald Fitzmaurice，The Law and Procedure of the International Court of Justice，1951-54：General Principles and Sources of Law，*British Yearbook of International Law*，1953，30，p.42，footnote 1.

⑤ 泰国的声明可参见 LOS Bulletin，No.7（April 1986），pp.111-112，新加坡的声明可参见 LOS Bulletin，No.9（April 1987），pp.53-54。

⑥ 参见 LOS Bulletin，No.3（March 1984），p.16。

⑦ 参见 LOS Bulletin，No.10（November 1987），p.23。

⑧ Gerald Fitzmaurice，The Law and Procedure of the International Court of Justice，1951-54：General Principles and Sources of Law，*British Yearbook of International Law*，1953，30，pp.28-29，42.

⑨ 参见 Juridical Regime of Historic Waters including Historic Bays—Study Prepared by the Secretariat，A/CN，4/143，para.115。

别、地理位置或者其他情况而将所有的反对置于同样的地位。”[①] 根据具体的环境，一国的反对会比另一国的反对更有分量。有关反对的问题就是根据每个案件的不同情况进行理解的问题，而不是有关算数的问题，考虑特定条件下一个国家的反对很可能比考虑其他国家的反对更具重要性。国际法院审理的英挪渔业案判决的最后一部分对怎样理解该问题进行了阐述："事实的显著性，国际社会的一般容忍，大不列颠在北海的立场，英国对该问题的自身利益及其对挪威做法长期的漫不经心，无论如何都确保了挪威执行自己的制度。”[②] “很明显，在具体环境下，一个国家对取得时效的权利或者历史性权利形成的默认会比其他国家的作用更大。因此，可直接表达出来或者能够被合理推断的这些国家的同意，都已经足够能使一国主张的权利变得合法化，这些国家是考虑了地理位置是否接近、商业原因或者与其他与该问题有关利益等问题而表达的同意，与此同时，这些国家是直接受该权利主张影响的；同时，明显缺乏这些国家的同意将能够充分阻止历史性权利的建立，同样，对该问题不具有或只有微乎其微利害关系国家的事实的或潜在的默认或拒绝具有很小的现实意义。”[③]

可见，尽管从理论上讲，由于所有或者大多数国家拒绝承认沿海国对特定海域的历史性权利而产生争端是可能的，但是实际上这是不可能的。很多国家也许与这个问题没有很强的利害关系，因此它们没有必要特地反对主张国。争端最可能因为邻国或者有特定相关利益国家的反对而产生。因此，如果仲裁机构或者法院在解决争端时尤其注意这些国家的先前态度，同时在确定历史性权利的存在时，对这些国家在争议的权利形成阶段是否对沿海国对主张海域行使主权有效反对应给予特别的重视，这些都是很自然的。[④]1973 年，利比亚主张锡德拉湾（the Gulf of Sidra）是其历史性海湾，因此划了一条横越海湾的 296 海里长的封闭线。随后几个国家反对利比亚的主张，美国向该海域派遣了海军舰队并强调该海湾属于公海。1981 年，美国击落了飞行在该海湾上空的两架利比亚飞机。利比亚似乎没有说明证据能证明该海湾属于其历史性海湾。[⑤]

第三，反对的时间，即什么时候发生的反对才必然能阻止一项历史性权利的产生。很明显，历史性权利形成之前反对必须已经有效表达。沿海国在外国普遍容忍下已经在

---

① Juridical Regime of Historic waters including Historic Bays—Study Prepared by the Secretariat，A/CN，4/143，para.116.

② Fisheries case（United Kingdom v. Norway），Judgment，*I.C.J. Reports 1951*，p.139.

③ Gerald Fitzmaurice，The Law and Procedure of the International Court of Justice，1951-54：General Principles and Sources of Law，*British Yearbook of International Law*，1953，30，pp.31-32.

④ 参见 Juridical Regime of Historic Waters including Historic Bays—Study Prepared by the Secretariat，A/CN，4/143，para.119。

⑤ Timothy Hillier，*Principles of Public International Law*，2nd Edition，London：Cavendish Publishing Limited，1999，p.187.

相当长的时间对某海域行使主权后，该海域的历史性权利就已经产生，这时候，一国或者多个国家对既定事实提出反对来改变这一进程已经是不可能的。在该问题上还必须讨论两个问题：第一个问题是，主权行使及容忍主权行使的相当长的时间应是多久？第二个问题是，这一时间从何时起算？[①]关于第一个问题，可以说，一项历史性权利出现的必要时间长度是有关评判的问题，没法显示精准的时间。然而，主权行使发展为通例的时间长度必须是值得考虑的问题。[②]第二个问题涉及的一个方面是只有主权开始行使，该时间才能起算。如前所述，主权行使必须是有效的、公开的，因此，只有这些条件得到满足时，时间才能起算。由于历史性权利的构成要件中外国的态度处于次要地位，所以，没有人能够要求沿海国必须在通例确立的时间开始之前将其对海域行使主权的行为通知其他每一个国家。因此，历史性权利产生更需要的是沿海国公开地行使主权而不是外国对沿海国在某海域活动的获知。[③]

当然，与历史性权利构成要件相关的问题是在争端发生时，由谁来证明其主张符合历史性权利，即历史性权利的举证责任分配问题。在国际法中，对举证责任分配没有明确规定，由于私法对国际法是存在影响的，尤其是历史性权利具备“权利”性，因此不妨借鉴国内法中民事方面的举证责任加以说明。

追溯历史，现代意义的举证责任源自罗马法。当时的举证责任分配遵循的两大原则，一是“原告应负举证义务”，二是“举证义务存于主张之人，不存在于否认之人”。[④]后经演变，确立了“谁主张、谁举证”这一原则。[⑤]现代社会的举证责任，有学者将之总结为以下类型：“法规分类说”“待证事实分类说”“法律要件分类说”“负担对抗说”。[⑥]但并不是所有的方式都适用于历史性权利。（1）就法规分类说来讲，需要根据实体法条文的原则规定与例外规定来决定举证责任在当事人间的分配。适用这一举证责任的前提是实体法必须有原则性规定和例外性规定，而且能够明确鉴别哪些规定是原则性的，哪些是例外性的。就历史性权利来说，很难作这种区分，所以这种方法无法适用。（2）待证事实分类说又分为消极事实说和外界事实说。消极事实说源自罗马法的“否定者无庸举证”

① 参见Juridical Regime of Historic Waters including Historic Bays—Study Prepared by the Secretariat，A/CN，4/143，paras.121–122。

② 参见 Juridical Regime of Historic Waters including Historic Bays—Study Prepared by the Secretariat，A/CN，4/143，para.123。

③ 参见 Juridical Regime of Historic Waters including Historic Bays—Study Prepared by the Secretariat，A/CN，4/143，paras. 124–130。

④ 毕玉谦主编：《〈最高人民法院关于民事诉讼证据的若干规定〉解释与适用》，北京：中国民主法制出版社 2002 年版，第 11 页。

⑤ 参见谭兵、李浩主编：《民事诉讼法学》，北京：法律出版社 2013 年版，第 199 页。

⑥ 毕玉谦：《民事证据法判例实务研究》，北京：法律出版社 1999 年版，491~504 页。

规则，该规则认为“主张积极事实的，就其事实应负举证责任，主张消极事实的，则不负举证责任”。这种规则的一个根据是因为消极事实作为未曾发生的事实无法举证。①该学说的不足是，消极事实与积极事实的分界线并不清晰。在历史性权利的举证责任中，主张历史性权利的沿海国承担举证责任就是这种理论的体现。在英挪渔业案中，英国政府称：“……挪威政府尽管与英国政府就历史性权利证据的条件和种类的主张存在争议，但挪威政府同意举证责任由主张历史性权利的国家承担。举证责任由主张国承担是考虑到大量权威人士的观点。历史性因素的作用使本质上无效的国际法一般规则例外产生效力，很自然，举证责任应强调由沿海国承担……”②在该案中，英国和挪威对挪威沿岸水域的地位存在争议，挪威认为它对这些水域享有历史性权利，而英国认为这些水域属于公海。③最后，挪威对其历史性权利主张进行了举证。外界事实说认为凡当事方主张外界事实（可以凭借人的五官体察到的事实）的，应该就该事实举证；凡主张内界事实（存在于内心状态的事实）的，不负举证责任。按照这种理论，历史性权利的第一个构成要件主要属于外界事实，第二个构成要件可能既属于外界事实又属于内界事实。（3）法律要件分类说的代表人物是德国法学家罗森博格（Leo Roseberg），他将民法规范分为基本规范和对立规范（包括权利妨害规范、权利消灭规范及权利制约规范）。他认为，凡主张权利存在的当事人，应就权利发生法律要件存在的事实予以举证；凡否定权利存在的当事人，应就权利妨害或者权利消灭或者权利制约法律要件的存在事实负有举证责任。④这种观点实际上就是“谁主张谁举证”的表现。（4）负担对抗说是英美国家的观点。英美法系对抗式的诉讼方式决定了举证责任的对抗式。该观点实际上也体现了“谁主张谁举证”。按照法律要件分类说和负担对抗说，如果一国主张历史性权利，它要证明它持续有效公开行使了权力，同时必须提供相关事实，使裁判者相信其行为；反对者则须提供其他事实，来证明主张国未在主张的海域不受干扰地行使权力等。同样，对于外国的容忍态度，主张国要提供事实来证明其他国家的“容忍”，即对主张国行为的承认或默认，而反对方也要证明其容忍是不存在的。最后，裁判者会依据双方提供的事实来进行裁判。每种举证方式都有其理论根据，都有优点也都有不足，由于在国际法中对于证据规则没有明确规定，所以，实践中还存在一种可能，即该问题由特定案件的程序规则来解决。⑤

① 毕玉谦：《民事证据法判例实务研究》，北京：法律出版社 1999 年版，第 492 页。

② I.C.J.，Pleadings，Oral Arguments，Documents，Fisheries Case，Vol.4，pp.32–34.

③ Fisheries Case（United Kingdom v.Norway），Judgement，*I.C.J. Reports 1951*，pp.122，123，126.

④ 毕玉谦主编：《〈最高人民法院关于民事诉讼证据的若干规定〉解释与适用》，北京：中国民主法制出版社 2002 年版，第 12 页。

⑤ 参见 Juridical Regime of Historic Waters including Historic Bays—Study Prepared by the Secretariat，A/CN，4/143，para.159。

从既有的案例看，“谁主张谁举证”这一法谚在实践中是运用较多的，而且负担对抗说也是实践中主要运用的举证方式。

五、小结

历史性权利既包括历史性所有权也包括不具有领土主权性质的历史性权利，如果一国对某领土具有的是历史性所有权，该国必须证明其对该领土享有完全的主权；如果一国对某领土享有的是不具有主权性质的权利，该国只要证明其在关键日期前一直对该领土行使权力且未遭到他国的反对即可。如果一国对某海域的一部分享有历史性所有权，一部分享有的是不具有领土主权性质的权利，二者的关键日期也可能不同。因此，一国对某领土是否享有历史性权利取决于两个要件，一是主张国对其主张的领土有效行使主权或其他权力；二是其他国家对其主张国行为的容忍。

第三章　历史性权利的权利来源

历史性权利是一种理论主张，还是一种法定权利？如果它构成法定权利，那么它的权利来源是什么？这是研究历史性权利不能回避的问题。以上问题的答案，主要应从协定国际法（条约）及习惯国际法的角度来入手分析。

一、历史性权利与协定国际法

由于国际法上并无适用于陆地领土的具有普遍性的国际条约，所以这里所言的协定国际法是指《联合国海洋法公约》。那么，《联合国海洋法公约》是否能够成为历史性权利的权利来源？回答该问题首先需要解决的是《联合国海洋法公约》是否承认了历史性权利。在确定了《联合国海洋法公约》承认历史性权利的前提下，才能回答这种“承认”是否能够成为一种权利来源的问题。对于《联合国海洋法公约》是否承认历史性权利的问题，有三种观点。肯定论者以《联合国海洋法公约》规定“历史性海湾”“历史性所有权”为依据，认为该公约对这些历史性权利具体类型的规定，实际上是承认历史性权利的。[①] 否定论者认为：“条约是缔约者间的意思合致……当缔约者在条约中仅明确规定历史性海湾及划定领海分界线时适用历史性权利时，则显然条约并未把历史性权利全盘纳入。”[②] 折

① 参见 D.P.O'Connell，*The International Law of the Sea*，Oxford：Clarendon Press，1989，1，p.420；宋燕辉：《历史性水域法律制度的探讨》，《问题与研究》1993年第8期，第26~27页；俞宽赐：《从历史性水域制度探讨我国南海U型线之法律地位》，《理论与政策》1993年第1期，第89页。

② 黄异：《海洋秩序与国际法》，台北：学林文化事业有限公司2000年版，第409页。

中论者认为:"以《联合国海洋法公约》为主要载体的现代海洋法,对特定的'历史性权利'既不加以肯定也不予以否定,而是将之作为'外来'的既成事实被动地接受。"[①] 甚至还有学者认为《联合国海洋法公约》肯定了历史性所有权，所以该公约是故意避免涉及历史性权利或历史性水域,而将这些问题留给该公约序言确认的习惯国际法来规范。[②] 对于该问题，笔者持以下观点。

(一)《联合国海洋法公约》没有否定历史性权利

《联合国海洋法公约》只规定"历史性所有权""历史性海湾"，而未在立法中明确写明"历史性水域"及"历史性权利"，这并不意味着《联合国海洋法公约》对历史性权利的否定。原因如下。

1. 从历史性权利与历史性海湾及历史性所有权的关系看,《联合国海洋法公约》没有否定历史性权利

研读《联合国海洋法公约》，不难发现它对历史性权利中的历史性所有权和历史性海湾作了如下规定。

(1) 历史性海湾不适用对于海湾的一般规定

《联合国海洋法公约》第 10 条"海湾"第 1~5 款规定了海湾的构成及内水水域的划定方法，但第 6 款规定:"上述规定不适用于所谓'历史性'海湾，也不适用于采用第七条所规定的直线基线法的任何情形。"《联合国海洋法公约》之所以规定第 10 条前 5 款的规定不适用于历史性海湾，是因为历史性海湾湾口宽度虽超过 24 海里，但基于沿海国对历史性海湾的考虑，历史性海湾仍具有内水地位。"这种实用性的考虑推动了普遍性公约相关制度的讨论和建构,也完善了《联合国海洋法公约》海湾制度的体系性。"[③] 对历史性海湾产生和发展的过程详见本书第四章。

---

① 周忠海:《论海洋法中的历史性权利问题》，载周忠海:《周忠海国际法论文集》，北京：北京出版社 2006年版，第 407页。

② 参见 Zou Keyuan，Historic Rights in International Law and in China's Practice，*Ocean Development and International Law*，2001，32，p.152。

③ 雷筱璐:《历史性权利对〈海洋法公约〉相关制度和规则的促进作用》,《湖北大学学报》(哲学社会科学版) 2014年第 3期，第 72页。

（2）历史性所有权对领海划界的影响[①]

《联合国海洋法公约》第 15 条规定："如果两国海岸彼此相向或相邻，两国中任何一国在彼此没有相反协议的情形下，均无权将其领海伸延至一条其每一点都同测算两国中每一国领海宽度的基线上最近各点距离相等的中间线以外。但如因历史性所有权或其他特殊情况而有必要按照与上述规定不同的方法划定两国领海的界限，则不适用上述规定。"[②]《联合国海洋法公约》第 15 条首先确立了海岸相邻或相向国家领海的一般划界法是等距离中间线法，但是在存在历史性所有权时，则可不按照这一方法划界，如历史性所有权海域应归权利国所有。由于公平正义是法律追求的终极目标，因此《联合国海洋法公约》的这一规定实质是基于历史性所有权，而采用的与一般规则不同的方法，这样就避免了不公平划界结果的产生。

（3）导致有拘束力的裁判程序对历史性海湾及历史性所有权争端的排除适用

早在 1958 年联合国第一次海洋法会议通过的公约及议定书中就涉及历史性所有权与强制争端的规定。1958 年的《领海及毗连区公约》在第 7 条第 6 款、第 12 条分别对历史性海湾及历史性所有权在领海划界中的作用进行了规定。同时联合国第一次海洋法会议还通过了《关于强制解决争端的任择签字议定书》，如果《领海及毗连区公约》的缔约国也加入了《关于强制解决争端的任择签字议定书》，那么相关的历史性所有权的争端，可经任何一当事国提出申请，提交国际法院、仲裁法庭或适用调解程序。

① 除了历史性所有权对划界的影响，在历次讨论中，也有国家提出历史性权利对领海宽度的影响。如 1954年国际法委员会总结了各国关于领海宽度的不同观点。有国家认为应坚持统一的领海宽度，但在具体范围上也存在不同观点，提出了3海里、4海里、6海里及12海里等标准，也有国家认为领海宽度应依据特殊情况和历史性权利而有所变化。参见 Myron H.（editor in chief），Satya N. Nandan and Shabtai Rosenne（Vol.eds），*United Nations Convention on the Law of the Sea 1982: A Commentary*，Dordrecht/ Boston/ London: Martinus Nijhoff Publishers，1993，2，pp.77–78。1955 年英国对国际法委员会特别报告员的报告发表的评论意见中认为，除非存在历史性水域的情况，否则领海的宽度不能超过 3海里。参见 Comments by Governments on the Provisional Articles Concerning the Regime of the Territorial Sea Adopted by the International Law Commission at its Sixth Session in 1954，*Yearbook of the International Law Commission*，1955，2，pp.55–57。在联合国第一次国际海洋法会议上，英国再次表达了除历史性权利外，领海宽度应有限制，参见 United Nations Conference on the Law of the Sea，Official Records，Vol.3，Summary Records of the First Committee，1958，p.103。在联合国第三次国际海洋法会议上，菲律宾提出了历史性水域的范围可以大于领海宽度，参见 the Third United Nations Conference on the Law of the Sea，Official Records，Vol.3，Summary Records of Meeting of the First，Second and Third Committees，1974，p. 202。但《联合国海洋法公约》最后只是规定了领海的最大宽度为 12海里。

②《联合国海洋法公约》第 15条的规定实质上是援用了 1958年的《领海及毗连区公约》第 12条的规定。

1982年《联合国海洋法公约》对争端解决机制有较详细的规定①，对于能够提交强制争端解决机制（导致有约束力裁判的强制程序）的案件，《联合国海洋法公约》规定了相关条件，其中之一是有关争端的类型是有关公约解释或适用的争端，但已诉诸第十五部分第一节程序而未被解决及按照与公约的目的有关的国际协定向其提出的有关该协议的解释或适用的任何争端。对于第一种有管辖权的争端，因为是有关公约解释或适用的争端，那么这类争端既应包括《联合国海洋法公约》中明确规定的如历史性海湾、历史性所有权争端，也应包括《联合国海洋法公约》间接承认的历史性权利争端，即本书第四章所涉及的历史性权利对海洋法影响中体现的相关历史性权利。对于第二种有管辖权的争端，因为只涉及国际协议，而不包括国际习惯，所以存在于国际习惯中的历史性权利被排除在外。《联合国海洋法公约》之所以规定强制争端解决机制，主要有以下几个方面的原因：一是从安全角度的考虑。因为《联合国海洋法公约》规定了不同的海域，当沿海国管辖的海域比较宽泛时，划界争端就较频繁，如果不采用强制性的方式解决，那么这些海域争端可能对和平构成威胁。② 二是《联合国海洋法公约》自身缺陷方面的原因。可能因为《联合国海洋法公约》对划界的规定高度灵活③，对历史性权利的确立也未规定明确的标准，所以意味着强制性的管辖权将会促进国家达成协议。④ 三是与规则导向的第三方裁判的优点有关。⑤ 由于《联合国海洋法公约》中的强制争端解决机制属于运用规则导向下的法律方法解决争端，与国家实力不具有相关性，这导致了各国运用规则的平等性。四是经济利益驱动方面的原因。海洋丰富的资源决定海洋可为国家实现经济利益提供巨大的推动力，争端的解决能够促使一国更好地利用海洋，争端解决程序可以为国家利用其海域权利提供机

①《联合国海洋法公约》的争端解决机制主要在第十一部分第五节（争端的解决和咨询意见），第十五部分（争端的解决），公约的附件五（调解）、附件六（国际海洋法法庭规约）、附件七（仲裁）和附件八（特别仲裁）中加以规定。按照第十五部分的规定，当发生“有关本公约的解释或适用的任何争端”后，首先适用的是第一节规定：包括当事方自由选择的和平方法；一般性、区域性或双边协定规定的程序；交换意见的义务；任择性决定包括谈判与调解的程序；如果经过上述程序仍不能解决争端便进入第二节规定的有拘束力裁判的强制程序，即司法解决或提交仲裁。当然第二节程序的适用存在例外。

② 参见 Myron H. Nordquist（Editor in Chief），Shabtai Rosenne and Louis B.Sohn（Vol. Editors），*United Nations Convention on the Law of the Sea 1982: A Commentary*，Dordrecht/ Boston/ London：Martinus Nijhoff Publishers，1989，5，p. 117。

③ 如按照《联合国海洋法公约》第74条和第83条的规定，相邻或相向国家专属经济区和大陆架的划界应以协议划定；如未在合理期间内达成协议，应诉诸《联合国海洋法公约》第十五部分即争端解决部分的程序；在协议达成前，国家间应尽一切努力作出实际性的临时安排。但对何为“合理”“尽一切努力”需要进行解释。

④ Natalie Klein，*Dispute Settlement in the UN Convention on the Law of the Sea*，Cambridge：Cambridge University Press，2005，p. 254.

⑤ Jonathan I. Charney，Progress in International Maritime Boundary Delimitation Law，*American Journal of International Law*，1994，88，p. 227.

会，这对重叠海域的使用更为重要。[1]以上四个原因促使《联合国海洋法公约》规定了强制争端解决机制，但因为历史性权利及专属经济区和大陆架的划界问题“属于国家主权的核心”[2]，这决定了绝对性的强制程序的不合理性。鉴于并不是所有的国家对强制程序都持肯定态度，一些国家不能接受强制程序，所以最后妥协的结果是，《联合国海洋法公约》规定在符合特定条件下，可以排除这一强制程序的适用。[3]《联合国海洋法公约》第298条第1款（a）项规定了关于海洋边界的领海划界（《联合国海洋法公约》第15条）、专属经济区划界（《联合国海洋法公约》第74条）和大陆架划界（《联合国海洋法公约》第83条）在解释或适用上的争端，或涉及历史性海湾或所有权，可不适用“导致有拘束力裁判的强制程序”。对于领海划界争端，如果涉及历史性所有权，可以不受强制争端解决机制的约束；对于专属经济区和大陆架划界，历史性权利是公平划界须考虑的因素（具体参见本书第四章），因此也涉及对强制争端解决机制的排除。由于历史性海湾争端属于历史性所有权的范畴，因此也不适用强制争端解决机制。同时，从条约解释角度看，《联合国海洋法公约》第298条规定的历史性所有权争端，应是在第15条规定之外的历史性所有权。

此外，按照《联合国海洋法公约》第297条第3款（a）项的规定，对《联合国海洋法公约》关于渔业的规定在解释或适用上的争端，应按照第二节（即强制程序）解决，但沿海国并无义务同意将任何有关其对专属经济区内生物资源的主权权利或此项权利的行使的争端，包括关于其对决定可捕量、其捕捞能力、分配剩余量给其他国家、其关于养护与管理这种资源的法律及规章中所制定的条款和条件的斟酌决定权的争端，提交这种解决程序。由于按照《联合国海洋法公约》第62条规定，其国民惯常在其他国家专属经济区捕鱼的国家，也是沿海国在分配专属经济区内生物资源可捕量剩余部分时应于考虑的因素，所以这种享有历史性捕鱼权的国家与沿海国间涉及分配剩余量的争端也属于适用强制程序的例外。

如前所述，历史性权利是一种理论根据，根据历史性权利，一国可享有具有主权性质的历史性水域，包括历史性海湾，这属于历史性所有权的范畴。历史性权利的具体形态是与各国对海域的利用情况密切相关的，很难在《联合国海洋法公约》中对历史性权利进行统一规定。从条约解释的角度看，《联合国海洋法公约》对历史性所有权及其中的

① Natalie Klein, *Dispute Settlement in the UN Convention on the Law of the Sea*, Cambridge: Cambridge University Press, 2005, p. 255.

② Gamble Jr. John King, The Law of the Sea Conference: Dispute Settlement in Perspective, *Journal of Transnational Law*, 1976, 9, p. 323.

③ 第一个条件是该程序采取不妨害《联合国海洋法公约》第十五部分第一节产生的义务；第二个条件是提出书面声明。

历史性海湾的规定，实质就是肯定了历史性权利。而且，除上述权利外，《联合国海洋法公约》对基线、捕鱼、航行等制度的很多规定都是历史性权利对其产生影响的体现，这等于《联合国海洋法公约》对历史性权利的间接承认，具体在本书第四章说明。

2.《联合国海洋法公约》不是维护海洋秩序的唯一渊源

不能否认，《联合国海洋法公约》在维护海洋秩序方面有重要作用，但是它并不是维护海洋秩序的唯一渊源。

《联合国海洋法公约》开篇指出："本着以互相谅解和合作的精神解决与海洋有关的一切问题的愿望……认识到有需要通过本公约，在妥为顾及所有国家主权的情形下，为海洋建立一种法律秩序，以便利国际交通和促进海洋的和平用途……确认本公约未予规定的事项，应继续以一般国际法的规则和原则为准据。"① 由此可见，《联合国海洋法公约》在强调确认新的海洋秩序的同时，对于未规定的事项，强调适用一般国际法的规则和原则。这说明虽然《联合国海洋法公约》是海洋法的重要来源，但它不是维护海洋秩序的唯一依据。而且按照时际法的观点，对于发生在《联合国海洋法公约》生效之前的行为，应适用行为发生时的规定，所以《联合国海洋法公约》不能否定在其存在前一国基于历史性权利已取得的权利。而且从《联合国海洋法公约》第 293 条第 1 款的规定看，该规定强调根据《联合国海洋法公约》第十五部分第二节具有管辖权的法院或法庭应适用的法律不仅包括《联合国海洋法公约》，也包括其他与公约不相抵触的国际法规则，这也表明了《联合国海洋法公约》并不是维护海洋秩序的唯一来源。所以，有学者指出，尽管《联合国海洋法公约》设立了很多新制度，例如专属经济区和大陆架制度，这削弱了历史性权利这一概念的紧迫性及重要性，但是历史性权利主张还会在很多方面存在，甚至许多国家会坚持并加强对历史性权利的利用。②

因此可以说，《联合国海洋法公约》既有对历史性权利形态的明确规定，也包含对历史性权利的间接承认，同时也强调它并没有规定所有的历史性权利，一些历史性权利存在于习惯国际法中。

（二）《联合国海洋法公约》未成为历史性权利的权利来源

虽然《联合国海洋法公约》没有否定历史性权利，但它并非是历史性权利的权利来源。因为权利来源强调权利起源于何处，而《联合国海洋公约》只是说明"历史性海湾"

---

①《联合国海洋法公约》序言。

② Clive R. Symmons, *Historic Waters in the Law of the Sea: A Modern Re-Appraisal*, Leiden/Boston: Martinus Nijhoff Publishers, 2008, pp.296–300.

的确定方式不按照一般海湾的方法确定；存在“历史性所有权”的前提下，领海划界可不适用中间线；或“历史性海湾”“历史性所有权”争端不适用“导致有拘束力裁判的强制程序”，《联合国海洋法公约》只是对已存在的历史性权利进行确认，也是已存在的历史性权利对现代海洋法的影响的体现（对于该问题具体参见本书第四章），而非权利的来源。正如虽然《联合国宪章》第51条规定了自卫权[①]，但它并不是自卫权的权利来源一样，《联合国海洋法公约》对历史性权利的规定也非历史性权利的权利来源。所以需要从习惯国际法的角度来探讨历史性权利的来源。

二、历史性权利与习惯国际法

对历史性权利是否是习惯国际法有不同看法。一种观点认为在习惯法领域，历史性权利制度尚未产生[②]；另一种观点认为“历史性权利是习惯法的合理内核”[③]，尽管学者对《国际法院规约》第38条关于国际习惯的文字表达持不同看法[④]，但不能否认的是国际习惯的存在是从“客观的、事实的要素和主观的心理的要素的统一来诠释的”[⑤]。所以如果历史性权利符合这两个要件，则构成习惯国际法。[⑥]

（一）习惯国际法的构成要件

1. 客观事实的要素

客观事实的要素指的是一般实践。一般说来，审查一般实践要审视该实践的一致性、普遍性与持续性。[⑦] 而随着科学技术的发展，原来主张的实践所需要的“时间性”已不是一般实践的必需条件。“只要某一实践能够证明是一致的广泛的，那么就没有特定的持续的时间的要求，当然时间的流逝是广泛性和一致性依据的组成部分。长时间的实践并无

①《联合国宪章》第 51条规定，联合国任何会员国受武力攻击时，在安全理事会采取必要办法，以维持国际和平及安全以前，该宪章不得认为禁止行使单独或集体自卫之自然权利。会员国因行使此项自卫权而采取之办法，应立向安全理事会报告，此项办法于任何方面不得影响该会员国按照本宪章随时采取其所认为必要行动之权责，以维持或恢复国际和平及安全。

② 参见黄异：《海洋秩序与国际法》，台北：学林文化事业有限公司 2000年版，第 409页。

③ 王建廷：《历史性权利的法理基础与实证考查》，《太平洋学报》2011年第 3期，第 88~89页。高圣惕：《论南海争端与其解决途径》，《比较法研究》2013年第 6期，第 30页。

④《国际法院规约》第 38条关于国际习惯的规定是，international custom，as evidence of a general practice accepted as law。有学者将之理解为“作为通例之证明而经接受为法律者”。参见邵沙平主编：《国际法》，北京：中国人民大学出版社 2002年版，第 53页；周鲠生：《国际法》（上册），武汉：武汉大学出版社 2007年版，第 10页。或认为是“作为被接受为法律的一般实践的证明”。参见曾令良、饶戈平主编：《国际法》，北京：法律出版社 2005年版，第 58页。

⑤［日］村濑信也：《国际立法——国际法的法源论》，秦一禾译，北京：中国人民公安大学出版社 2012年版，第 8页。

⑥ 本书认为国际习惯与习惯国际法是同一含义。

⑦ 姜皇池：《国际公法导论》（修订 2 版），台北：新学林出版股份有限公司 2008 年版，第 95 页。

必要……国际法院在其实践中并不强调这方面的时间因素。”[①] 比如在北海大陆架案中，国际法院指出：“即使没有经过很长的时间，但是有非常广泛的并有代表性的国家参加实践本身就已足够……不过短时间的实践本身并不必然阻碍新的习惯法规则的形成……实践的时间，尽管可能是一段短时间，但是国家实践应该既是广泛的，同时又是实际一致的。”[②] 这种时间性的不受限制，也使国际法中出现了即时习惯国际法。[③] 由于很多关于习惯国际法的著述对实践的一致性、普遍性与持续性已有详细分析，[④] 此处不再详述，只是对以下几个审查一般实践特别需要注意的问题进行说明。

首先，参加实践的国家的数量与一般实践的关系。在北海大陆架案中，国际法院指出：“国际习惯的存在，只需要包括特别相关国家在内的广泛的、具有代表性的国家参与即可，并不需要国际社会全体成员的参加。”[⑤] 特别相关的国家就是利益特别受影响的国家，即利益相关国。利益相关国是一个相对的概念，如果某规则对一国的利益的影响比对他国利益的影响更直接、更重大，那么该国就是利益相关国。因此，在海洋法中，一般说来，沿海国更容易成为利益相关国。所以，一般实践不是由参加实践的国家的数量决定的。

其次，国家的沉默与一般实践的关系。由于沉默会导致禁反言的结果，所以，当一个规则出现后国家的沉默并不是否定实践，相反有助于一般实践的形成。

再次，少数反对者的意见与一般实践的关系。习惯强调一般性，在存在一般性的情况下，少数反对者的意见是不会对习惯的形成有所影响的。

最后，实践的统一性与一般实践的关系。由于“法律始终是一种一般性的陈述”“法律的对象始终是普遍的”，[⑥] 因此，只有国家实践是统一的，这种实践才有可能成为法律。而统一性并非要求所有实践必须完全相同，因为《国际法院规约》的用语是 general practice 而非 universal practice。国际法院在“对尼加拉瓜的军事和准军事活动案”中指出：

---

① Iran Brownlie，*Principles of Public International Law*，5th Edition，New York：Oxford University Press，1990，p.13.

② North Sea Continental Shelf，Judgment，*I.C.J. Reports 1969*，p.43，para.74.

③ Bing Cheng，United Nations Resolutions on Outer Space："Instant" International Customary Law? *Indian Journal of International Law*，1965，5，pp.45–46.

④ 除国际法的著作及教材中有对习惯国际法的论述外，还有一些专门的著作，如 Michael P. Scharf，*Customary International Law in Times of Fundamental Change：Recognizing Grotian Moments*，Cambridge：Cambridge University Press，2013；Noora Arajärvi，*The Changing Nature of Customary International Law：Methods of Interpreting the Concept of Custom in International Criminal Tribunals*，New York：Routledge，2014；Brian D. Lepard，*Customary International Law：A New Theory with Practical Applications*，Cambridge：Cambridge University Press，2010；Michael Byers，*Custom，Power and the Power of Rules：International Relations and Customary International Law*，Cambridge：Cambridge University Press，2003；姜世波：《习惯国际法的司法确定》，北京：中国政法大学出版社 2010年版。

⑤ North Sea Continental Shelf Cases，Judgment，*I.C.J Reports 1969*，para.74.

⑥ [美] 博登海默：《法理学——法律哲学与法律方法》，邓正来译，北京：中国政法大学出版社 1999年版，第 234~235页。

“为确认特定习惯国际法规则所需的国家实践，不一定必须严格符合该规则”，“国家行为一般地符合该规则即可，而与特定规则不一致的国家行为，一般认为是违反该规则，而不是对新规则的承认。”[①] 也有学者指出：“自身的不一致做法不足以否定既存规则可形成习惯法，这种不一致必须按照以下这些因素来分析评估，如主体问题，做法不一致的国家的同一性，涉及的国家的数目以及是否主张的规则与既存规则相冲突。”[②]

2. 主观的心理的要素

主观的心理的要素是指法律确信。即通例一旦确定，必须表明遵守该通例是一种法律义务，也就是国家“必须把其行为视为义务或权利”[③]，如果不这样，“那么，所确立的便是所谓的‘惯例’，而不是造法的习惯。”[④] 对于内心的这种法律确信可以通过外在的表现来体现。1951 年国际法委员会将习惯国际法的证据表现形式归纳为以下几类：（1）条约；（2）国内法院和国际法院的判决；（3）国家立法；（4）外交文书；（5）国家法律顾问的意见及国际组织的实践。[⑤] 有学者将可作为习惯国际法依据的情形总结为三种：第一，国家之间的外交关系，表现于条约、宣言及各种外交文书；第二，国际组织和机构的实践，表现于国际组织和机关的决定、判决等；第三，国家内部行为，表现于国内法规、法院判决、行政命令等。[⑥] 由于这些形式是一般实践与法律确信的统一，所以可以构成习惯国际法的证据表现形式。

（二）历史性权利作为习惯国际法的证据表现之一：条约

由于国际上并无关于陆地领土的且具有普遍性的国际条约，全球性的海洋领域的条约主要是指《联合国海洋法公约》，而该公约关于历史性海湾及历史性所有权的条文恰恰是历史性权利在海洋领域的表现，对此，已在前文说明。此处主要从区域性条约及双边条约来说明历史性权利的证据表现。

1. 区域性条约

1964 年的《欧洲渔业公约》对历史性捕鱼权进行了承认。《欧洲渔业公约》规

① Military and Paramilitary Activities in and against Nicaragua (Nicaragua v. United States of America), Merits, Judgment, *I.C.J. Reports 1986*, p.98, para.186.

② Timothy Hillier, *Principles of Public International Law*, 2nd Edition, London: Cavendish Publishing Limited, 1999, p.24.

③［美］汉斯·凯尔森：《国际法原理》，王铁崖译，北京：华夏出版社 1989年版，第 257页。

④［美］汉斯·凯尔森：《国际法原理》，王铁崖译，北京：华夏出版社 1989年版，第 257页。对于国际惯例与国际习惯之间的关系，学者有不同观点，参见曲波：《国际贸易惯例与公共秩序保留》，《国际商务研究》2003年第 5期，第 56~57页。

⑤ Timothy Hillier, *Principles of Public International Law*, 2nd Edition, London: Cavendish Publishing Limited, 1999, p.20.

⑥ 王铁崖主编：《国际法》，北京：法律出版社 1995年版，第 11页；梁西主编、曾令良修订主编：《国际法》，武汉：武汉大学出版社 2013年版，第 39页；［德］奥本海：《奥本海国际法》（第一卷第一分册），［英］詹宁斯、瓦茨修订，王铁崖等译，北京：中国大百科全书出版社 1995年版，第 16页。

定专属渔业权的同时，确认在距离沿海国基线 6 海里至 12 海里的范围内，沿海国和 1953 年 1 月 1 日至 1962 年 12 月 31 日间惯常在该区域捕鱼的其他缔约国共享渔业权。①

2. 双边条约

（1）英国与委内瑞拉间的条约

1942 年英国与委内瑞拉签订了《关于帕里亚湾海底地区的条约》，该条约涉及大陆架划界问题。在划界时，该条约充分考虑到历史因素和“公平原则”，在大陆架 7 个转折点上，委内瑞拉一侧距离陆地均为 3 海里，而在特立尼达和多巴哥一侧，除 2 个点距离陆地 3 海里外，其余 5 个点为 4.5 海里 ~8 海里。②

（2）印度与斯里兰卡间的条约

1974 年，印度与斯里兰卡经过谈判签订《关于两国间历史性水域的疆界及有关事项的规定》，其序言中称印度与斯里兰卡两国政府“愿意以对双方公正及公平的方式”决定两国之间“历史性水域”的疆界线，其中“历史性证据”应被考虑。印度与斯里兰卡《关于两国间历史性水域的疆界及有关事项的规定》第 4 条规定：“每个国家对于在上述疆界自己一边的水域、岛屿、大陆架及其底土，应享有主权和专属管辖权及控制权。”第 6 条指出了印度与斯里兰卡在亚当桥（Adam's Bridge）到保克海峡（Palk Strait）间水域的地理坐标；两国对各自水域内的水域、岛屿、大陆架及底土享有主权、排他性管辖权和控制权；印度和斯里兰卡的船舶传统上在彼此海域享有的权利依然享有。③

（3）越南与柬埔寨间的条约

1982 年 7 月 7 日，越南与柬埔寨人民共和国签署《关于历史性水域的协议》④，该协议规定位于越南的建江省海岸、复国岛、土株群岛与位于柬埔寨人民共和国的勘波

---

① 参见 Artcle 3 of European Fisheries Convention，http：//english.dipublico.org/1155/european-fisheries-convention/，访问日期：2015 年 10 月 13 日。《欧洲渔业公约》由奥地利、丹麦、法国、德意志联邦共和国、爱尔兰、意大利、卢森堡、荷兰、葡萄牙、西班牙、瑞典及英国缔结。

② 许森安主编：《国际海域划界条约集》，北京：海洋出版社 1998年版，第 570~574页。

③《关于两国间历史性水域的疆界及有关事项的规定》第 1条、第 4条及第 6条。

④ 参见 Agreement on Historic Waters of Vietnam and Kampuchea，Kriangsak Kittichaisaree，*The Law of the Sea and Maritime Boundary Delimitation in South-East Asia*，New York：Oxford University Press，1987，pp. 180–181。

特省海岸、波罗卫群岛之间的水域，构成两国的历史性水域，置于各自的内水管辖之下。[①]该协议同时规定，将在适宜的时间进行谈判，以划定前面所提及的两国历史性水域之边界。在具体划界之前，当地居民可以按照已有习惯在水域内捕鱼和捕捞海产品。

由于该协议是柬埔寨人民共和国与越南签订的，但是随着1982年7月9日民主柬埔寨联合政府成立，政府更迭，就涉及新政府对旧政府签订的条约的继承问题。1983年1月10日，新成立的民主柬埔寨联合政府废除了该协议，因为新政府认为这是越南“扩张主义及兼并政策”的一部分，该政府同时宣布柬埔寨人民共和国签订的所有协议都是无效的。同时新政府认为1982年越南宣布的基线“并入了大范围的柬埔寨水域”，因此拒绝承认该协议的有效性。[②]对于越南和柬埔寨签订的《关于历史性水域的协议》，1985年11月22日，泰国外交部发表声明，[③]认为该协议中所称的“历史性水域”根据国际法原则和规则不具有正当性，越南主张的对“历史性水域”上空享有主权违反国际法，而且该协议是柬埔寨人民共和国政府签订的，这一政权不是柬埔寨如今的合法政府，因此这一政权签订的协议不具有法律效力。

此外，柬埔寨在1972年7月发表声明认为1907年的《法暹条约》已经把东陆地边境（第73点）的终点与阁骨岛上的某点连接起来的直线以南的海上区域划归自己。对于阁骨岛与泰国北部岛屿之间的科龙艾湾（Klong Yai Bay）成为柬埔寨与泰国的争议之处。柬埔寨认为，过去数十年间，柬埔寨渔民经常在这里捕鱼，且从1907年起，泰国也没有独自开发过该湾，所以柬埔寨对该水域有“历史性权利”。泰国从国家间关系的角度进行了反对。[④]但是，从中可以看出，柬埔寨也是主张历史性权利的。

---

① 其界限为(依照格林尼治经纬度)：在西北方向，从北纬9度54分2秒与东经102度55分2秒的交汇点，至北纬9度54分5秒与东经 102度57分2秒之交汇点波罗卫群岛(柬埔寨)，至北纬10度24分1秒与东经103度48分5秒之交汇点，至北纬10度25分6秒与东经 103度49分2秒之交汇点科西斯岛(Koh Ses)(柬埔寨)，至北纬10度30分与东经103度47分4秒之交汇点科石美岛(Koh Thmei)(柬埔寨)，至北纬10度32分4秒与东经103度48分2秒之交汇点勘波特省海岸(柬埔寨)连成一条直线。在北方方向，从勘波特省海岸至北纬32度4分与东经103度48分2秒之交汇点，即在越南与柬埔寨海岸之陆地边界界标，连成一条直线。在东南方向，从越南和柬埔寨海岸之陆地边界界标至北纬10度4分42秒与东经104度2分3秒之交汇点复国岛安耶角(An Yey Point)(越南)，沿复国岛北边海岸至北纬10度2分8秒与东经103度59分1秒之交汇点大肚角(Dat Do Point)，至北纬 9度10分1秒与东经103度26分4秒之交汇点土株岛(越南)，至北纬 9度15分与东经 103度27分之交汇点土株群岛之宏南岛(Hon Nhan)(越南)连成一条直线。在西南方向，从北纬9度55分与东经102度53分5秒之交汇点波罗卫岛(柬埔寨)，至北纬9度15分与东经103度27分之交汇点的土株群岛之宏南岛(越南)连成一条直线。

② 参见 Statement issued 10 January 1983 by the Foreign Minister of the Coalition Government of Democratic Kampuchea，FBIS-APA，14 January 1983，H4-H5。

③ 参见 Statement by the Ministry of Foreign Affairs of Thailand on the Vietnamess Claims Concerning the So-called Historical Waters and the Drawing of Baselines，Kriangsak Kittichaisaree，*The Law of the Sea and Maritime Boundary Delimitation in South-East Asia*，New York：Oxford University Press，1987，pp.180-181。

④ Kriangsak Kittichaisaree，*The Law of the Sea and Maritime Boundary Delimitation in South-East Asia*，New York：Oxford University Press，1987，pp. 52-53.

（4）澳大利亚与巴布亚新几内亚间的条约

1978年《澳大利亚与巴布亚新几内亚关于包括托雷斯海峡在内的两国海上边界和主权及相关事务的条约》第11条规定，在该条约下，缔约方之间应继续允许彼此的传统居民在保护区附近自由行动且履行合法的传统活动；该条约第12条的标题是“传统习惯权”，该条规定缔约一方的传统的居民享有通过和利用在另一方管辖下的保护区附近的陆地、海底、河口及沿岸潮汐地的传统上的习惯权利。[①]

（5）中国与周边国家间的条约

迄今为止，中国与韩国、越南及日本三国都缔结了渔业协定，这三个渔业协定都规定了过渡性水域，允许两国渔船在该水域作业，这种规定实际上“体现了对历史性捕鱼权的尊重”[②]。如《中韩渔业协定》第3条规定，缔约各方每年决定缔约另一方国民及渔船在本国专属经济区的可捕鱼种、渔获配额、作业时间、作业区域及其他作业条件时，应考虑到“传统渔业活动”等因素。

可见，上述条约有涉及历史性水域的，有涉及历史性捕鱼权的，也有涉及划界的；涉及亚洲国家、欧洲国家、美洲国家、大洋洲国家；虽然有的用语采用了“传统习惯权”“传统渔业活动”等，但实质上都考虑了历史性权利。

（三）历史性权利作为习惯国际法的证据表现之二：仲裁裁决

1. 北大西洋渔业仲裁案

北大西洋渔业仲裁案是最早提及历史性海湾的案例。该案主要是因为英美两国对1818年《美英条约》第1条规定的“美国放弃其国民在英国美洲领地特定区域的任何海岸、海湾、河湾和海港3海里内的捕鱼权利”的范围与含义以及美国国民根据该条所享有的权利和自由存在争议。1909年1月27日，英美两国签订特别协定，把争端提交海牙常设仲裁法院。在1910年9月7日对该案作出的仲裁裁决中，仲裁庭指出：“尽管仲裁庭承认公约和国际习惯可以作为请求的基础，但是仲裁庭认为具有领海地位的海湾可以被

---

①《澳大利亚与巴布亚新几内亚关于包括托雷斯海峡在内的两国海上边界和主权及相关事务的条约》第1条解释了传统居民的含义。就澳大利亚来说，其传统居民是指那些居住在保护区或澳大利亚沿岸地区的托雷斯海峡的岛民，澳大利亚的市民，保持与保护区内或其附近的生活、社会、文化或宗教活动一致的传统习惯的人；就巴布亚新几内亚来说，其传统居民是指居住在保护区或巴布亚新几内亚沿岸地区的人，巴布亚新几内亚的市民，保持与保护区内或其附近的生活、社会、文化或宗教活动一致的传统习惯的人。Treaty between Australia and the Independent State of Papua New Guinea concerning sovereignty and maritime boundaries in the area between the two countries，including the area known as Torres Strait，and related matters，18 December 1978，http://www.un.org/Depts/los/LEGISLATIONANDTREATIES/PDFFILES/TREATIES/AUS-PNG1978TS.PDF，访问时期：2014年6月13日。

② 付玉、黄硕琳：《历史性捕鱼权的习惯国际法效力研究》，《太平洋学报》2015年第4期，第87页。

视为历史性海湾，在缺少这方面的国际法规则时，这些主张应被认定是有效的……”[①]但是在上述裁决中，历史性海湾问题仅仅是由德来格偶然地提到一句，在他的异议意见中他更详尽地探讨了历史性海湾问题并努力对这类海湾的特点进行识别。“某种类型的海湾，可能恰好被称之为历史性海湾，例如在北美的切萨皮克湾和德拉华湾，这些海湾与传统沿岸国的海湾有所区别，但毫无疑问，不管这类海湾的深度及湾口宽度如何，当这类国家主张对其有主权以及有特殊的情势，如地理方面的原因，长久地使用及自卫的需要，这类海湾就属于沿岸国，这一主张是正当的。”[②]

北大西洋渔业仲裁案对历史性权利的意义是，它是最早提到历史性海湾的案例，尤其是德来格的异议意见中提到了一国主张历史性海湾的原因。

2. 瑞典和挪威间的格里斯巴丹那划界案

早在1909年瑞典和挪威间的格里斯巴丹那划界案中，争端双方请求国际常设仲裁法院裁决争议中的海域边界线是否已为1661年的边界条约所确定，如果没有，该如何确定边界线？国际常设仲裁法院没有支持挪威提出的中间线原则，国际常设仲裁法院在确定海域界线时，考虑了两个事实情况：一是瑞典渔民在格里斯巴丹那大量捕捞龙虾的状况已持续了很长时间，且瑞典渔民的人数要比挪威渔民的人数多很多；二是瑞典在格里斯巴丹那区域有很多活动，包括放置灯塔、海洋的测量、安装了灯船，这些行为均涉及相当多的费用，而瑞典之所以这样做，是因为瑞典认为它不仅是在行使权利，更是在履行职责，而挪威所从事的活动远不如瑞典多。[③]这一裁决的基础是国际常设仲裁法院考虑了这一因素，即“实际存在并已长期存在的事务的状态应该尽少的加以改变，这是国际法的确定规则”[④]。换言之，国际常设仲裁法院的裁决肯定了瑞典在格里斯巴丹那的历史性权利。

3. 厄立特里亚与也门领土与海域划界案

厄立特里亚[⑤]与也门[⑥]的领土争端主要是围绕哈尼什群岛（Hanish）的主权归属及海域划界。哈尼什群岛位于红海南端中心，从北向南由求恩岛（Quoin）、祖盖尔岛（Zuqar）、

① The North Atlantic Coast Fisheries Case（Great Britain v. United States of America），Award，*P.C.A.1910*，p.25.

② James Brown Scott，*Hague Court Reports*，First Series，New York：Oxford University Press，1916，pp.199–200.

③ 参见 Grisbadarna Case（Norway v.Sweden），Award，*P.C.A.1909*，pp.6–7。

④ 参见 Grisbadarna Case（Norway v.Sweden），Award，*P.C.A.1909*，p.6。

⑤ 厄立特里亚的历史较为复杂，2世纪后，厄立特里亚中央高原地区逐渐成为阿克苏姆帝国（今埃塞俄比亚境内）的政治、经济、文化中心。9世纪，阿克苏姆帝国衰落，埃塞俄比亚国家形成后，一直未放弃对厄立特里亚的统治。其间经过奥斯曼帝国、意大利等国的统治。1952年厄立特里亚作为自治单位加入埃塞俄比亚，1993年独立。

⑥ 也门位于阿拉伯半岛西南部，1990年5月由阿拉伯也门共和国（北也门）和也门民主人民共和国（南也门）合并而成。北也门原来是个王国，1918年脱离奥斯曼帝国的统治宣布独立，1962年建立阿拉伯也门共和国；南也门原为英国的殖民地，1967年南也门共和国成立，1970年改名为也门民主人民共和国。

小哈尼什岛（Lesser Hanish）、大哈尼什岛（Greater Hanish）和苏尤勒哈尼什岛（Suyul Hanish）构成。哈尼什群岛虽然无人定居，但由于红海不仅资源丰富，而且也是重要的战略通道，所以该群岛具有重要的价值。由于岛屿主权归属不明[①]，厄立特里亚与也门两国曾对此进行交涉，但无果而终。1995年，双方矛盾升级，最终爆发了武装冲突。为了解决两国争端，双方在1996年5月21日签署了将争端递交国际常设仲裁法院仲裁的原则协议[②]，1996年10月3日，两国又签署了仲裁协议。[③]这两份协议都提到关于领土主权问题，仲裁庭应根据适用于该问题的国际法原则、规则和实践，特别是依据历史性权利加以解决。[④]这样，仲裁庭充分认识到仲裁协议的意图是在相关的国际法中应特别注意历史性权利因素。[⑤]1998年10月9日仲裁庭第一份仲裁裁决对两国争端范围及岛屿归属作出裁决，1999年12月17日第二份裁决对两国海域划界进行裁决。此处主要结合第一阶段两国的主张及仲裁裁决进行分析。

第一，也门的历史性权利主张。在厄立特里亚与也门领土和海域划界案中，也门主张对岛屿的权利是建立在也门对其有“最初的，历史的或传统的权利”[⑥]基础上的。也门特别强调了仲裁协议第2条第2款中规定的“仲裁庭应根据国际法原则、规则和实践，特别是历史性权利来确定领土主权”。[⑦]也门主要提供了两个方面的证据来证明其历史性权利的存在及成立。一是也门对岛屿远古权利的享有及其管辖；二是其他国家的态度。

首先，也门对岛屿权利的追溯及管辖。具体包括以下方面。

① 由于历史原因，哈尼什群岛的地位比较复杂。在16世纪初，奥斯曼帝国占领红海两岸，并控制了也门和厄立特里亚，相应地，红海中的岛屿，包括哈尼什群岛都成为奥斯曼帝国的领土。但是具体属于奥斯曼人控制下的阿拉伯人管辖还是属于非洲海岸并无明确规定，这为岛屿争端埋下了导火索。19世纪，英国加强了在红海的存在，但没有对奥斯曼帝国对哈尼什群岛享有的主权进行公开挑战，1869年意大利开始侵占埃塞俄比亚，后将各占领区合并，统一称为“厄立特里亚”，将默哈巴卡群岛和海克科群岛纳入保护范围，英国承认意大利的管辖，奥斯曼帝国也未反抗。“一战”后的《洛桑条约》要求土耳其放弃其在红海中的岛屿主权，但并没规定岛屿归谁所有，意大利和英国对红海岛屿有实质占领，但英国和意大利均表示原来土耳其之下的红海岛屿，不属于英国和意大利，也不属于任何阿拉伯国家，而是保持主权未定的状态。参见 Daniel J. Dzurek，Eritrea-Yemen Dispute Over the Hanish Island，*IBRU Boundary and Security Bulletin Spring*，1996，p. 71。

② 仲裁原则协议主要规定了以下事项：和平解决争端；仲裁庭的组成及仲裁的两个阶段；仲裁庭适用的原则及相关法律事项。

③ 仲裁协议规定了仲裁员选任程序；详细规定了仲裁两阶段裁决的具体事项；仲裁庭的地点、程序、官方语言、费用和法律地位等问题。

④ 参见 Eritrea-Yemen Arbitration，Phase 1：Territorial Sovereignty and Scope of the Dispute，Award，*P.C.A.1998*，pp.1-4。

⑤ 参见 Eritrea-Yemen Arbitration，Phase 1：Territorial Sovereignty and Scope of the Dispute，Award，*P.C.A.1998*，p.35，para.114。

⑥ 参见 Eritrea-Yemen Arbitration，Phase 1：Territorial Sovereignty and Scope of the Dispute，Award，*P.C.A.1998*，p.9，para.31。

⑦ 参见 Eritrea-Yemen Arbitration，Phase 1：Territorial Sovereignty and Scope of the Dispute，Award，*P.C.A.1998*，p.2，para.7。

（1）远古权利的来源

根据也门的观点，也门对岛屿的权利能够追溯到公元6世纪的北也门时期，即也门王国时期[①]，这种远古权利早在奥斯曼帝国占领也门前就已存在了，第一次世界大战末期奥斯曼帝国解体后，这种权利归还于也门。[②]也门主张它曾两次被并入奥斯曼帝国，一次是从1538年至大约1635年，另一次从1872年至1918年，但是这两段时期奥斯曼帝国都没有剥夺也门对其领土的主权。也门主张奥斯曼帝国统治下的北也门作为单独的领土和管辖单位构成了奥斯曼对也门单独身份的承认。[③]

（2）条约角度的证明

为了进一步支持也门对岛屿的历史性权利，也门追溯了1934年与英国签订《萨那条约》的历史，援引了几个外交照会，在这些照会中，伊玛目（Imam）坚持对“也门岛屿”的权利。[④]也门提出《萨那条约》对也门的权利没有效力，因为也门不是该条约的缔约国，土耳其放弃的权利不能对第三方利益造成损害。也门认为《萨那条约》第16条的效力不是要使岛屿成为无主地，相反是要使领土权利不受减损。[⑤]

（3）自然地理实体原则

也门提出的另一支持其历史性权利的主张是争议岛屿符合“自然或地理实体原则”。该原则是传统权利概念的必然结果，与管辖权行为或国家主权行为共同发挥作用。也门援引国际法院和国际仲裁的案例来支持其主张，即一旦某实体的主权显示是作为一个整体存在的，就应认为在缺少相反证据的情况下，该实体的主权扩展至实体的全部。按照也门的观点，包括由英国水文局和《不列颠百科全书》提供的英国海军海图，红海和亚丁湾引航图等均“证明了争议岛屿是作为一个自然实体存在的”。[⑥]

（4）私人活动的作用

也门引用案例法及其注释来支持其诉讼，认为私人活动构成了对领土历史性权利的

---

① 参见 Eritrea-Yemen Arbitration，Phase 1：Territorial Sovereignty and Scope of the Dispute，Award，*P.C.A.1998*，pp.9-10，para.31。

② 参见 Eritrea-Yemen Arbitration，Phase 1：Territorial Sovereignty and Scope of the Dispute，Award，*P.C.A.1998*，p.35，para.116。

③ 参见 Eritrea-Yemen Arbitration，Phase 1：Territorial Sovereignty and Scope of the Dispute，Award，*P.C.A.1998*，p.10，para.32。

④ 北也门摆脱奥斯曼帝国的统治后，南也门在英国的扶持下建立了亚丁保护地，北部由伊玛目统治。

⑤ 参见 Eritrea-Yemen Arbitration，Phase 1：Territorial Sovereignty and Scope of the Dispute，Award，*P.C.A.1998*，p.10，para.34。

⑥ 参见 Eritrea-Yemen Arbitration，Phase 1：Territorial Sovereignty and Scope of the Dispute，Award，*P.C.A.1998*，pp.10-11，para.35。

相关证据。也门最初以“哈尼什”和“祖盖尔”的名字来分析这些事实和活动，认为它们具有阿拉伯的根基。也门也表明现在有人居住的也门海岸的名字来源于“哈尼什”这一单词，渔民家族的历史是与争议岛屿缠结在一起的。如在1995年动乱时期，哈尼什家族的两个成员因在大哈尼什岛捕鱼，被厄立特里亚军队关进监狱。也门主张岛上的驳船处和定居点也清楚地以也门的名字显现。也门主张，与厄立特里亚渔民不同，世世代代的也门渔民对争议岛屿具有排他性的使用，甚至在岛上建立了永久或半永久的居所。[①]也门进一步主张争议岛屿是也门的圣地，包括是几个受人尊敬的圣徒的墓地。圣地最初是渔民使用的，渔民将不用的渔具置入墓地以供后来的渔民使用。[②]

也门强调争议岛屿与也门渔民之间的经济关系，即也门渔民依赖该群岛及周围水域生存，并将他们的几乎全部捕捞物卖给陆地居民。也门将此与也门渔民的状态对比后，指出由于向厄立特里亚境内（包括其首都阿斯马拉）运鱼存在交通方面的困难，厄立特里亚缺少吃鱼的传统。按照也门的观点，大多数厄立特里亚渔民认为渔业较好的市场是在也门海岸。同时，也门主张数世纪以来，也门渔民长期持久实际使用岛屿，并没有遇到其他国家的干预。[③]

（5）对岛屿行使行政及控制的权利

这种行政和控制的权利包括较早的事实，如：①在被奥斯曼帝国统治之前，1429年，也门国王派驻使团去祖盖尔岛调查走私。②在奥斯曼帝国统治时期，也门主张争议岛屿被视为北也门的一部分，奥斯曼帝国对岛屿有关的税收、安全及海上安全问题进行管理。也门引用了1881年奥斯曼帝国特许法国的私人公司在北也门一些岛屿建造灯塔，19世纪的奥斯曼地图和年度报告将争议岛屿置于北也门范围内等事例。[④]近期事件有：①颁布立法，行使管辖权。也门强调英国在占领该群岛时期，从未主张对争议岛屿的主权。随着1962年阿拉伯也门共和国的建立，也门政府至少在两个场合正式主张对该群岛的立法管辖权。如1967年，也门总统签发了关于领海和大陆架的两个法令。也门海军在该群岛及岛屿周围进行训练，而且在1973年引渡事件中，在缺少以色列军队的情况下，阿拉伯部队起到

---

① 参见 Eritrea-Yemen Arbitration，Phase 1：Territorial Sovereignty and Scope of the Dispute，Award，*P.C.A.1998*，p.11，para.37。

② 参见 Eritrea-Yemen Arbitration，Phase 1：Territorial Sovereignty and Scope of the Dispute，Award，*P.C.A.1998*，p.11，para.38。

③ 参见 Eritrea-Yemen Arbitration，Phase 1：Territorial Sovereignty and Scope of the Dispute，Award，*P.C.A.1998*，p.12，para.40。

④ 参见 Eritrea-Yemen Arbitration，Phase 1：Territorial Sovereignty and Scope of the Dispute，Award，*P.C.A.1998*，p.12，para.41。

了关键作用。当时，争议岛屿属于也门，而非厄立特里亚。[①] ②也门签发许可证的例子。也门引用了很多其对外国实体希望在争议岛屿及其周围进行科学研究、旅游及商业活动、许可停泊赋予许可的例子，而且一些旅游者是在也门官员的陪伴下进行活动的。也门递交的证据涉及 1995 年也门文化和旅游部及也门投资总机构授权德国公司在大哈尼什岛建造豪华酒店及潜水中心。也门也主张其对岛上捕鱼，环境保护，测量站、灯塔的建造管理及发布海员通知等事项享有管辖权。也门按照时间分门别类地提供了其在哈尼什岛屿及其周围活动的证据。[②] ③建造灯塔、测量站及巡航等活动。也门主张，在 20 世纪 80 年代和 90 年代，也门的各种空军和海军侦查活动都是在争议岛屿上空及周围进行的。1988 年，也门发布通知在中峰岛（Centre Peak Island）、贾巴尔·塔叶岛（Jabal al-Tayr）、小哈尼什岛、阿布·阿里岛（Abu Ali）、祖盖尔岛和大哈尼什岛建造了一系列灯塔。也门也主张在大哈尼什岛和祖盖尔岛建立了测量站，并授权军方在大哈尼什岛建造飞机起落跑道，它们在 20 世纪 90 年代初期常常被使用。也门还提出在这段时期，它持续对岛屿进行巡航，对未获许可在岛屿周围海域进行捕鱼活动的外国捕鱼者进行逮捕并对船只进行没收。[③]

（6）地图的作用

也门也依据官方和非官方的制图方面的证据来证明也门对这些岛屿的主权。按照也门的观点，这些证据能够作为地理事实及特定时期的地理知识而发生作用，所以也门提供了地图证据。[④] 也门对起始于 17 世纪和 18 世纪的描绘北也门独立的地图进行了历史性的回顾。也门主张尽管某些 18 世纪的地图没有准确地描绘争议岛屿，但是更多的地图准确描述了争议岛屿是属于也门的。也门特别强调了一份一手材料，即丹麦科学家和探险家卡斯坦·涅布尔（Carsten Niebuhr）在 1761 年至 1764 年间访问红海海岸时的作品和地图。涅布尔的作品显现了争议岛屿和也门大陆之间的政治联系及其他关系。[⑤] 也门进一步递交了 19 世纪和 20 世纪大量的地图证据，从地图的着色看，地图均将争议岛屿的全部或部分划归于也门。同时，也门并未否认，某些也门地图将岛屿归属于埃塞俄比亚或厄

① 参见 Eritrea-Yemen Arbitration，Phase 1：Territorial Sovereignty and Scope of the Dispute，Award，*P.C.A.1998*，p.12，para.42。

② 参见 Eritrea-Yemen Arbitration，Phase 1：Territorial Sovereignty and Scope of the Dispute，Award，*P.C.A.1998*，pp.12-13，para.43。

③ 参见 Eritrea-Yemen Arbitration，Phase 1：Territorial Sovereignty and Scope of the Dispute，Award，*P.C.A.1998*，p.15，para.53。

④ 参见 Eritrea-Yemen Arbitration，Phase 1：Territorial Sovereignty and Scope of the Dispute，Award，*P.C.A.1998*，p.13，para.46。

⑤ 参见 Eritrea-Yemen Arbitration，Phase 1：Territorial Sovereignty and Scope of the Dispute，Award，*P.C.A.1998*，p.13，para.47。

立特里亚，或者至少岛屿并未归属于也门。[①]

（7）对他国侵占岛屿主权行为的抗议

也门主张它曾对法国在哈尼什群岛上空的军事飞行提出抗议，对埃塞俄比亚在争议岛屿附近逮捕也门渔民进行抗议，并主张对许多在大哈尼什岛及祖盖尔岛周围的外国船舶的失事事件进行过调查。[②]

其次，其他国家的确认。也门主张从1887年到1989年，至少有6个国家（英国、意大利、法国、德国、美国及埃塞俄比亚）通过行为或其他方式确认了也门对争议岛屿的主权。①也门指出根据1938年英国和意大利的协议，厄立特里亚未来的行为受到限制。意大利通知也门的领导者，受协议的限制，意大利不会扩展或增强在“哈尼什群岛”的主权，并且意大利指出“牢记也门的利益”。按照也门的观点，该协议等同于双方不对土耳其根据《萨那条约》第16条放弃的岛屿确立主权。也门将意大利1938年12月20日的第1446号法令解释为不是对既存领土主权的确认而仅仅是“规定对从厄立特里亚接管岛屿的管辖的内部法令”。[③] ②也门指出在英国的实践中能进一步确认也门的权利，这反映在20世纪30年代和20世纪40年代英国外交部门和殖民部门的文件中。③通过1975年允许法国在红海进行军事演习及1976年允许法国海洋测量船在争议岛屿附近进行活动的方式体现了法国对争议岛屿主权的承认。[④] ④也门认为1993年德国的出版发行物和美国军队及中央情报局出版的官方地图具有同样的证据价值。⑤也门特别依赖1978年、1982年、1984年和1985年埃塞俄比亚地图来证明其主张，这些地图将这些岛屿分配给也门。[⑤]

此外，也门主张，厄立特里亚对岛屿属于也门有所确认。也门认为直到1995年12月事件爆发，埃塞俄比亚和厄立特里亚的行为都是与也门的主张相一致的。也门进一步主张《厄立特里亚宪法》规定的“包括岛屿在内的厄立特里亚的领土”中的“岛屿”不是指争议岛屿，因为1950年联合国大会关于厄立特里亚的正式报告在地图中将争议岛屿与也门大陆标注为同样颜色，这显示了也门对争议岛屿有权利，而这份地图是同报告附

---

① 参见 Eritrea-Yemen Arbitration，Phase 1：Territorial Sovereignty and Scope of the Dispute，Award，*P.C.A.1998*，p.13，para.48。

② 参见 Eritrea-Yemen Arbitration，Phase 1：Territorial Sovereignty and Scope of the Dispute，Award，*P.C.A.1998*，pp.14-15，para.52。

③ 参见 Eritrea-Yemen Arbitration，Phase 1：Territorial Sovereignty and Scope of the Dispute，Award，*P.C.A.1998*，p.14，para.50。

④ 参见 Eritrea-Yemen Arbitration，Phase 1：Territorial Sovereignty and Scope of the Dispute，Award，*P.C.A.1998*，p.13，para.44。

⑤ 参见 Eritrea-Yemen Arbitration，Phase 1：Territorial Sovereignty and Scope of the Dispute，Award，*P.C.A.1998*，p.13，para.45。

在一起的。也门认为厄立特里亚主张的所有的埃塞俄比亚的主权或管理行为，特别是厄立特里亚颁布的官方地图将争议岛屿与也门岛屿标注为同一颜色，这都构成了承认也门对争议岛屿享有主权的证据。[①]

第二，厄立特里亚历史性权利的主张。厄立特里亚并没有基于远古权利主张主权，而是主张因为历史性权利的巩固，奥斯曼帝国灭亡后，意大利取得了哈尼什群岛的主权；“二战”结束后，埃塞俄比亚从意大利那里继承了该群岛的主权；厄立特里亚独立后，相应地从埃塞俄比亚那里继承了该群岛的主权。由于意大利从19世纪末起就开始对红海南部岛屿进行控制，并最终于20世纪30年代取得了哈尼什群岛的实际控制权，因此，通过继承方式，该群岛的所有权移交给了厄立特里亚。[②]

第三，仲裁庭的分析。也门主张它享有对岛屿的远古权利，该权利在奥斯曼帝国霸权统治之前就已存在，该权利起源于古代也门。而且，也门主张土耳其人在“一战”中被打败之时，该权利在国际法中仍然存在，因此，当奥斯曼帝国根据1923年《萨那条约》放弃对这些岛屿的统治时，也门就回复了对这些岛屿的权利。[③]所以，远古权利对也门至关重要，而且仲裁协议也要求仲裁庭“根据历史性权利”去决定岛屿主权。鉴于此，仲裁庭认为有必要去了解历史背景。[④]仲裁庭认为也门主张历史性权利有几个重要的历史问题需要考虑：第一个问题涉及历史上也门的地位及争议岛屿是否是其领土的一部分；第二个问题是回复原则（doctrine of reversion）在国际法中是否被承认；第三个问题涉及持续性在远古权利继承中的地位。所以需要进一步强调这些重要的历史性问题，如红海两岸渔民共同使用岛屿周边水域及奥斯曼帝国在红海两岸间行政管辖权的分配。[⑤]换言之，也门提出的这些主张必须结合19世纪末期至奥斯曼帝国解体时期的历史和法律背景进行评估。[⑥]

关于历史上也门的地位及争议岛屿是否属于也门领土的问题，仲裁庭认为奥斯曼帝

① 参见 Eritrea-Yemen Arbitration，Phase 1：Territorial Sovereignty and Scope of the Dispute，Award，*P.C.A.1998*，p.14，para.51。

② 参见 Eritrea-Yemen Arbitration，Phase 1：Territorial Sovereignty and Scope of the Dispute，Award，*P.C.A.1998*，p.35，para.115。

③ 参见 Eritrea-Yemen Arbitration，Phase 1：Territorial Sovereignty and Scope of the Dispute，Award，*P.C.A.1998*，p.123，para.441。

④ 参见 Eritrea-Yemen Arbitration，Phase 1：Territorial Sovereignty and Scope of the Dispute，Award，*P.C.A.1998*，p.35，para.117。

⑤ 参见 Eritrea-Yemen Arbitration，Phase 1：Territorial Sovereignty and Scope of the Dispute，Award，*P.C.A.1998*，p.36，para.118。

⑥ 参见 Eritrea-Yemen Arbitration，Phase 1：Territorial Sovereignty and Scope of the Dispute，Award，*P.C.A.1998*，p.36，para.120。

国与也门关系的特殊性应当作为重要的历史因素加以考虑。尽管1911年的《达安条约》(Treaty of Da'an)赋予也门的伊玛目很大程度的内部自治权，也就是奥斯曼帝国承认伊玛目势力在也门北部山区的自治权，但是直至奥斯曼帝国完全解体并且丧失包括对北也门在内的阿拉伯地区的统治，奥斯曼帝国一直在其主权范围内享有宗主权。[①] 所以，伊玛目也门自治的领土范围必须同奥斯曼帝国统治下的北也门相区分，红海海岸仅仅在1926年由伊玛目控制。但是这一事实对也门提出的主张不具有积极意义。[②]

仲裁庭认为，毫无疑问，历史性权利这一概念在某些情况下会引起特殊的反响，即使在当今时代也可能存在历史性权利。一个不同的情势是对无居民的岛屿不可以主张属于历史性水域的范围。[③] 在厄立特里亚与也门领土和海域划界案中，任何一个当事方都没有提出争端岛屿位于历史性水域的主张。而且，没有任何一个岛屿会因为季节性原因或某些临时原因具有可定居性，甚至岛屿的自然和物理条件也不允许持久的人类活动。不管沿岸岛屿与该案争议岛屿有什么样的关系，奥斯曼帝国根据1923年的《萨那条约》第16条放弃对这些岛屿的主权，从逻辑上和法律上都不利地影响了事先存在的权利。[④] 然而，这不应该被解释为放弃对具有法律重要性的历史的考虑。理由在于，其一，数个世纪以来，红海南部捕鱼活动一直盛行，这一活动的作用与红海两岸未受限制的交通及红海两岸人民对岛屿的共同使用一样是产生某些"历史性权利"的重要因素，这种历史性权利是争端双方以一种缺少领土主权的"国际地役"这种历史性巩固过程而获得的。这种历史性权利对维护红海数个世纪以来是作为两岸人民的共有物而存在的这一事实提供了充分的法律依据。其二，应将奥斯曼帝国时期对这些岛屿的管辖权与从非洲海岸管理的岛屿及从阿拉伯海岸管理的岛屿进行区分，并将之作为历史性事实加以考虑。[⑤] 根据最可信赖的历史和地理渊源，古代的和现代的报告数据均清楚显示，生活在红海南部的两岸居民在文化方面一直相互联系且从事着同样类型的社会经济活动。自远古时代以来，他们之间不仅有人员和商业的互换，而且使用既存的岛屿的海域空间从事自由捕鱼和航行，并偶

---

① 参见 Eritrea-Yemen Arbitration，Phase 1：Territorial Sovereignty and Scope of the Dispute，Award，*P.C.A.1998*，p.36，para.121。

② 参见 Eritrea-Yemen Arbitration，Phase 1：Territorial Sovereignty and Scope of the Dispute，Award，*P.C.A.1998*，pp.36–37，para.122。

③ 参见 Eritrea-Yemen Arbitration，Phase 1：Territorial Sovereignty and Scope of the Dispute，Award，*P.C.A.1998*，p.37，para.123。

④ 参见 Eritrea-Yemen Arbitration，Phase 1：Territorial Sovereignty and Scope of the Dispute，Award，*P.C.A.1998*，p.37，para.124。

⑤ 参见 Eritrea-Yemen Arbitration，Phase 1：Territorial Sovereignty and Scope of the Dispute，Award，*P.C.A.1998*，p.38，para.126。

尔将既存的岛屿作为避难场所。这些活动已进行数个世纪，无须获得红海亚洲或非洲方面的授权。[①] 这一传统的主导形势反映了根深蒂固的文化模式所导致的这一事实的存在：共有物这一法律观点允许非洲及也门的渔民毫无限制地在整个海域活动并在红海两岸的当地市场出售他们的捕捞物。同样，两岸间为捕鱼或贸易而进行航行的人或在强风下在无人定居的岛屿上临时避难的人也没有遭到来自政治或管理方面的阻挠。[②] 仲裁庭认为前述所言的社会经济和文化模式与传统的伊斯兰法概念特别融合，它实际忽视了"领土主权"原则是 19 世纪西方国际法的基本特征。[③] 然而，必须注意奥斯曼帝国直接或通过它的宗主权在 19 世纪上半叶几乎统治了环绕红海的全部国家，这一时期起于 1856 年克里米亚战争结束后对伊斯兰国际法体系共同特征的放弃，到 1875 年柏林会议期间高门（the Sublime Porte）成为完全独立的政党，此时当代国际规则盛行于欧洲协调国家间。[④] 根据这些新的当代国际法，"领土主权"这一法律概念成为大多数国家的绊脚石，红海的形势再不能逃离这一新的法律现实。[⑤]

因此，争端双方同意争端岛屿最初属于奥斯曼帝国的领土主权范围是可以理解的。在奥斯曼帝国对这些岛屿行使主权时，值得一提的是高门授权埃及总督有权对非洲海岸的占有地，即今天的厄立特里亚进行管理，埃及总督的管辖权范围既包括非洲海岸岛屿，也包含达拉克群岛（Dahlaks）和默哈巴卡群岛（Mohabbakahs）。[⑥] 直到 1880 年，奥斯曼帝国对红海两岸的主权是无可争辩的，对红海东岸，即阿拉伯的主权行使一直持续到第一次世界大战结束。厄立特里亚提供了一系列文献来支持这一历史事实：① 1881 年 12 月 6 日法文版本的备忘录。该备忘录是埃及总督签发的，其中显示在 1871 年 5 月，意大利承认自 1862 年开始，奥斯曼帝国的旗帜一直在阿萨布（Assab）南部以外的非洲海岸飘扬。因此，需要清楚地区分直到 1882 年埃及总督代表奥斯曼帝国管辖的红海岛屿与直

① 参见 Eritrea-Yemen Arbitration，Phase 1：Territorial Sovereignty and Scope of the Dispute，Award，*P.C.A.1998*，p.38，para.127。

② 参见 Eritrea-Yemen Arbitration，Phase 1：Territorial Sovereignty and Scope of the Dispute，Award，*P.C.A.1998*，pp.38-39，para.128。

③ 参见 Eritrea-Yemen Arbitration，Phase 1：Territorial Sovereignty and Scope of the Dispute，Award，*P.C.A.1998*，p.39，para.130。

④ 高门是 1923年前的奥斯曼帝国政府的正式名称。

⑤ 参见 Eritrea-Yemen Arbitration，Phase 1：Territorial Sovereignty and Scope of the Dispute，Award，*P.C.A.1998*，pp. 39-40，para.131。

⑥ 参见 Eritrea-Yemen Arbitration，Phase 1：Territorial Sovereignty and Scope of the Dispute，Award，*P.C.A.1998*，p. 40，para.132。

至第一次世界大战后奥斯曼帝国解体时奥斯曼北也门管辖的其他红海岛屿。[①] ② 1930 年 6 月 10 日的英国外交部门的备忘录。该备忘录以 1881 年法文版本的备忘录为依据，指出埃及总督对非洲海岸的“默哈巴卡群岛”享有管辖权。对于其他岛屿，英国外交部门的备忘录指出：“苏丹对阿拉伯海岸的哈尼什群岛有排他管辖权。”[②] ③厄立特里亚递交了意大利殖民当局的文件，包括 1916 年 10 月 11 日的题为《红海岛屿》的照会，照会中注明“奥斯曼帝国授权在此驻兵 40 人监管从吉布特（Gibut）到也门海岸的船只的活动”。“因为资源短缺，驻兵面临着供水及饮食短缺的困难，奥斯曼帝国授权撤出驻军。”意大利战舰轰炸麦迪（Midi）后，奥斯曼当局指出已经“恢复了 1909 年时的驻军并将驻军增加到 100 人”。[③] 此外，意大利殖民当局的文件确认了奥斯曼帝国对哈尼什-祖盖尔的主权，强调直至 1916 年，该岛一直由北也门管理，该文件内容与厄立特里亚殖民官员 1916 年 10 月 18 日发给意大利当局部长的电报内容是一致的。外交部部长照会指出：直到 1901 年 7 月 31 日，“红海岛屿”一直是体现在照会附录Ⅱ中的。1901 年照会将岛屿分为三组：最北边的岛屿因为距离原因几乎与厄立特里亚殖民地毫无关系。红海东部海岸的岛屿，除了达哈拉克群岛（Dahalac Islands），都在厄立特里亚控制范围内，但都不是一些非常重要的岛屿。对于第二组岛屿，意大利照会指出，除了位于意大利主权范围内的达哈拉克群岛，第二组群岛包括红海中的最大岛屿，所有的这些岛屿都受土耳其的管辖。1901 年的意大利照会清楚地指出在土耳其，将“Cotuma”“Djebel”称为“Gebel Sebair”和“Camaran”。对于第三组岛屿，1901 年的意大利照会指出，一组按照土耳其语被称为哈尼什的岛屿，该组岛屿包括大小哈尼什岛以及其他几个小岛。[④] 当代英国文件也反映了这一观点，除默哈巴卡群岛外，所涉群岛构成了北也门的组成部分，其未来的地位历史性地附属于阿拉伯海岸。[⑤]

通过上述分析可以得出的结论：第一，对红海岛屿管理权的分配，奥斯曼帝国无论是对红海两岸执行主权还是仅仅对阿拉伯海岸执行管辖权，这个过程中所反映的历史事

① 参见 Eritrea-Yemen Arbitration，Phase 1：Territorial Sovereignty and Scope of the Dispute，Award，*P.C.A.1998*，p.40，para.134。

② 参见 Eritrea-Yemen Arbitration，Phase 1：Territorial Sovereignty and Scope of the Dispute，Award，*P.C.A.1998*，pp.40-41，para.135。

③ 参见 Eritrea-Yemen Arbitration，Phase 1：Territorial Sovereignty and Scope of the Dispute，Award，*P.C.A.1998*，p.41，para.136。

④ 参见 Eritrea-Yemen Arbitration，Phase 1：Territorial Sovereignty and Scope of the Dispute，Award，*P.C.A.1998*，pp.41-42，para.137。

⑤ 参见 Eritrea-Yemen Arbitration，Phase 1：Territorial Sovereignty and Scope of the Dispute，Award，*P.C.A.1998*，p.42，para.138。

实都应被加以考虑并给以一定的法律权重。[①] 第二，古代也门主要是群山环绕之地，只有很小的地方属于海岸地区，当时的也门主要致力于为印度和东印度之间及埃及和其他地中海港口之间的海上贸易服务。第三，领土主权的概念对古代的也门是完全陌生的。实际上，现代国际法中领土主权的概念直到 19 世纪才在奥斯曼帝国出现，并被整个奥斯曼帝国统治地区承认。[②]

其次，关于回复权利和持续性在远古权利继承中的地位，没有人会质疑在奥斯曼帝国时期，奥斯曼帝国对争端岛屿的有效占领并享有完全主权，也就是奥斯曼帝国对争端岛屿不仅有事实占领而且对占有物享有主权。当这一制度在 1923 年结束时，能回复更古老的权利去填充这一结果真空吗？[③]

厄立特里亚对国际法中是否有回复权表示怀疑。这一怀疑看来是正当的，因为也门援引的这一理论几乎没有理论支撑。仲裁庭也认为没有支持回复权的一般国际法原则。而且，即使这一理论有效，它也不能在该案中适用，因为它缺少持续性。也门主张历史性权利不需要持续性，但是仲裁庭没有支持其主张。[④] 仲裁庭认为，也门的主张很难与数个世纪以来奥斯曼帝国对整个地区的统治（该统治随着《萨那条约》而终止）相融合。根据时际法原则，奥斯曼帝国对争议岛屿的统治是合法的并且有权处置领土。根据也门的主张，远古权利可通过对另一主权的延展有效获得，这等同于对奥斯曼帝国全部主权权利的合法性的拒绝。[⑤]《萨那条约》没有明确规定土耳其放弃领土主权，这一定会排除回复原则适用的可能性。也门也不是该条约的缔约国，因此是与此案无关的第三者的行为。土耳其的岛屿在 1923 年是由《萨那条约》的缔约国处置的，正如该群岛以前全部是由奥斯曼帝国处置一样。因此实际上是条约缔约国在该条约中放弃了对这些岛屿的主权。《萨那条约》第 16 条规定，岛屿客观的法律地位取决于利益当事方进一步的决定。所以，奥斯曼帝国的主权介入后，很难说还存在这样的权利，该权利被

① 参见 Eritrea–Yemen Arbitration，Phase 1：Territorial Sovereignty and Scope of the Dispute，Award，*P.C.A.1998*，p.43，para.142。

② 参见 Eritrea–Yemen Arbitration，Phase 1：Territorial Sovereignty and Scope of the Dispute，Award，*P.C.A.1998*，p.43，para.143。

③ 参见 Eritrea–Yemen Arbitration，Phase 1：Territorial Sovereignty and Scope of the Dispute，Award，*P.C.A.1998*，p.123，para.442。

④ 参见 Eritrea–Yemen Arbitration，Phase 1：Territorial Sovereignty and Scope of the Dispute，Award，*P.C.A.1998*，pp.123–124，para.443。

⑤ 参见 Eritrea–Yemen Arbitration，Phase 1：Territorial Sovereignty and Scope of the Dispute，Award，*P.C.A.1998*，p.124，para.444。

《萨那条约》第16条取代从而使岛屿完全由“利益当事方”处置。[①] 在案件审理过程中，根据当时有效的法律，奥斯曼帝国对争议区域的主权是合法的。也门不是《萨那条约》的缔约国以及英国和意大利一直霸占红海都无法否定这一结果。该案中，仲裁庭的结论是，基于案件事实它不会适用回复原则。没有回复可能适用，因为权利链已经必然被打断，几乎无法援引任何先前的是非曲直来维护这一主张。几个世纪以来，西方海洋强国在红海起到的先导性的作用是开通了通往苏伊士运河及南部红海沿岸殖民地的国际海上通道。殖民国家的一个重要目标是维护“一战”后的格局，特别是只要利益西方殖民国家仍然在该地区存在，1923年《萨那条约》第16条涉及的岛屿主权就会保持不确定状态。只要殖民状态盛行，无论是埃塞俄比亚还是也门，它们都处于用历史性权利证明对争端岛屿主权的状态。只有当殖民国家撤离时，格局才可能发生变化。然而，格局的转变不必然暗含着回复原则的适用。[②]

另外的难点是，在奥斯曼帝国统治之前也门已是事实存在的，但是是否伊玛目在那一时期存在且管理山上要塞从而统治“争议岛屿”这是存在疑问的。另外，是否能将这样的部落、山区及中世纪穆斯林社会，特别是只被当地传统的渔民偶尔使用的无人定居的荒芜的岛屿归属于现代西方的主权概念也是一个问题。[③] 根据仲裁协议的指示，争端双方，特别是也门“特别”强调历史性权利作为领土主权的渊源。然而，争端双方未能使仲裁庭相信这些权利的实际存在，特别是岛屿主权的存在。[④] 仲裁庭认为也门主张远古权利是存在一些问题的。除考虑到《萨那条约》第16条的效力及奥斯曼帝国末期的继承外，还涉及以下方面的问题。

（1）也门依赖历史性权利主张自古以来它对争议岛屿拥有主权

也门依赖历史性权利主张自古以来它对争议岛屿拥有主权的最早的证据来源可以追溯到1429年，那时也门国王向祖盖尔岛派驻使团调查在搁浅岛屿周围进行走私的船只。埃塞俄比亚基于各种原因对此提出强烈抗议。仲裁庭没有认为该证据对确定祖盖尔岛的主权归属特别重要，该证据的唯一重要性可能是它对伊玛目认为其范围至少包括祖盖尔岛的解释提供支持，但是反过来却未必如此，因为没有证据能够支持它1918年提出的早

① 参见 Eritrea-Yemen Arbitration，Phase 1：Territorial Sovereignty and Scope of the Dispute，Award，*P.C.A.1998*，p.124，Para.445。

② 参见 Eritrea-Yemen Arbitration，Phase 1：Territorial Sovereignty and Scope of the Dispute，Award，*P.C.A.1998*，pp.37-38，para.125。

③ 参见 Eritrea-Yemen Arbitration，Phase 1：Territorial Sovereignty and Scope of the Dispute，Award，*P.C.A.1998*，p.124，para.446。

④ 参见 Eritrea-Yemen Arbitration，Phase 1：Territorial Sovereignty and Scope of the Dispute，Award，*P.C.A.1998*，p.124，para.447。

在1429年就存在的历史性权利的主张。而且，这些信息在1976年才发布，这距历史性权利主张提出已有很长一段时间。[①]

（2）第一次世界大战末期，也门的“历史性主张”最初表达得模糊概括，其在战争期间的双边外交场合多次重申“历史性主张”

“二战”后的1956年，该主张以更加令人质疑及间接的方式再次被重申。然而，1973年，在一次公开声明中，该主张被明确清楚地提出。因此，该声明确定无疑地指出，至少在1973年也门已经提出或更新了它对比较大的岛屿，包括北部的岛屿提出了主权要求。没有证据显示也门随后放弃了这一主张。然而，证据确实显示也门权利在那一时期没有在贾巴尔·塔叶岛（Jabal al-Tayr）和祖巴叶群岛（Zubayr group）存在，所以只能假定那一时期岛屿是由埃塞俄比亚控制的。多年来的事实是北部灯塔是由埃塞俄比亚通过雇佣灯塔公司的方式管理的。[②]

（3）也门提交了18世纪和19世纪早期的古老地图来支持其历史性权利主张

也门所提交的大多数地图清楚地显示祖盖尔-哈尼什岛（Zuqar-Hanish group）及北部岛屿是属于阿拉伯的，而不属于非洲的红海海岸。仲裁庭没能判断北也门精确的领土范围。而且，这些古老的地图也不属于也门岛屿领土范围。[③] 看来从地图证据推断，1872年奥斯曼帝国征服前，南部阿拉伯统治者可能确实承认这些岛屿属于也门或阿拉伯海岸的领土范围是不合理的。然而这一印象必须通过这一事实来证明才是正确的，即不可能用手工地图填色时期地图的颜色来评估。因此这些因素对历史性权利回复不是决定性的。而且，没有证据能够证明南部阿拉伯统治者自身曾经看过或授权过这些地图。[④]

（4）也门主张埃塞俄比亚唯一有效行使管辖权的岛屿是在阿萨布湾（Assab Bay）

因为以前的红海两岸由奥斯曼帝国统治，而且因为“一战”末期也门回复了其“历史性权利”，也因为默哈巴卡群岛被视为与海克科群岛（Haycocks）和祖盖尔-哈尼什群岛属于同一整体，所以这些岛屿的权利都与也门相关联。仲裁庭拒绝了这一主张。[⑤] 仲裁

---

① 参见 Eritrea-Yemen Arbitration，Phase 1：Territorial Sovereignty and Scope of the Dispute，Award，*P.C.A.1998*，p.73，para.246。

② 参见 Eritrea-Yemen Arbitration，Phase 1：Territorial Sovereignty and Scope of the Dispute，Award，*P.C.A.1998*，p.75，para.252。

③ 参见 Eritrea-Yemen Arbitration，Phase 1：Territorial Sovereignty and Scope of the Dispute，Award，*P.C.A.1998*，p.100，para.369。

④ 参见 Eritrea-Yemen Arbitration，Phase 1：Territorial Sovereignty and Scope of the Dispute，Award，*P.C.A.1998*，p.100，para.370。

⑤ 参见 Eritrea-Yemen Arbitration，Phase 1：Territorial Sovereignty and Scope of the Dispute，Award，*P.C.A.1998*，p.131，para.470。

庭已经注意到没有证据证明默哈巴卡群岛是也门主张的原始历史性权利的一部分，甚至从未有这样的历史性权利存在或者在“一战”后回复给也门。而且即使只有阿萨布湾的岛屿在1947年由意大利转移给厄立特里亚，但是从那时起直至引起该案仲裁事件的发生时为止，也门也没有提出对默哈巴卡群岛主权的正式的主张。[①]

厄立特里亚也主张它从埃塞俄比亚继承了意大利的权利，毫无疑问，意大利在战争期间确实对红海上的岛屿野心勃勃，而且通过在各种阶段实际占有某些岛屿的方式来实现其野心。厄立特里亚主张的主要困难是，1923年《萨那条约》第16条的效力及1947年《意大利和平条约》中某些规定的效力。但是也有事实证明意大利政府在战争阶段一贯和持续地给予了英国政府专门保障而且意大利全部接受和承认了1923年《萨那条约》规定的这些岛屿的法律地位。毫无疑问，意大利希望它的积极扩张政策最终使“有关当事方”的野心成为现实，但是这一结果从未发生。[②]

所以，该案中当事方对历史性权利的解说存在大量问题。但是仲裁庭努力探寻双方的历史性权利主张。然而，这些问题可能主要起源于历史事实的显现。最后，没有任何证据能使仲裁庭相信所涉历史显示了历史性权利的存在，也就是没有一方能说明这一长期建立的、持续的和确定的历史性权利与这些特定的岛屿、岩礁相关联，而为仲裁庭的裁决提供充分的依据。[③]

仲裁协议除要求仲裁庭需要适用历史性权利外，仲裁庭还应适用领土争端中涉及的国际法的原则、规则及实践。尽管也门明确提出了远古权利，厄立特里亚提出了继承既存权利，但是当事方明确希望和寻求将国际法的原则、规则及实践作为裁决基础。相对说来，仲裁庭是采用近期的活动来进行裁决的。仲裁庭指出，当代国际法领土取得的一般要求是对领土行使主权的意愿、持续和平地对领土行使管辖权及国家职能，必须依据这一标准来判断也门和厄立特里亚的领土主权。[④]最后，在审查了所有相关的历史、事实及法律后，仲裁庭一致认为，构成默哈巴卡群岛的岛屿、岩礁及低潮高地，包括但不限

① 参见 Eritrea-Yemen Arbitration，Phase 1：Territorial Sovereignty and Scope of the Dispute，Award，*P.C.A.1998*，p.131，para.471。

② 参见 Eritrea-Yemen Arbitration，Phase 1：Territorial Sovereignty and Scope of the Dispute，Award，*P.C.A.1998*，p.125，para.448。

③ 参见 Eritrea-Yemen Arbitration，Phase 1：Territorial Sovereignty and Scope of the Dispute，Award，*P.C.A.1998*，p.125，para.449。

④ 参见 Eritrea-Yemen Arbitration，Phase 1：Territorial Sovereignty and Scope of the Dispute，Award，*P.C.A.1998*，p.125，para.450。仲裁庭从双方主张岛屿主权的意图、对岛屿主权的公开主张、规范在岛屿活动的立法、与岛屿周围水域有关的活动，如颁发许可证等进行了分析。参见 Eritrea-Yemen Arbitration，Phase 1：Territorial Sovereignty and Scope of the Dispute，Award，*P.C.A.1998*，pp.71-97，paras.239-361。

于萨叶岛（Sayal Islet）、哈比岛（Harbi Islet）、平岛（Flat Islet ）和高岛（High Islet）均是厄立特里亚领土的组成部分。高岛从领海基线量起12海里，是一个小的但是特别重要的岩礁。但是此处一体理论可能被认为是谦逊适当的，因为默哈巴卡群岛一直被视为一组岛屿，这组岛屿有着共同的法律使命。高岛也可能附属于非洲海岸。[①] 在审查了所有相关历史、事实及法律后，仲裁庭一致认为，构成海克科群岛的岛屿、岩石、岩礁及低潮高地，包括但不限于东北海克科岛（North East Haycock）、中海克科岛（Middle Haycock）及西南海克科岛（South West Haycock）均是厄立特里亚领土的组成部分。除前述适用于高岛的原因外，该裁决将适用于厄立特里亚领海外的默哈巴卡群岛分支部分的一个岛屿。[②]

该案对历史性权利的意义在于，虽然仲裁庭最后并没有用历史性权利来判断岛屿主权，原因在于仲裁庭认为当事方提供的证据不足以构成历史性权利，但是仲裁庭肯定了历史性权利的存在及其合法性。仲裁庭指出，正如胡伯在帕尔马斯岛案中所言："主权的确立可以是缓慢进程的结果，可以是国家控制渐进加强的结果，这都是相当自然的。"[③] 但是也门主要依赖"历史性权利"。这里需要思考"历史性权利"的含义，它不是一个正在发展的主张，而是一个已清楚确立的权利，历史性权利是法律问题，而不是占有问题，尽管该权利通常是通过占有来体现的。[④] 仲裁庭指出，历史性权利概念在国际法中是非常有名的，至少在"历史性海湾"中是这种情况，因为这种海湾不受一般海湾规则的约束。历史性海湾依赖于一种"远古权利"：根据一般认识，长期以来建立的权利一般被认为足以构成一种充分的权利。但是历史性权利在国际法中作为一种权利有其他不同的含义，这种权利是基于对领土的权利巩固、时效、默认或长期持续占领而建立的，并被国际法接受为一种权利。在这种意义上，这些权利太过久远，因此持续性和时间的流逝成为该权利的本质。[⑤] 尤其不能认为历史性权利是一种不需要对领土有效占领就可以获得的优先权，因为如果确实有确定的权利属于优先权，占有才可以被界定为优先权。[⑥]

① 参见 Eritrea-Yemen Arbitration，Phase 1：Territorial Sovereignty and Scope of the Dispute，Award，*P.C.A.1998*，p.133，para.475。

② 参见 Eritrea-Yemen Arbitration，Phase 1：Territorial Sovereignty and Scope of the Dispute，Award，*P.C.A.1998*，p.135，para.482。

③ The Island of Palmas（United States of America v. the Netherlands），Award，*P.C.A.1928*，p.34.

④ 参见 Eritrea-Yemen Arbitration，Phase 1：Territorial Sovereignty and Scope of the Dispute，Award，*P.C.A.1998*，pp.31-32，para.105。

⑤ 参见 Eritrea-Yemen Arbitration，Phase 1：Territorial Sovereignty and Scope of the Dispute，Award，*P.C.A.1998*，p.32，para.106。

⑥ 参见 Eritrea-Yemen Arbitration，Phase 1：Territorial Sovereignty and Scope of the Dispute，Award，*P.C.A.1998*，p.32，para.107。

（四）历史性权利作为习惯国际法的证据表现之三：司法判例

不仅国际法院，而且区际法院及国内法院都有与历史性权利有关的案例。

1. 国际法院案例

（1）英挪渔业案

英挪渔业案是国际法院直接讨论历史性权利较详细的案例之一。该案案情大致如下：英国长期以来在挪威海岸外的海域捕鱼，自17世纪以来，英国就经常在捕鱼方面与挪威（当时是丹挪王国）发生争执。1911年后，英挪两国还发生过几次捕鱼争端。1933年，英国向挪威政府提出一份备忘录，指责挪威在划定领海基线上所采用的方法不合法。1935年7月12日，挪威颁布一项国王诏令，宣布北纬26度28分8秒以北的海域为挪威专属渔区。根据该诏令，挪威以其外缘的高地、岛屿和礁石的48个点为基点，连成直线基线，宣布基线向海一面4海里的海域为挪威的专属渔区。诏令颁布后，英挪两国进行了多次谈判，但没有结果。在1948年至1949年，英国很多渔船被挪威拿捕。最终双方纠纷以司法方式得以解决。[①]

该案涉及的主要争议点是挪威的划界制度是否符合国际法规则。国际法院认为，挪威有权采用直线基线作为一般国际法的具体适用。[②]该案同时涉及历史性权利问题，为了回答历史性权利的存在及其对英国的约束力，国际法院用较大的篇幅进行了说明，具体可将其归纳为以下两点。

第一，历史性水域和历史性权利（所有权）概念的提出及其是否是国际法一般规则。

在诉讼过程中，英国和挪威双方均提出了历史性权利的概念。挪威认为它在1935年7月12日制定的法令序言中就列明了划界制度所依据的理由：①根深蒂固的国家权利；②当时挪威海岸的地理情况；③出于对挪威最北部居民重要利益的保障。此外，1935年的法令还是以1812年2月22日、1869年12月16日、1881年2月5日和1889年9月9日挪威国王的敕令为基础作出的。[③]挪威提出1935年的法令是传统的划界方法的适用并且宣称其符合国际法规则。挪威指出："挪威政府不是以历史来支持其例外性权利，挪威是用历史和其他因素一起来说明它采用的方法是符合法律的。"[④]国际法院认定："挪威政府的历史性权利的概念与它对一般国际法的理解是一致的。在它看来，这些国际法的

① 参见陈致中编著：《国际法案例》，北京：法律出版社1998年版，第191~192页。

② 参见 Fisheries case（United Kingdom v. Norway），Judgment，*I.C.J. Reports 1951*，p.131。

③ Fisheries case（United Kingdom v. Norway），Judgment，*I.C.J. Reports 1951*，p.125.

④ Fisheries case（United Kingdom v. Norway），Judgment，*I.C.J. Reports 1951*，p.133.

基本规则在制定时已经将事实的多样性考虑了进去，因此，国际法承认基线的划定可以根据各个不同地区的具体情况而定。”① 在英国看来，挪威主张的历史性权利是国际法规则的例外。挪威可以依据“其已经在其他国家没有异议的情况下对这些水域进行了相当长时间的管辖，即通过时效，而使所涉水域成为其领海或内水。尽管这种做法有违一般国际法，但是仍然应该被认可。挪威对这些海域的主权构成了一种例外，否则历史性权利的正当性就和国际法产生冲突了”②。在英国看来，挪威有权将这些水域宣告为历史性水域的基础和依据是英国政府代理人在他的口头答辩结尾处的第 5 点、第 9（a）点和第 11 点结论，还有替代结论Ⅱ。③

法院对“历史性水域”的定义是：“‘历史性水域’通常是指被视为内水的水域，但是如果没有历史性权利（所有权），这样的水域就并不是内水。”④ 这一定义是该案对历史性权利的一个贡献。在强调挪威海岸的特殊性质后，国际法院指出：“在这些贫瘠的地区，沿岸居民主要通过渔业来谋生。”⑤ 国际法院考虑到直线基线方法——被法院认可的适用于挪威海岸特点的划界方法——是否适用于不具有海湾特点的海域。因此国际法院指出，英国主张挪威只能在海湾采取直线基线法的观点法院是无法认同的。如果领水带的水域划界必须遵循岛屿（即“石垒”，包括岛屿、小岛、岩石和暗礁）的最外缘点，同时如果在某些情况下直线基线法必须被承认，那么这种只有在海湾才能采用直线基线的做法是没有理由的。⑥ 国际法院同样驳回了直线基线划界法最大适用长度为10海里的观点：“……尽管 10 海里的规则已经被一些国家在它们的法律、协议和习惯里采用了，尽管某些仲裁裁决已应用于这些国家之间，但由于其他国家采用了一个不同的限制，所以‘10 海里规则’

① Fisheries Case（United Kingdom v. Norway），Judgment，*I.C.J. Reports 1951*，p.133.

② Fisheries Case（United Kingdom v. Norway），Judgment，*I.C.J. Reports 1951*，pp.130–131.

③ 这些相关的观点包括第5点结论：“以历史为依据，挪威有权宣布所有被定义为国际法海湾概念的峡湾和海峡的这些水域为挪威的领水，不管这些封闭线的长度是多于还是少于 10海里。”第9（a）点结论：“以历史为依据，挪威有权宣布这些海峡和峡湾水域为挪威的领海。”第 11点结论：“挪威基于历史上的原因对这些峡湾和海峡享有所有权，所以有权宣称这些夹杂在岛屿边缘和内陆之间的海湾为自己的内水或者领海。为了认定哪些水域是夹杂在岛屿边缘和内陆领域之间以及这些水域是否是内水或者领水范围，第 6、第 7、第 8和第 9（b）条原则必须被适用于岛屿边缘的水曲部分以及岛屿边缘与内陆之间的水曲部分——这些水域位于水曲部分并具有海湾性质，在封闭线之内，故被认定为内水。那些具有合法依据的位于水曲部分并在合理界线之内的海峡也被认为是领海。”替代结论Ⅱ：“挪威由于历史上对这些海峡和峡湾的长久的控制而有权宣称介于峡湾和挪威大陆之间的区域为其内水。为了确定哪些区域是介于岛屿边缘和大陆中，第 6、第 7条原则必须适用于介于岛屿边缘与大陆之间的水曲区域，这些处于水曲位置的区域必须具备海湾的性质，同时处于合适的封闭线中就可以认为是处于岛屿边缘和挪威大陆之间。”Fisheries Case（United Kingdom v. Norway），Judgment，*I.C.J. Reports 1951*，pp. 121–123。

④ Fisheries Case（United Kingdom v. Norway），Judgement，*I.C.J. Reports 1951*，p. 130.

⑤ Fisheries Case（United Kingdom v. Norway），Judgement，*I.C.J. Reports 1951*，p. 128.

⑥ Fisheries Case（United Kingdom v. Norway），Judgement，*I.C.J. Reports 1951*，p. 130.

不会被视为一般国际法规则。”[①]

一方面，国际法院认为，历史性权利不能成为划界的唯一根据。“除了10海里基线的限制问题，可能还有其他基线的设想。在这种情形下，沿海国似乎更合适去评价这种基于当地情形所做出的选择。”[②] 因此，国际法院无法认同英国政府所言的“挪威的基线制度是对例外制度的承认”的观点。[③] 另一方面，国际法院认为海域划界问题“始终属于国际法问题”，它不能仅仅依赖沿海国的意志。尽管划界确实是由沿海国独自承担的，但国家间划界却都是依照国际法进行的。因此，国际法院指出某些基本的考虑“须阐明一定的标准，尽管这一标准不一定准确，但却可给法院作出裁决提供有力的依据，同时也可以适应纷繁复杂的事实问题”[④]。在这些考虑中，必须提到领海的范围要取决于陆地领土的版图，是陆地赋予沿海国有权取得沿岸水域。为了使边界的制定适应当地的实际需求，一个国家的领土划界必须被给予必要的灵动性，但基线的划定不得在任何明显的程度上偏离海岸的一般走向。

第二，历史性权利的构成要件。该案实际涉及的是挪威行为的一致性及其他国家的态度问题。

首先，关于挪威行为的一致性，英国政府试图证明，挪威政府并没有一直坚持遵循它主张的划界制度。英国提供了三份文件：第一份是1951年10月20日的挪威文件，该文件涉及从1906年到1908年期间，英国的拖网渔船第一次出现在挪威海岸。英国政府指出，1906年6月2日挪威法律所说的禁止外国人捕鱼，仅仅是禁止在“挪威领海”捕鱼，由此可以推断挪威并没有明确的划界方法。国际法院没有接受这个解释，因为该法律的目的是规定禁止捕鱼而非进行精确的领海划界。英国政府所依据的第二份文件是1908年3月24日挪威外交部部长给国防部部长的信件。英国政府认为这封信指出，挪威所坚持的低潮线规则与现在挪威的立场不符。这个解释也未能被国际法院接受，因为英国混淆了其理解的海岸低潮线规则与选择低潮线的一般规则的差别。第三份文件是1908年11月11日由挪威外交部部长寄送给法国临时代办的一份信函，信函内容是挪威是否修改了领海界限的答复。在答复中，挪威外交部部长说：“用挪威的规则进行解释，同时遵循国际法一般规则。外交部的意见是海岸距离应该从低潮线起算，每个不连续被大海环绕的小岛应该视为起算

① Fisheries Case (United Kingdom v. Norway)，Judgement，*I.C.J. Reports 1951*，p. 131.

② Fisheries Case (United Kingdom v. Norway)，Judgement，*I.C.J. Reports 1951*，p. 131.

③ Fisheries Case (United Kingdom v. Norway)，Judgement，*I.C.J. Reports. 1951*，p.131.

④ Fisheries Case (United Kingdom v. Norway)，Judgement，*I.C.J. Reports 1951*，p.133.

点。”[①] 英国政府认为，通过参考“一般国际法规则”，而不是采用自己使用的直线基线法，同时更重要的是通过挪威回复中的“每个不连续被大海环绕的小岛应该视为一个起算点”，挪威政府已经完全偏离了其所述的今天采用的划界方法。[②] 挪威政府回复的要点是挪威关于这个问题的立法从来没有修改过。此外，单单依据一份信函是不可能得出挪威政府已经放弃早先官方文件明确声明的立场这一结论的。国际法院认为不必要纠结于英国政府宣称的在挪威政府的行为中发现的少数几个真实且明显的不确定或者矛盾点。因为这些争议很容易从 1812 年以来长时间的实践的事实和情况中得以解决[③]，而没有必要通过国际法院修正这个结论。“根据这些考虑，同时考虑到缺乏推翻这一划界方法的可信证据，法院必然会继续维持这项从 1819 年开始直到争端产生时一直沿用的划界方法。”[④]

其次，关于其他国家的态度，国际法院认为挪威的划界制度从来没有遭到“来自其他国家的反对”。“挪威颁布的划界法令已经处于没有任何矛盾和争议，同时也没有任何国家有异议的状态中。”[⑤] 而且，正如前文所述，既然这些法令的构成是一种可以统一应用的明确界定的方法，而这种方法本身就获得了一般容忍，历史性权利巩固的基础使其可以具有强制执行力来对抗所有的国家。国际法院指出，外国对挪威做法的一般容忍是一个确凿的事实，在 60 余年间，英国政府对挪威的做法绝没有产生过异议。英国方面不能单就 1911 年发生的“罗伯茨勋爵”（Lord Roberts）事件进行反对，因为这个案件与两个问题都存在联系：一个是 4 海里的限制，另一个是关于挪威在瓦朗厄尔峡湾（Varanger-fjord）上的主权问题，然而这两个问题都不涉及基线的位置。这样看来只有在 1933 年 7 月 27 日备忘录上，英国明确提出了正式抗议。[⑥]

英国政府争论说，挪威的划界方法并不为它所知，因此挪威不能以历史性权利为基础来进行抗辩。国际法院并不能接受这一观点。国际法院主要考虑了以下事实：其一，因为英国作为北海的沿岸国，与该海域的渔业有密切的利害关系，作为传统的海洋强国，

① 参见 Fisheries Case（United Kingdom v. Norway），Judgement，*I.C.J. Reports 1951*，p.137。

② 参见 Fisheries Case（United Kingdom v. Norway），Judgement，*I.C.J. Reports 1951*，p.137。

③ 这些实践包括：第一，在 1934年的 the St. Just 案中，挪威最高法院作出的权威解释，宣布直线基线符合挪威海岸的地理特征且不违反国际法的原则。参见 Fisheries Case，Judgement，*I.C.J. Reports 1951*，p.134。第二，1869年《挪威划界法令》公布两个月后，法国政府要求挪威政府对之进行解释。法国指出挪威的连接基点的直线基线长度超过10海里，违反了基线应是沿着海岸线构造的短线的国际法规范。挪威外交部的回复是，直线基线10海里规则并没有取得国际法的效力，而且也不具有现实基础：由于海岸和海底构成的变化，同样宽度的海湾可能有完全不同的特征。所以，在具体案件中，当地条件、具体实践及公平性才是起决定作用的。挪威海岸的构造与欧洲大多数国家的海岸构造并不相同，在该案件中不可能采取普遍适用的一般规则。参见 Fisheries Case（United Kingdom v. Norway），Judgement，*I.C.J. Reports 1951*，p. 136。

④ Fisheries Case（United Kingdom v. Norway），Judgement，*I.C.J. Reports 1951*，pp. 137–138.

⑤ 参见 Fisheries Case（United Kingdom v. Norway），Judgement，*I.C.J. Reports 1951*，p. 138。

⑥ 参见 Fisheries Case（United Kingdom v. Norway），Judgement，*I.C.J. Reports 1951*，p. 138。

英国对海洋法密切关注，特别是对公海自由的维护密切关注，尤其是1869年法国政府要求挪威就其法令进行解释，英国是不可能不了解此解释的。[①] 其二，在1889年的法令中，挪威在涉及罗姆达尔（Romsdal）和努尔莫勒（Nordmore）两个岛屿的划界问题上已经坚定地向英国反复表现了挪威一方的做法。其三，1882年挪威关于《北海渔业公约》[②] 的态度是一个更有说服力的证据，这一说明曾经引起了英国的注意。

几乎没有任何渔业公约能与包括英国在内的北海沿海国家有如此大的利害关系，但挪威拒绝加入《北海渔业公约》的做法引起了挪威的海洋划界问题，特别是其采用直线基线法进行海湾划界的做法，对《北海渔业公约》采用的基线最大长度划界法进行了挑战。考虑到这一事实，即此前很多年，1869年的法令关于孙默勒（Sunnmore）的划界已经被提出并作为挪威划界方法的示例，所以可以得出一个不容置疑的结论：从那时起，有关挪威海岸水域问题的一切要素都已经被阐述清楚了。英国随后采取了措施确保挪威遵守《北海渔业公约》，这清晰地显示英国是了解该问题的。[③]

鉴于上述考虑，并且在没有令人信服的相反证据面前，国际法院必须持这样的观点："挪威当局从1869年开始持续不断地并未受干扰地使用其划界制度直到争端发生。从国际法的观点来看，现在有必要考虑是否挪威使用的制度遇到任何来自外国的反对……外国对挪威实践的普遍容忍是不争的事实。"[④] 国际法院在其判决中继续阐述："法院注意到这一形势只能随着时间的推移得以巩固，英国政府对此没有保留。事实的显著性、国际社会的一般容忍、大不列颠在北海的立场、英国对该问题的自身利益及其对挪威做法长期的漫不经心，无论如何都确保了挪威执行自己的制度。"[⑤] 按照国际法院的观点，挪威长期连续地实施某一制度和其他国家的普遍容忍一并引起了历史性权利的适用。国际法院于是得出一个结论："……挪威直线基线法特别适用于挪威特别的地理海岸环境，这个方法通过不断充分地长期实践得以巩固，各国政府均认为其并不违反国际法。"[⑥] 所以，国际法院也确认了其他国家的态度不是历史性权利构成的重要因素，但有助于历史性权利的形成。

此外，英国还认为，挪威1935年法令规定的某些基线并没有遵循海岸的总体走向，脱离大陆海岸走向的两个极端的例子是斯维荷尔萨维特（Svaerholthavet）部分（基点11

---

① 参见 Fisheries Case (United Kingdom v. Norway)，Judgement，*I.C.J. Reports 1951*，pp. 138–139。

② 挪威拒绝加入《北海渔业公约》是因为它反对该公约规定的3海里领海和10海里海湾封口线。

③ 参见 Fisheries Case (United Kingdom v. Norway)，Judgement，*I.C.J. Reports 1951*，p. 139。

④ Fisheries Case (United Kingdom v. Norway)，Judgment，*I.C.J. Reports 1951*，p. 138.

⑤ Fisheries Case (United Kingdom v. Norway)，Judgment，*I.C.J. Reports 1951*，p. 139.

⑥ Fisheries Case (United Kingdom v. Norway)，Judgement，*I.C.J. Reports 1951*，p. 139.

和 12 之间）和洛伐维特（Lopphavet）部分（基点 20 和 21 之间）。在分析洛伐维特部分时，国际法院又援引了历史性权利来说明："洛伐维特的盆地是一个难以界定的地理整体，它不能被视为具备海湾的性质。它是由许多被终止于峡湾的水湾分开的岛屿所点缀的广阔水域。它的基线因没有遵循海岸大致的方向而遭到质疑。应该注意到的是，不能要求划界规则如数学般精确。为了准确地适用划界规则，必须考虑偏离海岸整体走向间的关系，不能仅限于检验海岸因素，也不能仅仅依赖大比例尺海图。"[①] 国际法院接着评论道：即使偏离太过明显，必须注意的是挪威政府也是依据历史性权利来主张对洛伐维特的历史性水域的，证据可以追溯到 17 世纪末挪威开始颁发排他性的捕鱼和捕鲸鱼许可证。这些许可证显示这一地区是在挪威的主权管辖之下的……这些古老的特许合同证明了挪威政府的论点，即 1812 年渔业保留区比 1935 年所划定的范围事实上更加宽广。换言之，英国政府曾经承认挪威有比 1935 年法令规定的范围更广的专属渔区。国际法院认为，尽管不能总是确定这些特许合同特定的适用区域，但这些对挪威论点有利的历史资料强化了 1935 年界定的传统的王国居民在渔区享有的权利，这特别反应在洛伐维特这种情况中。因此，在划定边界时考虑到全体居民重要的需求及自古和平使用，这种划定就是合法的，并且在国际法院看来是适当并且有充分理由的。[②]

此外，该案还涉及的问题是历史性权利对划界的影响。国际法院审理该案的大多数法官认为历史性权利应该在海域划界中被考虑：对居民有重要利益并通过自古以来和平使用而建立起来的权利，应当在划定基线时被合法考虑，这是适当而合理的。[③]

最后，国际法院以 10 票∶2 票判决 1935 年 7 月 12 日挪威国王诏令划定渔区的方法没有违反国际法，以 8 票∶4 票判决挪威直线基线方法划出的基线没有违反国际法。该案判决作出时，海科沃斯（Hackworth）指出他同意判决，但是他希望强调他之所以同意判决是因为他认为挪威政府已经证明了争议水域历史性权利的存在。[④]

（2）印度尼西亚与马来西亚的利吉丹岛和西巴丹岛主权争端案

在印度尼西亚与马来西亚的利吉丹岛和西巴丹岛主权争端案中，菲律宾递交请求书，请求准许其参加此案，其中提到的理由包括：为了保护和捍卫菲律宾对北婆罗洲领土的统治和主权而产生的历史性权利和法律权利，只要这些权利因为国际法院对利吉丹岛和西巴

① Fisheries Case（United Kingdom v. Norway），Judgement，*I.C.J. Reports 1951*，pp. 141–142.

② Fisheries Case（United Kingdom v. Norway），Judgement，*I.C.J. Reports 1951*，p. 142.

③ 参见 Fisheries Case（United Kingdom v. Norway），Judgement，*I.C.J. Reports 1951*，p.142。

④ Fisheries Case（United Kingdom v. Norway），Judgement，*I.C.J. Reports 1951*，p.144.

丹岛主权问题的判决受到或可能受到影响；告知法院因法院的判决可能使菲律宾主张的历史性权利和法律权利受到影响的性质与程度等。[①] 印度尼西亚和马来西亚向国际法院提出反对菲律宾参加的请求，国际法院也认为菲律宾未能使国际法院确信菲律宾的特定利益会因该案的审理结果受到影响，最后国际法院拒绝了菲律宾提出的参加诉讼的请求。[②] 很明显，菲律宾是以历史性权利为根据请求参加该案的，也说明菲律宾是承认历史性权利的。

（3）冰岛与英国和德国的渔业管辖权案

冰岛与英国和德国的渔业管辖权案起因于冰岛将自己的专属渔区从12海里扩大到50海里，导致外国渔船不能在该海域捕鱼。因此，英国和德国与冰岛就渔业管辖权问题产生争议。国际法院判决冰岛无权单方面排除英国和德国渔船在该海域的活动，英国和德国承担善意谈判的义务以商定在该海域的各自的渔业权利，谈判应考虑到以下问题：冰岛有权优先取得其国民赖以维持生活和经济发展的沿海渔业部分；英国和德国为了国民生活及经济福祉而依赖上述海域确立的开发渔业资源的权利也应得到尊重。[③] 可见，按照国际法院的判决，双方在特定海域的历史性权利都应得到尊重。

（4）突尼斯与利比亚大陆架划界案

突尼斯与利比亚大陆架划界案案情如下：突尼斯和利比亚是地中海南岸的两个相邻的国家。两国共同毗邻于地中海南部的帕拉吉海的大陆架上，都根据自然延伸原则确定大陆架的范围。由于延伸的走向互相重叠，因此两国发生大陆架边界争端。两国于1977年6月10日签订特别协定，把争端提交国际法院解决。在划界原则上，双方强调一国划界不应该侵犯另一国陆地领土的自然延伸，划界应根据公平原则，并考虑所有相关情况。[④] 在对自然延伸进行考虑时，国际法院的结论是，由于构成利比亚自然延伸的佩拉杰地块（Pelagian Block）的海底区域恰巧也是突尼斯的自然延伸部分，利比亚和突尼斯都从两国领土共有的这一自然延伸中推演出各自对大陆架拥有主权，所以确定两国所属的大陆架区域的范围应当受国际法标准的支配，而不受其自然特征的标准影响。[⑤] 而且国际法院还注意到，在当事国向国际法院提交的争论中都提到了与自然延伸原则有关的公平原则，

---

① Sovereignty over Pulau Ligitan and Pulau Sipadan (Indonesia/Malaysia), Application for Permission to Intervene, Judgment, *I.C.J. Reports 2001*, p.580, para.7.

② Sovereignty over Pulau Ligitan and Pulau Sipadan (Indonesia/Malaysia), Application for Permission to Intervene, Judgment, *I.C.J. Reports 2001*, p.607, para.93.

③ Fisheries Jurisdiction (United Kingdom v. Iceland), Merits, Judgment, *I.C.J. Reports 1974*, p. 34, Para.79; Fisheries Jurisdiction (Federal Republic of Germany v. Iceland), Merits, Judgment, *I.C.J. Reports 1974*, pp.205–206, para.77.

④ 参见 Continental Shelf (Tunisia/Libyan Arab Jamahiriya), Judgment, *I.C.J. Reports 1982*, pp.32–34, paras.15–16。

⑤ 参见 Continental Shelf (Tunisia/Libyan Arab Jamahiriya), Judgment, *I.C.J. Reports 1982*, p.58, para.67。

国际法院认为应在公平原则的基础上判决此案，并对公平原则进行了解读，认为公平原则的结果必须是最重要的，公平原则必须从属于目标，即公平原则强调结果公平。但公平原则的适用要与以“公允善良”为基础作出的判决区别开来。[①]根据“公允善良”为基础进行判决，国际法院可以不严格适用法律规定，但国际法院在该案中的任务完全不同，它有义务把公平原则当作国际法的一部分来运用，并有义务权衡各种不同的相关情况，以得到公平结果。[②]国际法院权衡的相关情况之一就是突尼斯主张的历史性权利。国际法院注意到，突尼斯在三个方面强调它的历史性权利：第一，突尼斯依据历史性捕鱼权主张划界在任何一点上都不应侵犯突尼斯拥有的历史性权利的区域。第二，作为海上边界的ZV45°线，是以在该线确定的区域内行使权利方面的立法和实践为根据的。第三，在固定渔场捕捉洄游鱼类的权利，被作为划出直线基线以测算领海的理由。[③]

在该案中，国际法院对历史性权利做了如下解析：第一，历史性权利应该受到尊重，并且保留其长期运用的原貌。在这一方面，可以忆及1958年联合国第一次国际海洋法会议通过的名为《历史性水域制度》的决议，该决议要求联合国大会安排研究这一问题。1959年，联合国大会通过一项决议，要求国际法委员会着手研究“历史性水域（包括历史性海湾）的法律制度”。在联合国第三次国际海洋法会议提出的公约草案中也没有任何关于“历史性水域”制度的规定，但是它以一种对草案中的规定保留的形式，提到了“历史性海湾”“历史性所有权”或历史性原因。看来很清楚，这一问题仍然受一般国际法支配。一般国际法没有为“历史性水域”和“历史性海湾”规定单独的制度，而只是为每一个具体的、公认的“历史性水域”或“历史性海湾”案件进行了“规定”。[④]第二，历史性权利与大陆架的关系。国际法院认为，历史性权利或历史性水域和大陆架的概念是由习惯国际法中不同的法律制度调整的。第一个制度以领土的取得和占领为根据，第二个制度以“根据事实本身和自始占有”的权利的存在为根据。毫无疑问，二者有时可能部分地或全部地重合，但这种重合只是很偶然地才会出现。正如突尼斯的情况，它的捕鱼区包括其大陆架的入口处，仅此而已。有可能突尼斯的历史性权利和所有权与专属经济区概念有更加密切的联系，但是突尼斯并没有选择把自己的要求建立在这个概念的基础上。[⑤]第三，历史性权利在划界中的适用情况。国际法院认为，突尼斯的历史性权利问

① 参见 Continental Shelf (Tunisia/Libyan Arab Jamahiriya), Judgment, *I.C.J. Reports 1982*, p.59, para.70。
② 参见 Continental Shelf (Tunisia/Libyan Arab Jamahiriya), Judgment, *I.C.J. Reports 1982*, p.60, para.71。
③ 参见 Continental Shelf (Tunisia/Libyan Arab Jamahiriya), Judgment, *I.C.J. Reports 1982*, p.75, para.102。
④ 参见 Continental Shelf (Tunisia/Libyan Arab Jamahiriya), Judgment, *I.C.J. Reports 1982*, pp.73–74, para.100。
⑤ 参见 Continental Shelf (Tunisia/Libyan Arab Jamahiriya), Judgment, *I.C.J. Reports 1982*, p.74, para. 100。

题在许多方面可能与该案的决定有关，但国际法院在依次审查每一个相关的问题后，认为没有必要继续谈论历史性权利作为基线的正当理由问题。当国际法院认为妥当的划界方法可能侵犯历史性权利区域的时候，国际法院才不得不根据大陆架划界的情况来决定这些权利的有效性以及利比亚对这些权利的可反对性。[①]可见，国际法院最后依据公平原则进行了划界，但其中对历史性权利进行了阐释，之所以没有依据历史性权利划界，不是因为不能依照其划界，而是因为该案判决的结果基本上没有使突尼斯失去它基于历史性权利主张的区域。阿查格（Arechaga）法官的独立意见指出："历史性因素能够作为大陆架划界'特殊情况'加以考虑。"[②]

此外，在涉及领海划界且争端当事国均为《联合国海洋法公约》缔约国时，《联合国海洋法公约》第15条涉及的"历史性所有权"及"特殊情况"对"等距离中间线"的突破必然能够适用。如在国际海洋法法庭受理的首例海洋划界案"孟加拉国与缅甸的海洋争端案"中，国际海洋法法庭认为在划界区域没有历史性所有权的证据，并且任何当事方也没有援引这一权利。[③]该案例可以说明，国际海洋法法庭之所以没有适用历史性权利，是因为该案中不存在这样的权利，而不是因为国际海洋法法庭不承认国际法中有这类权利。再如，就历史性捕鱼权对划界的影响而言，在缅因湾案中，涉及加拿大和美国在该湾的大陆架和专属渔区的划界问题，加拿大主张适用等距离原则，美国主张用公平原则和考虑一切有关情况，其中包括美国在该湾的传统捕鱼权。国际法院分庭没有采纳双方的立场。对于美国的主张，国际法院分庭认为美国主张的持续的捕鱼活动实际上是位于湾口封闭线以外的，属于公海的范围，是包括美国渔民及加拿大渔民在内的各国渔民自由捕鱼的范围，而且事实上更多是美国以外的其他国家的渔民在此捕鱼。[④]所以，国际法院分庭没有支持美国的主张是认为这种历史性是不能成立的，并不是认为不存在历史性捕鱼权。

此外，印度领土通行权案也是涉及历史性权利的案例，该案具体情况已在本书第一章中说明，此处不再复述。

2. 区际法院的判例

中美洲法院审理的丰塞卡湾案是典型的案例。如前所述，该湾历史上是中美洲联邦

---

① 参见 Continental Shelf（Tunisia/Libyan Arab Jamahiriya），Judgment，*I.C.J. Reports 1982*，p.76，para. 105。

② Continental Shelf（Tunisia/Libyan Arab Jamahiriya），Separate Opinion of Judge Jimenez De Arechaga，Judgment，*I.C.J. Reports 1982*，p.123，para.80.

③ Dispute Concerning Delimitation of the Maritime Boundary Between Bangladesh and Myanmar in the Bay of Bengal（Bangladesh/ Myanmar），Judgement，*ITLOS 2012*，p.46，para.130.

④ Delimitation of the Maritime Boundary in the Gulf of Maine Area，Judgment，*I. C.J. Reports 1984*，p.341，para.235.

共和国的历史性海湾，但后因中美洲联邦共和国解体，该湾的历史性海湾地位由沿岸的尼加拉瓜、洪都拉斯和萨尔瓦多继承。该湾长 19 海里，通过尼加拉瓜科西圭纳（Cosiguinia）海角和阿马帕拉（Amapala）海角之间湾口的距离是 19.5 海里。美国和尼加拉瓜 1914 年 8 月 5 日签订协议，尼加拉瓜赋予美国在尼加拉瓜领土的一部分——丰塞卡湾享有 99 年的某些权利及建造通海运河的某些权利。萨尔瓦多强烈抗议美国和尼加拉瓜签订的协议的有效性，并将争端递交中美洲法院。在中美洲法院 1917 年 3 月 9 日作出的判决中，一致认为争议海湾是一个“拥有封闭海性质的历史性海湾”。[①]

中美洲法院指出了其判决丰塞卡湾为历史性海湾的依据：为了明确丰塞卡湾的法律地位，有必要从海湾的历史、地理和周边国家的切身利益角度来明确海湾的特点。在近 400 余年的过程中，周边国家已在海湾行使排他的历史性权利是不容置疑的。第一，从 1522 年海湾被发现到其被并入西班牙的财产，到 1821 年中美洲国家宣布独立后洪都拉斯、萨尔瓦多和尼加拉瓜等国建立中美洲联邦共和国，再到中美洲联邦共和国在 1939 年解体后萨尔瓦多、洪都拉斯和尼加拉瓜又分别成为单一国家，在中美洲政治史上的这三个时期，代表当局明显地肯定他们对丰塞卡湾地区和平地享有所有权、和平进行占有，没有任何国家提出抗议或反对，同时为维护其政治组织和治安的目的，颁布实施国家安全、维护健康的法律及财政法规。对海湾现实地占有只能通过国际社会的默许来保持。在此情况下，共识不是从部分国家的消极态度中推测出的，因为某些大国的外交历史表明，半个多世纪以来，以商业政策为目的，它们一直在寻求在丰塞卡湾地区建立自己的权利，但这种权利一直是以尊重国家基于主权获得的所有权和占领为基础的。[②] 第二，在利益方面，中美洲法院进一步指出，上述描述说明了丰塞卡湾涉及的利益是多么重要，而且如果这些利益在构成一个“历史性海湾”的要素方面的价值是无法估量的，那么有其他因素就更能明显决定海湾的法律地位：①洪都拉斯修建的铁路将贯穿大洋间的交通，开发国家的绝大多数地区。其终点站与码头等将很可能被设在离海湾沿岸地区最近的一个主要岛屿上。②萨尔瓦多控制的铁路地段起于拉乌尼翁（La Union）港口，穿过萨尔瓦多重要和富裕的地区，与在萨尔瓦多边境线上的危地马拉的路线连接。③奇南德加（Chinandega）铁路预计延长到丰塞卡湾的瑞尔（Real）河口，加快与尼加拉瓜内部更频繁的交流。

① Judicial Decisions Involving Questions of International Law (Republic of El Salvador v. Republic of Nicaragua)，Central American Court of Justice，*America Journal of International Law*，1917，11，p. 693.

② Judicial Decisions Involving Questions of International Law (Republic of El Salvador v. Republic of Nicaragua)，Central American Court of Justice，*America Journal of International Law*，1917，11，pp. 700–701.

④萨尔瓦多政府在敏格拉（Meanguera）岛建立一个自由港。⑤海湾被沿岸三个国家的不同和广泛的地区包围。这些地区都是非常重要的，因为它们从来就是重要的商业、工业和农业发展区；它们的产品必须通过丰塞卡湾出口，而且日益增加的进口也必须通过该海湾。丰塞卡湾的地形和其他条件便利了财政法律、法规的执行，并保证防止财政欺诈行为以对关税全额征收。⑥丰塞卡湾和岛屿的战略形势是如此有利，沿岸国可以捍卫自己的巨大利益，前提是以保卫它们的独立和主权为目的。因此，从上述段落中阐述的事实可以很明显地推断出丰塞卡湾属于特殊的历史性海湾，该湾是萨尔瓦多、洪都拉斯和尼加拉瓜的专有财产；在理论上它结合了所有国际法学者、国际法机构和先例所涉及的历史性海湾的特征，即和平和持久地占有及其他国家的默认是沿海国获得权利必不可少的特征或条件。特殊的地理保护着沿岸国至关重要的商业、农业和工业命脉，那些国家基于原始的权利和国防利益尽可能充分地占有海湾就是绝对和必然的。[①]可见，中美洲法院在评价该湾的法律地位时承认了沿岸国的“重要利益”，但是，这并不是决定该湾法律地位的重要因素，沿岸国长期以来对丰塞卡湾行使主权及他国的容忍才是其具有历史性海湾地位的根据。

根据审理该案的法官多数表决，中美洲法院认为，丰塞卡湾是一个拥有封闭海性质的历史性海湾，除沿岸领海是每个国家专有财产外，萨尔瓦多、洪都拉斯和尼加拉瓜的三个沿岸国家共同拥有海湾水域。[②]

后来，在1992年国际法院作出判决的萨尔瓦多和洪都拉斯陆地、岛屿、海洋边界争端案中，再次提及了丰塞卡湾的地位。国际法院认为沿岸三国均认为具有封闭海性质的丰塞卡湾是历史性海湾，因此没有必要加以改变。[③]但是，虽然该湾作为历史性海湾具有内水地位，但其与一般的内水地位有所不同。正常的内水制度不适用无害通过制度，但在丰塞卡湾中，沿岸国对各自3海里内的水域有专属权，但三国之间的船舶在对方3海里水域允许无害通过；沿岸3海里以外的海域，三国享有共有权，且在3海里外的湾内，三国间的船舶也适用无害通过制度。[④]国际法院强调“3海里的海岸带是通过实践牢固确立起来的”。[⑤]这实质是肯定了历史性权利的存在。事实上，丰塞卡湾的历史性海湾地位

---

① Judicial Decisions Involving Questions of International Law (Republic of El Salvador v. Republic of Nicaragua), Central American Court of Justice, *America Journal of International Law*, 1917, 11, pp. 704-705.

② Judicial Decisions Involving Questions of International Law (Republic of El Salvador v. Republic of Nicaragua), Central American Court of Justice, *America Journal of International Law*, 1917, 11, p.716.

③ Case Concerning The Land, Island and Maritime Frontier Dispute(El Salvador/Honduras: Nicaragua intervening), Judgemtnt, *I.C.J. Reports 1992*, p.593, para.394.

④ Case Concerning The Land, Island and Maritime Frontier Dispute(El Salvador/Honduras: Nicaragua intervening), Judgemtnt, *I.C.J. Reports 1992*, pp.616-617, para.432.

⑤ Case Concerning The Land, Island and Maritime Frontier Dispute(El Salvador/Honduras: Nicaragua intervening), Judgemtnt, *I.C.J. Reports 1992*, p.592, para.392.

也说明了一国领土变更并不会对历史性海湾的地位进行改变。

3. 国内法院的判例

2005年作出判决的阿拉斯加州诉美国政府案是较典型的国内法院作出的涉及历史性权利的案例。在该案中，阿拉斯加州主张亚历山大水域为历史性内水。由于美国认为一个州政府要想提出历史性水域的主张，它必须证明美国联邦政府对此区域行使着管辖权，同时，这种管辖权的行使必须是持续性的且得到其他国家默认的，主权的行使必须是指“排除所有外国籍船舶包括进行无害通过的船舶”①，因此整个案件的审理是按照此思路进行的。

阿拉斯加州提出了不同时期的证据来证明亚历山大水域是其历史性内水，特别主事官逐一进行审查并得出结论。

（1）阿拉斯加州提出的第一份证据是俄罗斯对亚历山大水域享有主权时期（1821—1867年）的事件。阿拉斯加州认为这一时期的事件与该案相关，因为当俄罗斯在1867年将阿拉斯加领土割让给美国时，“美国因此获得俄罗斯对一切占有物的管辖权。”②1824年，美国和俄罗斯签订一份协议，特别提及俄罗斯给予美国船只在往后10年“以捕鱼和与本国居民贸易为目的，无论在亚历山大群岛的内海、海湾、海港、小河上，无障碍地通行”的权利。③阿拉斯加州认为美国和俄罗斯签订的协议证明“俄罗斯的主张延伸至整个亚历山大群岛”④，所以俄罗斯将亚历山大群岛水域当成内水。随着美国和俄罗斯签订的协议给予美国船只10年权利的届满，俄罗斯在美—俄边界的南部安放了一艘双桅横帆船“契查格夫”（the Chichagoff）号。阿拉斯加州暗示俄罗斯这样做的目的是排除任何其他国家船只进入亚历山大群岛水域的可能性。特别主事官对诸多事件进行审查后，认为阿拉斯加州引证的俄罗斯统治时期的事件，没有一个能够支持在1867年将阿拉斯加割让给美国前，俄罗斯将亚历山大群岛水域视为内水。⑤

---

① United States v. Alaska，422 U.S.184，197，95 S.Ct. 2240，45 L.Ed.2d 109.

② Alaska（Cook Inlet），422 U.S.，at 192，n. 13，95 S.Ct. 2240.

③ 参见 Art.4，8 Stat.304（1825）。

④ Alaska v. U. S.，545 U.S. 84（2005）.

⑤ 特别主事官审查的第一个事件是契查格夫（Chichagoff）事件：“根据查牧博（Zarembo）上尉的命令，将‘契查格夫’送至靠近南部边界线 54度40分的汤加斯（Tongas），这样做的目的是为拦截进入殖民地内水的外国船只，兰格尔（Wrangell）要给其船长递送条约条款届满的书面通知，六份给美国船只，三份给英国船只。”特别主事官认为在本段描述中并未看到有任何证据能指出俄罗斯通过“契查格夫”的行动，排除外国船只在亚历山大群岛水域的无害通过权。通过给予1824年条约权利届满的书面通知，契查格夫提醒美国船员，他们不再享有与当地居民自由贸易的权利，或者是“无任何障碍地”接近大炮射程内的俄罗斯土地的权利。因此俄罗斯并未主张更广泛的权利以排除只是进行无害通行的船只。阿拉斯加州提交的证据是，1836年，当美国船只“劳瑞特”（Loriot）号在亚历山大群岛水域内航行时，遭俄罗斯军队逮捕并强制登船，并命令“劳瑞特”“离开俄罗斯管辖的水域”。因为“劳瑞特”并没有进行无害通过，所以，这一事件也并不能成为俄罗斯将亚历山大群岛水域视为内水的证据。“劳瑞特”号船的任务，正如由国务院一个行政官员写给在圣彼得堡的美国公使馆的信函所言：“为了实现条款规定，去访问美国的西北海岸，同时，是为了印第安人在该海岸射猎海獭。”事实上，俄罗斯没有也不能主张排除船舶仅仅从事无害通过的权利。参见 Alaska v. U.S.，545 U.S. 84-86（2005）。

（2）阿拉斯加提供的第二份证据是早期美国对亚历山大水域享有主权时期（1867—1903 年）的事件。1886 年，时任美国国务卿百亚德（Bayard）就美国在其东北部和西北部海岸领海的界限问题写了一封信给时任美国财政部部长丹尼尔·曼宁（Daniel Manning），指出美国国务院围绕两个海岸边缘岛屿的水域的立场是，那些岛屿的统治者只能就距每个岛屿海岸 3 海里范围主张领海。据百亚德解释，当声明 3 海里领海带时，美国既不否认其他国家的船只以和平目的自由通过该水域，也不否认当遭受必需品需求时，从岸上获得救济的权利。[①] 根据百亚德所述，美国国务院的立场是经过周密考虑的，根源在于互惠原则和一贯的国家实践："我们坚持的这些权利容许我们的渔民在属于英国统治下的东北海域捕鱼，我们不能将西北海岸让与别人，因为那是归美国统治的地方。我们主张对西北海域的管辖，以此来反对俄罗斯对其边缘 3 海里外的水域行使管辖权。我们不能针对其他国家声称我们对从俄国购买的阿拉斯加以外的海域主张更大的管辖权。"[②] 阿拉斯加州反驳称百亚德的信与自己的主张并不相关，原因是它是内部通信，主要强调的是东海岸的争端，因此它并没有对任何其他国家宣布美国已经放弃对亚历山大群岛的权利主张。特别主事官认为阿拉斯加州的主张不具有说服力，因为百亚德的信并不能降低其对于阿拉斯加海岸主张的明确性。其他国家可能会真的不知晓时任美国国务卿百亚德的信（虽然该信随后公开发表于美国的国际法文摘，这让我们有理由相信该信内容能够被人获知），即使如此，他的信仍然能够提供强有力的证据证明，1886 年时美国并没有声称排除所有外国船只在亚历山大群岛水域通行的权利，而且美国也无意这样做。[③]

（3）阿拉斯加州提供的第三个用来证明亚历山大群岛水域是历史性内水的主张的强有力的证据是 1903 年由美国提起的一个仲裁程序。这个仲裁程序是由阿拉斯加边界仲裁庭裁决的，此次裁决主要是解决美国和英国之间关于在阿拉斯加东南部和加拿大之间的陆地疆界问题。特别主事官最后的结论是，美国提交给法庭的意见书"并不能成为反对亚历山大群岛水域行使管辖权的充足证明"。特别主事官注意到，1903 年仲裁裁决的问题不是亚历山大群岛水域地位问题，而是在阿拉斯加东南部和加拿大之间的陆地疆域问题。美国关于亚历山大群岛地位的宣言中的七份书面记录中仅有几段话是有关亚历山大群岛地位的，仅因为这些原因就能让法庭确信美国的做法已让英国以外的其他国家注意到美国已对该水域行使了排他性权利这是不切实际的。阿拉斯加州回应说，特别主事官

① 参见 John Bassett Moore，*Digest of International Law*，Washington：Government Printing Office，1906，Vol. 1，p.721。
② 参见 John Bassett Moore，*Digest of International Law*，Washington：Government Printing Office，1906，Vol. 1，pp. 720–721。
③ 参见 Alaska v. U.S.，545 U.S. 87–88（2005）。

得出的美国在1903年的意见书不能使除英国之外的其他国家注意其主张的结论是不正确的，阿拉斯加州主张，挪威认可了美国的意见书并且在之后的英挪渔业案中引用了这份意见书。但是，正如特别主事官解释的，一个国家在相关问题的诉讼中发现了美国主张并不意味着该国本应知道美国的立场。如果法院根据非海洋边界诉讼中的意见来识别历史性内水问题的话，美国自己将会频频受到限制公海自由的其他国家提起的相同的诉讼。法院不愿意去创造一个会产生这种影响的先例。①

（4）后期美国享有主权时期（1903—1959年）有关的事件。阿拉斯加州认为美国通过在20世纪前半叶颁布和施行的针对亚历山大群岛的渔业法规来宣称对该水域的控制。尤其是阿拉斯加州引用了禁止其他国家的人“在阿拉斯加的任何水域”进行商业捕鱼活动的《1906年外国人捕鱼法案》②，还援引了1924年由美国海岸警卫队捕获加拿大“玛格丽特”（Marguerite）号船的案例，这艘船的船长因为捕鱼违反《1906年外国人捕鱼法案》被处以100美元的罚款，这些都确认了亚历山大群岛水域的内水地位。③

特别主事官得出的结论是，从历史的角度来讲，俄罗斯和美国并没有在阿拉斯加群岛水域主张过此种必要的管辖权。而阿拉斯加州所提供的证据，包括俄罗斯和早期美国发生的事件及美国在1903年仲裁程序中的主张，均不足以证明其对阿拉斯加群岛享有持续性的、排他性的管辖权，也不足以证明其管辖权的主张得到了他国的承认，更不足以支撑阿拉斯加群岛是历史内水的主张。④可见，该案可以说明之所以阿拉斯加州的主张未

① 参见 Alaska v. U.S.，545 U.S. 88–90（2005）。

② 34 Stat. 263.

③ 参见 Alaska v. U.S.，545 U.S. 88–90（2005）。

④ 参见 Alaska v. U.S.，545 U.S. 91–92（2005）。需要注意的是，阿拉斯加州后来又提出一个替代性理论来证明将亚历山大群岛附近水域被认定为内水是正当的。该替代性理论提出，亚历山大群岛水域事实上由两块广阔但是还未被注意到的法律意义上的海湾构成。具有法律意义的海湾内的水域被视为内水。特别主事官认为只有在亚历山大群岛的四个岛屿——库岛（Kuiu Island）、库瑞岛（Kupreanof Island）、米克岛（Mitk of Islandand）及干岛（Dry Island）——都被认为彼此相连并与大陆相连时，阿拉斯加州主张的法律上的海湾才会存在，特别主事官承认这种大陆边缘岛屿的“一体化”是可能的。在一些特殊的案例中，“一个岛屿或一群岛屿与大陆相连得如此紧密以至于他们事实上构成海湾的一部分。”如果阿拉斯加州的主张被接受，四个岛屿在结构上将形成一个半岛，它延伸自大陆，将亚历山大水体一分为二。为了支持这一说法，阿拉斯加州将这部分假设的半岛的水体的南北分别称为南湾和北湾。如果要接受阿拉斯加州的假设性半岛理论，需要解决根据《联合国海洋法公约》，南湾和北湾是否事实上具有法律上海湾的资格的问题。法律上的海湾是指明显的水曲，其凹入程度和曲口宽度的比例，使其有被陆地环抱的水域，而不仅为海岸的弯曲。但水曲除其面积等于或大于横越曲口所画的直线作为直径的半圆形的面积外，不应视为海湾。可见，海湾定义包括多个条件。某一水域如要构成海湾，首先必须确定这个水域是否满足“明显的水曲”这一条件。然后还必须确定，这个水曲的区域是否满足数学意义上的“半圆”的条件。在充分听取了当事方的论证后，特别主事官建议法院驳回阿拉斯加州的替代性理论。特别主事官首先就四个岛屿一体化问题的适当性进行了细致的评估，因为这四个岛屿是否构成半岛是阿拉斯加主张的理论能否成立的关键。特别主事官得出的结论是，仅此一体化问题的主张“不足以创造一个阿拉斯加州所宣称的法律上的海湾”。特别主事官认为，即便阿拉斯加州的假设性半岛理论被接受，南湾和北湾也都不能满足海湾所具备的“明显的水曲”这一标准。要成为明显的水曲，水域必须拥有一些物理特征，该特征能使海员在看到没有描绘海湾封闭线的海图时，仍能识别出海湾的边界并因此能够避免非法入侵他国内水。阿拉斯加州的假设性海湾并不拥有这些特征。由于阿拉斯加州所宣称的海湾仍然不能取得“明显的水曲”的资格，阿拉斯加州的主张没有被支持。参见 Alaska v. U.S.，545 U.S. 92–96（2005）。

被承认，是因为其主张不符合历史性权利的构成要件。

（五）历史性权利作为习惯国际法的证据表现之四：国内立法和实践

1. 国内立法

立法是一国国家意志的明确体现，一些国家在其立法中明确提出历史性权利主张，这其中就包括南海周边国家。

（1）越南

1982年11月12日越南颁布的《关于领海基线的声明》的第三点声明指出："北部湾是位于越南与中国之间的海湾；两国在该海湾的海上边界，依照1887年6月26日法国与中国清政府签订的边界条约划定"，"属于越南的海湾部分构成历史性水域，受越南内水管辖制度调整"。① 越南的这一声明出台后，不仅受到新成立的民主柬埔寨联合政府的反对，中国也不承认北部湾为越南的历史性水域。② 1887年的中法《续议界务专条》只是规定"中越陆界谈判及其向附近岛屿的延伸"，越南对北部湾的主张不符合历史性水域的构成要件，包括越南及法国均未对其实行内水制度，越南也未对其实施有效管辖，也无连续行使主权的根据。③ 但不能否认的是，越南也是积极主张历史性权利的国家，只不过其权利主张因不合法而未被承认。

（2）菲律宾

菲律宾于1961年6月17日颁布的《菲律宾界定领海基线的法令》，开宗明义地指出，《菲律宾宪法》规定其领土包括根据1898年12月10日美国与西班牙缔结的《巴黎和约》、1900年11月7日美国与西班牙在华盛顿缔结的条约和1930年1月2日美国与英国缔结的条约所涉领土及菲律宾行使管辖权的全部领土。④ 菲律宾以此为依据将中国南海大片海域宣布为其"历史性领海"，但这一主张很快遭到美国的反对。⑤ 菲律宾的这一做法也说明，它是主张历史性权利的。再如，20世纪70年代，菲律宾在侵占南沙群岛的部分岛礁后，其总统签署的第1596号总统令中认为菲律宾将侵占的岛礁编入其巴拉望省就是基于"法

---

① Statement of 12 November 1982 by the Government of the Socialist Republic of Vietnam on the Territorial Sea Baseline of Vietnam，http：//www.un.org/Depts/los/LEGISLATIONANDTREATIES/PDFFILES/VNM_1982_Statement.pdf，访问日期：2015年3月2日。2000年12月25日签署的《中越北部湾领海、专属经济区和大陆架的划界协定》对中越北部湾海上边界进行了划定，所以《越南海洋法》中的这一规定实际上已经作废。

② Epsey Cooke Farrell，*The Socialist Republic of Vietnam and the Law of the Sea：An Analysis of Vietnamese Behavior within the Emerging International Oceans Regime*，The Hague：Martinus Nijhoff Publishers，1988，p.70.

③ 参见沈固朝：《关于北部湾的"历史性水域"》，《中国边疆史地研究》2000年第4期，第46页、第55~57页；李金明：《中法勘界斗争与北部湾海域划界》，《南洋问题研究》2000年第2期，第85页。

④ 参见 An Act to Define the Baselines of the Territorial Sea of the Philippines，Republic Act No. 3046 of 17 June，1961。

⑤ 顾德欣：《南海争端中的海洋法适用》，《战略与管理》1995年第6期，第101页。

律、历史及公正”的理由提出的。可见，菲律宾也提出了“历史性权利”的观点。[①]

（3）泰国

泰国也有适用历史性权利的实践。如泰国1959年9月22日颁布的《王家泰国政府公报》根据历史性水域这一理论，宣布53海里长的直线基线包围的泰国湾内的水域是泰国的内水。[②]泰国的这一做法是建立在地理事实、资源需要及国家安全需要的基础上的[③]，这一实践证明泰国是主张历史性权利的国家。

（4）中国

中国1998年《专属经济区和大陆架法》第14条规定，该法的实施不影响中国享有的历史性权利。

（5）西班牙

1978年的《西班牙专属经济区法》第3条规定，经济区内的渔业应保留给西班牙国民，但存在国家间协议的前提下，那些惯常在经济区捕鱼的国家的渔民仍可在该海域捕鱼。[④]

此外，1972年设立200海里专属经济区的《百慕大渔业法》，明确承认历史性捕鱼权。《百慕大渔业法》对专属经济区内其他资源，如利用海水、海流和风力生产能源的历史性权利也予以承认。[⑤]上述立法是一国主张历史性权利的典型体现，有的主张未被承认，是因为这些主张不符合历史性权利的构成要件，但从主张国的角度来说，却是承认历史性权利的。而且很明显可以看到，南海周边国家是主张历史性权利的，所以至少历史性权利在南海周边国家间是存在的。

2. 国家实践

从广义上讲，一国对历史性权利的相关立法也属于国家实践，此处所言的国家实践是指立法之外的一国的相关行为。

由于历史性水域是历史性权利的典型表现形式，所以有很多国家主张历史性水域的实践。从分类上看，有学者将历史性水域分为三种类型：①沿海国主张享有主权的历史性海湾；②沿海国主张享有主权的沿岸水域；③基于历史性利益的因素，将原本属于公海的海域例外地化为其主权之下，而成为该国的历史性水域。[⑥]具体说明如下。

① 郭渊、XIE Hongyue：《论海洋法中的“历史性权利”》，《中国海洋法学评论》2008年第1期，第44页。

② 参见高伟浓：《国际海洋法与太平洋地区海洋管辖权》，北京：高等教育出版社1999年版，第162页。

③ Phiphat Tangsubkul，ASEAN and the Law of the Sea，*Institute of Southeast Asian Study*（*ASEAS*），1982，p. 22.

④ Act No. 15/1978 on the Economic Zone of 20 February 1978，http://www.un.org/Depts/los/LEGISLATIONANDTREATIES/PDFFILES/ESP_1978_Act.pdf，访问日期：2015年3月2日。

⑤ The USA Claims Jurisdiction on Ocean Thermal-energy Conversion，Richardson，19 SDLR（1982），p.570.

⑥ D. P. O'Connell，*The International Law of the Sea*，Oxford：Clarendon Press，1989，1，p. 417.

首先，历史性海湾的实践。历史性海湾虽不符合《联合国海洋法公约》中对海湾的定义，但由于沿海国基于历史因素主张其应为该国的历史性水域，因此沿海国仍得以将其视为该国内水。[①] 下述作为例证而引用的海湾，都被视为历史性海湾或被有关国家主张为历史性海湾。具体又可分为两种：归属于一个国家的海湾和由两个或多个国家共同所有的海湾。由两个或多个国家共同所有的海湾主要是指丰塞卡湾，已在前文阐述，故此处只对沿岸属于一国的海湾进行说明。

由于历史性海湾是以湾口宽度超过领海宽度2倍为标准的，而历史上关于领海宽度的学说经历了不同的变化，如存在视野说、航程说、大炮射程说、3海里说等。所以，历史上一些国家宣布的历史性海湾的湾口宽度并未超过24海里，按照目前的内海湾口宽度不超过24海里的标准，这些海湾无须通过历史性海湾的主张，就可成为沿岸国的内水，但在历史上，主张国确实是依据该国持续行使主权或管辖权并且得到其他国家的容忍而主张历史性海湾的。比较典型的历史性海湾包括亚速海（Sea of Azov）[②]、格兰维尔湾（Bay of Cancale or Granville Bay）[③]、查利尔湾（Bay of Chaleur）[④]、切萨皮克湾（Chesa peake Bay）[⑤]、

---

① D. P. O'Connell, *The International Law of the Sea*, Oxford: Clarendon Press, 1989, 1, p. 417.

② 亚速海的湾口为10海里，完全位于苏联领土的南部，它的大小近似于长110海里、宽230海里。库塞(De Cussy)在众多海湾中提及亚速海时说："它应该与领海同等对待。"耐克瓦(P. A. N. Nikolaev)把亚速海看作"苏联内海"的一部分。吉德尔认为："依照一般的国际海洋法规则，这些海域无论如何都是内水。"参见 Historic Bays: Memorandum by the Secretariat of the United Nations, A/CONF, 13/1, para.12。

③ 该海湾位于法国西北部，湾口大约有 17海里。吉德尔说："尽管格兰维尔湾的湾口宽度约 17海里，但是该湾仍被视为法国领海。"参见 Historic Bays: Memorandum by the Secretariat of the United Nations, A/CONF, 13/1, para.13。按照杰赛普(Jessup)的观点，"法国在没有任何国家反对的情况下对这一海湾主张了权利，这可能是由于法国长时间在该海湾开发牡蛎而实际占有了该海湾。而且通过 1839年与 1867年的条约，英国承认了法国在那些水域有专属的捕鱼权。"参见 Historic Bays: Memorandum by the Secretariat of the United Nations, A/CONF, 13/1, para.13。

④ 这一海湾在加拿大魁北克省与新不伦瑞克之间，长约 100海里，而宽度不超过 12海里。其进入圣罗伦斯湾的湾口宽度是 16海里。在对这一海湾地位的确定上，考虑到Mowat v. McFee(1880)案，加拿大最高法院认为查利尔湾完全归属于加拿大，"在目前的魁北克省与新不伦瑞克的边界范围之中，同时也在加拿大的统治权之下。"参见 Historic Bays: Memorandum by the Secretariat of the United Nations, A/CONF, 13/1, para.14。

⑤ 这一海湾的湾口为 12海里，长约 200海里，宽不超过 20海里。1885年"阿拉巴马"号仲裁案考虑了该海湾的地位。在该案中，一艘船舶在该海湾水域范围内被同盟国武装力量击沉。仲裁庭认为，切萨皮克湾完全处于美国属地管辖权的范围之内。在引用了英国法院关于布里斯托海峡(Bristol Channel)和康塞普申湾(Conception Bay)的判例及一些学者关于这些海湾地位的观点之后，仲裁庭指出："我们现在必须考察有关切萨皮克湾的当地环境，然后再决定海湾究竟应该被认为是公海还是按照那些权威人士的说法认为其是美国管辖权范围内的水域。""该湾湾口大约有 12海里，然而海湾可能没有一处的宽度会多于 20海里。与其说它是大洋的海湾，倒不如说它是一条波澜起伏的河流。它完全被我们的领土所包围，并且它数目众多的支流在向前奔流的过程中完全处于并通过我们的土地，它不可能成为国际商业的捷径，它不是，也不能被当做是从一个国家到另一个国家通行的道路。"詹姆斯一世于 1609年在给予弗吉尼亚公司第二特许权时说："位于美国那一部分的所有土地及领土，叫做弗吉尼亚，即从安乐角(Cape or Point Comfort)直至海岸北边方向 200海里及至海岸以南 200海里以及诸如此类环海岸的上述管辖区，从海至海，从西部至西北，包括地面、土壤、港口、河流、近海海域渔业等。"参见 Historic Bays: Memorandum by the Secretariat of the United Nations, A/CONF, 13/1, para.16。这一说法看起来是将切萨皮克湾置于弗吉尼亚州的边界之内。此边界是一条北起安乐角的沿海岸横穿亨利角(Cape Henry)到查尔斯角(Cape Charles)的海湾入口线。

康塞普申湾（Conception Bay）[①]、德拉华湾（Delaware Bay）[②]、哈德逊湾（Hudson Bay）[③]、须德海（The Zuyder Zee）等。[④] 另外由于《联合国海洋法公约》没有规定历史性海湾湾口的最大宽度，有一些海湾湾口宽度远远超过 24 海里，产生的问题是这类海湾能否成为历史性海湾。较为典型的是锡德拉湾是否是利比亚的历史性海湾。锡德拉湾（Gulf of Sidra），也称雪特拉湾（Gulf of Sitre 或 Gulf of Surte），该湾位于利比亚海岸，宽约 275 海里、深约 150 海里。1973 年 10 月 10 日，利比亚单方面宣布湾口近 300 海里的锡德拉湾是其领土的一部分，利比亚对其有完全的主权，他国船舶和飞机不得进入该领域。对此，美国指出利比亚对锡德拉湾的主张是"不能接受的且是违反国际法的"。[⑤] 在 1974 年 2 月

---

① 这一海湾（在纽芬兰）的湾口宽度是 20海里，其平均宽度有 15海里，长度约为 40海里。英国宣布对其拥有全部的管辖权，1877年英国枢密院在 Direct United States Cable Co. v. The Anglo-American Telegraph Co.案中指出，"从英国的普通法到国际法，正如国际法学者所言，我们得出的一致观点是：海港、河口以及被陆地所包围的海湾构成那些掌控着其周边海岸的国家领土的一部分，但对确定海湾的规则没有一致意见。"普遍承认的是，倘若海湾的外形和尺寸能够显示毗连海岸的国家也占据着这一海湾，那么该海湾就是国家领土的一部分。并且，在这一观点下，大多数学者倾向于以对海岸的防卫作为对海岸占有的验证：一些建议说海岸之间的射程宽度或为 3海里，或为 6海里，或为绝对距离 10海里。所有这些规则如果被接受，都将把康塞普申湾划归于纽芬兰的领土范围之外，但同时也将其排除于英国的领土范围外。而且在 Regina v. Cunningham案中，布里斯托海峡被判决属于格拉摩根郡（county of Glamorgan）。肯特总统曾说，尽管没有给予他对海湾主张管辖的权利，但给了他一些诸如不考虑这种主张就完全不合理的原因。"英国政府对这一海湾已经行使很长时间的统治权，并且他们的主张也被其他国家所默认，以致显示出这一海湾长期被英国单独占有，这一情势对任何国家的法院都是非常重要的，而且在英国法院中极具说服力，英国国会通过立法公开宣布该湾是英国领土的一部分并且受纽芬兰立法的约束。"参见 Historic Bays：Memorandum by the Secretariat of the United Nations，A/CONF，13/1，paras.20–21。

② 德拉华湾湾口宽度为 10海里，其湾口到德拉华河的入口处有 40海里长。它的地位与英国葛兰许（Grange）船舶案相联系。葛兰许于 1793年在这一海湾为法国护卫舰艾姆布斯凯德（L'Embuscade）所俘获。这一事件发生于英法战争之时，当时美国采取中立态度。兰德福（E. Randolph）在咨询意见中提出了一种观点，大意是说"葛兰许"号于中立国领土被俘获："基本事实是，德拉华河发源于美国境内，当它的下游注入大西洋时，它的两岸都是美国的领土。那么，从奔流的河水到距离大西洋 60海里的水流叫做德拉华河。"其入口由梅角（Cape May）和亨洛彭角（Cape Henlopen）组成。前者从属性及管辖权上看属于德拉华州，后者属于新泽西州。那么，从英国在德拉华河的岸边建立省份到美国独立战争，英国君王在该湾有特别航行权，"葛兰许"号在中立地区被捕。如果这一点被承认的话，那么由不法行为所引起的义务将会被承认。法国同意释放"葛兰许"号及英国归还船舶的行为，默认接受了美国对其领土的主张。参见 Historic Bays：Memorandum by the Secretariat of the United Nations，A/CONF，13/1，para.22。

③ 加拿大政府在其法令中宣布哈德逊湾的水域是加拿大领海的一部分。这一法令在加拿大仍然有效，且就目前所知，没有任何一国政府对此提出过抗议。有学者认为，根据国际公法规则，加拿大对这一海湾的权利基础是基于加拿大对该湾的占有及其他国家对这一占有的默认。参见 Historic Bays：Memorandum by the Secretariat of the United Nations，A/CONF，13/1，para. 27。

④ 荷兰的须德海分为两部分，可被认定为内须德海和外须德海。封闭的水体部分有 40海里长、20海里宽。弗彻尔（Fauchille）在陈述时说："荷兰主张须德海是其财产，总的来看，它确实是一片特殊的海，受海湾规则调整，原因如下：第一，这片海被连续的岛屿边缘所包围，由狭道将其分开；第二，它就像是一片湖，因为它像湖一样会冻结，而反之海不会冻结。荷兰关于须德海的主张因此得到了普遍认可。"参见 Historic Bays：Memorandum by the Secretariat of the United Nations，A/CONF，13/1，para.33。

⑤ Letter from the United States to Libya（February 11，1974）.因锡德拉湾，美国与利比亚曾于 1981年 8月及 1986年 3月发生军事冲突。因研究范畴所限，本书对武力使用问题没有涉及，具体可参见 Yehuda Z. Blum，Current Development：The Gulf of Sidra Incident，*American Journal Law*，1986，80，p. 669。此外，法国和英国也对利比亚的做法提出了抗议。

11 日的照会中，美国提出以下几个观点：①根据国际法及 1958 年《领海及毗连区公约》的规定，封闭锡德拉湾的直线基线以内的水域不能被视为利比亚有管辖权的内水或领海；②利比亚没有满足国际法规定的公开、显著、有效、持续行使主权并得到外国默认的标准，锡德拉湾不能在历史上被视为利比亚的内水或领海；③利比亚通过单边行为试图侵占大量的公海，违反了国际社会长期以来确立的公海航行自由原则；④利比亚的行为妨碍了联合国国际海洋法会议上所有国家努力建造的海洋秩序。基于以上理由，美国保留在锡德拉湾的权利。①

美国照会的观点实际上是建立在以下法律基础上的：第一，以国内法与国际法的关系为基础，认为国内法不能与国际法相违背，所以海湾的地位不能仅由沿海国决定而应同时符合国际规范。②第二，以国际法委员会《领海及毗连区公约》关于直线基线的规定为基础，认为锡德拉湾湾口封闭线的划法不符合《领海及毗连区公约》的规定。③第三，以历史性权利的理论为依据，认为锡德拉湾不符合历史性海湾的构成要件，不能被视为利比亚的内水。如果能够证明在意大利统治利比亚时期及土耳其帝国统治利比亚时期就已开始对该湾持续行使主权且得到其他国家容忍，则可构成历史性海湾。但是从事实本身看，不仅在利比亚提出主张后美国即表示反对，而且美国在 1985 年和 1986 年又重申指出锡德拉湾不是利比亚的内水④，英国和法国也曾通过照会方式对利比亚的主张进行了抗议。⑤所以，锡德拉湾不能成为历史性海湾。可见，某海湾能否成为历史性海湾的核心因素不在于其湾口宽度的上限，而在于主张国是否持续、有效地行使了主权。

---

① J. Ashley Roach and Robert W. Smith，*Excessive Maritime Claims*，Hague：Martinus Nijhoff Publishers，2012，p. 46.

② 国际法与国内法的关系是较复杂的国际法问题，虽然各国的理论和实践有差异，但有一点是取得共识的，即国家不能依赖国内法的规定或国内法的不足来逃避其承担的国际法的义务。据此，利比亚有义务根据国际法来确定海洋边界，而不能单方确定锡德拉湾的海洋边界。

③ 从利比亚采用 300海里封闭线的做法看，实质采用的是直线基线法，那么利比亚能否采用直线基线法，这涉及 1958年《领海及毗连区公约》的规定。从 1951年英挪渔业案的国家实践及国际法院的判决看，直线基线划界法的相关规定是可以构成习惯国际法的，所以，即便利比亚没有批准《领海及毗连区公约》，《领海及毗连区公约》直线基线的规定同样也是可以适用的。按照《领海及毗连区公约》规定，在海岸极为曲折或者紧接海岸有一系列岛屿的情况下，一国可以采用直线基线法，但是基线的划定不应在任何明显的程度上偏离海岸的一般走向，而且基线内的海域须充分接近陆地，被视为内水对待。但是就锡德拉湾而言，其海岸既不是极为曲折也没有一系列岛屿，封闭线明显偏离了海岸的一般走向，所以并没有满足这几个条件，虽然满足了充分接近陆地这一要件，但整体来说，并不是全部符合条件的。

④ J. Ashley Roach and Robert W. Smith，*Excessive Maritime Claims*，The Hague：Martinus Nijhoff Publishers，2012，pp. 46–47.

⑤ 参见 Statement of Mr.Benis，Under-Secretary of State for Foreign Affairs，*Italy Yearbook of International Law*，1976，2，p. 422。

其次，因海岸附近特殊地理位置而主张的历史性水域。由于海岸附近具有特殊的地理条件，例如岛屿密布，而又不能使用一般海洋法规则将之划入内水，因此该国基于历史因素而主张该水域为其历史性水域。[①]对于这种类型的历史性水域多只是理论上成功地被主张，并没有实际争议的案例。[②]原因在于《联合国海洋法公约》直线基线划界法及群岛国群岛水域的确立，使主张这种类型水域的国家可运用直线基线划界法及群岛国群岛水域制度来实现自己的利益而无须动用此主张。但是，近些年来尤为引起关注的案例是加拿大能否依据历史性权利对西北航道主张主权控制。位于北美洲北部的加拿大，北靠北冰洋达北极圈，长期以来加拿大一直主张西北航道属于其内水，换言之，加拿大对西北航道的主张源于其对北极水域的主张。加拿大最初提出用扇形原则主张对西北航道的控制权来源于 1907 年的陆地扇形原则，即“位于两条国界线（经度线）之间直到北极点的一切土地应属于邻接这些土地的国家”[③]，但是扇形原则能否用于水域，加拿大政府一直未明确表态，直到 1970 年加拿大的《北极水域防治污染法》中规定“北极水域”按照子午线划分范围，才出现了扇形原则的影子。[④]但是扇形原则并未被国际社会普遍承认，而且 1970 年加拿大通过《领海与捕鱼区法修正案》，将领海从 3 海里扩展到 12 海里[⑤]，扇形原则的主张逐渐淡出，而依据历史性权利主张西北航道主权的声音渐起，这种主张成立与否，当然需要考虑历史性权利的构成要素，对此，有学者提出了分析要素[⑥]，但得出的结论并不一致。有的学者认为加拿大历史性权利的主张在理论和实践中“都有其成立的基础和意义”[⑦]，有的学者认为加拿大的主张“既不清晰，也缺乏一致”。[⑧]由于用历史性权利主张西北航道主权存在争议，后来，加拿大发现用《联合国海洋法公约》规定的直线基线划界法获得海域权利更加有利，所以 1985 年之后加拿大颁布《加拿大直线基线法》，开始用长基线将西北航道划入本国管辖范围，当然这也涉及直线基线的划定问题。但是从加拿大对西北航道主张控制权的

① D. P. O’Connell，*The International Law of the Sea*，Oxford：Clarendon Press，1989，1，p.417.
② D. P. O’Connell，*The International Law of the Sea*，Oxford：Clarendon Press，1989，1，p.418.
③ 王丹维：《北极航道法律地位研究》，《中国海洋法学评论》2011年第2期，第3页。
④ 王丹维：《北极航道法律地位研究》，《中国海洋法学评论》2011年第2期，第4页。
⑤ Mark Killas，The Legal of Canada’s Claims to the Waters of Its Arctic Archipelago，*Ottawa Law Review*，1987，19，p. 96.
⑥ D. M. Mcrae，Arctic Waters and Canadian Sovereignty，*International Law Journal*，1982–1983，38，pp. 481–482.
⑦ 刘惠荣、刘秀：《北极群岛水域法律地位的历史性分析》，《中国海洋大学学报》（社会科学版）2010年第2期，第5页。
⑧ 刘江萍、郭培清：《加拿大对西北航道主权控制的法律依据分析》，《中共青岛市委党校 青岛行政学院学报》2010年第 2期，第 103页。Rober R. Roth，Sovereignty and Jurisdiction over Arctic Waters，*Alberta Law Review*，1990，28，pp. 858–859.

理论的过程不难发现，加拿大曾采用历史性权利的主张，当然，采用的任何主张实质都是为了维护加拿大自己的利益。

最后，基于历史因素将公海海域划为本国的历史性水域。这种情况是指原本属于公海的水域，基于历史性利益的因素，须例外地划列于当事国主权之下，而成为其历史性水域。[①]这一情况以汤加的实践最为典型。1887年8月24日，汤加国王图波一世宣布《皇家公告》，划定汤加领土包括位于南纬15度—23度30分、西经173度—177度之间的"所有岛屿、岩礁、暗礁、海滩和水域"。[②]1973年，随着联合国第三次国际海洋法会议的召开，汤加以1887年的《皇家公告》为依据，宣布四座小岛之间划出的长方形海域为其"历史性水域"，享有群岛水域的法律地位。2009年，汤加向联合国大陆架界限委员会递交外大陆架划界申请时指出："汤加在过去120年来，一直持续对《皇室公告》确定的海域及陆地领土行使管辖权，这一行为从未遭到任何国家的反对。"[③]汤加指出了其参加1958年国际法委员会《领海及毗连区公约》《大陆架公约》和1982年《联合国海洋法公约》的情况，并指出，历史性所有权是为国际法和《联合国海洋法公约》所承认的。《联合国海洋法公约》在几个条款中承认了历史性所有权，如第15条和第46条的规定。汤加主张其递交的划界主张与其1887年《皇室公告》主张的历史性所有权及《联合国海洋法公约》确立的海域管辖权是一致的。[④]

汤加作为群岛国，可以主张群岛水域，事实上汤加一直是群岛水域的积极倡导者。《联合国海洋法公约》第47条对群岛基线的划定作了规定，其中第1款规定："群岛国可划定连接群岛最外缘各岛和各干礁的最外缘各点的直线群岛基线，但这种基线应包括主要的岛屿和一个区域，在该区域内，水域面积和包括环礁在内的陆地面积的比例应在一比一至九比一之间。"这一9∶1水陆面积的最高比例为群岛基线基点的选择及群岛水域的面积确定了标准。有研究认为，汤加可以环绕其岛屿划定群岛基线。其

---

① D. P. O'Connell，*The International Law of the Sea*，Oxford：Clarendon Press，1989，1，p. 417.

② 陈德恭：《现代国际海洋法》，北京：海洋出版社2009年版，第128页。

③ A Partial Submission of Data and Information on the Outer Limits of the Continental Shelf of the Kingdom of Tonga Pursuant to Part VI of and Annex II to the United Nations Convention on the Law of the Sea，p.1 . http://www.un.org/depts/los/clcs_new/submissions_files/ton46_09/ton2009executive_summary.pdf，访问日期：2015年3月2日。

④ A Partial Submission of Data and Information on the Outer Limits of the Continental Shelf of the Kingdom of Tonga Pursuant to Part VI of and Annex II to the United Nations Convention on the Law of the Sea，p.2.http://www.un.org/depts/los/clcs_new/submissions_files/ton46_09/ton2009executive_summary.pdf，访问日期：2015年3月2日。

一是以汤加塔布群岛划群岛基线，最长基线为11海里，基线内水陆地比为2.3∶1。如果将位于汤加塔布群岛以北46海里的诺穆卡群岛与汤加塔布群岛构成一个群岛整体划定群岛基线，则最长基线为49海里，水陆比为8.9∶1。如将汤加的瓦瓦乌群岛划定基线，则最长基线为20海里，水陆比为5∶1。① 但是按照汤加目前的划界法，汤加的水陆面积比为25∶1②，远远超过《联合国海洋法公约》限定的9∶1的比例。有学者认为汤加坚持其具有历史特殊性，成为汤加王国不顾1982年《联合国海洋法公约》有关群岛基线划法的规定，擅自将原本应为公海的水域，划归其领域主权下的理由。但是，事实上，汤加的做法最初是在1887年进行的，当时尚未出现群岛水域的概念。历史性权利重在强调是基于“历史性”而取得的权利，因此汤加的做法应被尊重。

事实上，前文所述的条约、判例中涉及的历史性权利，也属于国家实践，只不过是国家间的实践。我国有关历史性权利的一些实践可参见本书第五章。由此可见，历史性权利的国家实践是不限于历史性水域的，也包括历史性捕鱼权等。

（六）历史性权利作为习惯国际法的证据表现之五：国际组织的实践

在联合国的组织下，国际社会通过了1957年的《关于历史性海湾的备忘录》及1962年的《历史性水域，包括历史性海湾的法律制度》的报告。两个报告对历史性权利的含义、构成要件有所解析，还对很多国家的实践进行了总结和评析，对历史性权利的发展有重要影响。

综上，国家实践及司法判例证明国际法中存在大量的历史性权利的实践，虽然一些主张最后未被承认，主要是因为这些主张不符合历史性权利的构成要件，但不能否认这些实践的存在，正是这些实践及由此表现出的法律确信可以证明历史性权利构成了习惯国际法。尤其是南海周边国家间存在历史性权利的证据，因此至少历史性权利在南海周边国家间是存在的。

三、小结

从历史性权利的权利来源看，《联合国海洋法公约》肯定了历史性权利的特定类型，对“历史性所有权”“历史性海湾”的规定是历史性权利对现代海洋法的影响在《联合国海洋法公约》中的体现。历史性权利的权利来源主要来自于习惯国际法，即一国持续有

① 陈德恭：《现代国际海洋法》，北京：海洋出版社2009年版，第128页。

② 张海文主编：《〈联合国海洋法公约〉释义集》，北京：海洋出版社2006年版，第67页。

效对某一领土行使权力（包括领土主权或不具有领土主权性质的权力）且得到他国容忍，相应地，该国可享有历史性所有权或不具有主权性质的权利。大量的实践已证明历史性权利是被国际社会承认的，一些历史性权利之所以未被肯定，是因为其不符合历史性权利的构成要件。

第四章　历史性权利对国际法的影响

从学理上讲，历史性权利可以是理论主张，但事实上，它也构成了法定权利。虽然国际法并没有阐明“历史性权利”的含义，但《联合国海洋法公约》有对历史性权利某些表现形态的明确规定，同时历史性权利也对现代国际法制度产生了影响。

一、历史性权利对国际法产生影响的原因

历史性权利之所以对现代国际法有影响，一个主要原因在于其存在的价值。国际法的价值属于法的价值项下的问题，从法理学上讲，法的价值主要通过以下方式使用：一是用“法的价值”来指称法律在发挥其社会作用的过程中能够保护和增加哪些价值，即法的“目的价值”；二是用“法的价值”来指称法律所包含的价值评价标准；三是用“法的价值”来指称法律自身所具有的价值因素，即法的“形式价值”。①

就国际法的价值来说，它应该具有公认的“自由”“秩序”“正义”等价值；有学者将国际法的价值总结为：“国际法的最基本价值是和平秩序”，“国际法的工具性价值是人本秩序”，“国际法的目的性价值是全人类共同利益”②；还有学者提出国际法的价值可以从正义走向和谐③，无论何种表述，正如博登海默所说：“任何值得称之为法律制度的制度，必须关注某些超越特定社会结构和经济结构相对性的基本价值。在这些价

---

① 张文显主编：《法理学》，北京：法律出版社 1997 年版，第 281 页。

② 高岚君：《国际法的价值论》，武汉：武汉大学出版社 2006 年版，第 52 页、第 85 页、第 118 页。

③ 参见何志鹏：《国际法哲学导论》，北京：社会科学文献出版社 2013 版，第 152~203 页。

值中，较为重要的有自由、安全和平等。有关这些价值的重要性序列可能会因时因地而不同……一种完全无视或根本忽视上述基本价值中任何一个价值或多个价值的社会秩序，不能被认为是一种真正的法律秩序。”① 国际法律秩序的构建必须重视国际法的价值，国际法不能否定历史性权利，对于一国已实际取得的权利，即便实在法没有规定，也不能以此为依据来加以否定，因为实在法作为一种“制定性规则”②，其本身是国家协调意志的结果，自身存在不完善性，纯粹的实在法主义“把国际法置于一层散沙的基础上”。③ 国际法的价值决定了国际法要保护一国的权利不受侵犯，利益不受损害，④ 在这一价值理念下，国际法必然对历史性权利进行尊重，历史性权利也便对国际法产生了影响。

二、历史性权利对国际海洋法的影响

现代国际海洋法主要以《联合国海洋法公约》为代表。如前所述，《联合国海洋法公约》没有否认历史性权利。事实上，历史性权利这一习惯国际法对《联合国海洋法公约》这一协定国际法的影响是多方面的。这种影响不仅体现在《联合国海洋法公约》中有“历史性海湾”“历史性所有权”等用语，而且还对基线的划定、专属经济区捕鱼等有影响。之所以有这些影响，实质体现的是条约与习惯的关系。虽然条约与习惯存在差别，但二者间存在动态的转化，如习惯可以演变为条约，但习惯仍然存在；而条约可以起到宣示习惯及固化习惯的作用。只有运用条约解释的方法，才能发现《联合国海洋法公约》是如何受到历史性权利这一习惯国际法的影响的。1969 年的《维也纳条约法公约》第 31 条和第 32 条对条约解释规则进行了解析。有学者将条约解释归纳为“善意解释是根本”，“文法解释是基础”，“系统解释是精髓”，“目的解释是关键”，“历史解释是辅助手段”。⑤ 在这些解释原则中，善意原则是指条约解释必须诚实守信，不可故意歪曲，该原则是条约解释的首要原则，⑥ 但只有运用其他解释原则，才可能实现对条约的善意解释。换言之，在条约的解释过程中，各种解释方法的运用不是孤立的，而应该综合运用，这

---

①[美]博登海默:《法理学——法律哲学与法律方法》,邓正来译,北京:中国政法大学出版社 1999 版,作者致中文版前言,第 5~6 页。

② 罗国强:《论自然法的否定之否定与国际法的构成》,《法学评论》2007 年第 4 期，第 39 页。

③ 李浩培:《条约法概论》，北京: 法律出版社 2003 年版，第 248 页。

④[美]路易斯·亨金:《国际法: 政治与价值》，张乃根等译，北京: 中国政法大学出版社 2005 年版，第 150 页。

⑤ 杨泽伟:《国内法与国际法解释之比较研究》,《法律科学》1996 年第 5 期，第 32~33 页。

⑥ 司法判决及仲裁裁决的很多案例都运用了该原则。如 Case Concerning Rights of Nationals of the United States of America in Morocco，Judgment，*I.C.J. Reports1952*，p.212; Treatment of Polish Nationals and Other Persons of Polish Origin or Speech in the Danzig Territory，Advisory Opinion，1932，*P.C.I.J.*，Series A/B，No.44，p.28; Minority Schools in Albania，Advisory Opinion，1935，*P.C.I.J.*，Series A/B，No.64，pp.19–20; North Atlantic Fisheries Case，United Nations，*Reports of International Arbitral Awards*(*UNRIAA*)，Vol. XI，p.188。

样才能防止对条约的误读。比如要实现善意解释离不开系统解释，即综合性解释，“必须将条约作为整体来解释……不能孤立地解释某个用语，要通盘考虑条约的上下文，要考虑缔结条约的所有有关文件，了解缔结条约的动机、历史背景。”[①] 按照1969年《维也纳条约法公约》的规定，这里的“上下文”包括以下内容：条约的前言、附件；全体当事国间因缔结条约所订与条约有关的任何协定；一个以上当事国因缔结条约所订并经其他当事国接受为条约有关文书的任何文书；当事国嗣后所订关于条约的解释或其规定之适用之任何协定；嗣后在条约适用方面确定各当事国对条约解释之协定之任何惯例；适用于当事国间关系之任何有关的国际法规则等。[②] 遵循整体解释这一规则可以发现历史性权利对国际海洋法的影响，这也可称为《联合国海洋法公约》对历史性权利的间接承认。

（一）历史性权利对海湾制度的影响

《联合国海洋法公约》第10条第6款指出，“海湾”制度中的前5款内容不适用于“历史性海湾”。这一规定表明，历史性海湾湾口宽度虽超过24海里，但基于沿海国对此类海湾历史性权利的考虑，此类海湾仍具有内水地位。“这种实用性的考虑推动了普遍性公约相关制度的讨论和建构，也完善了《联合国海洋法公约》海湾制度的体系性。”[③] 虽然《联合国海洋法公约》对历史性海湾的规定相对简单，但历史性海湾能够得以在《联合国海洋法公约》中规定，是经历了较复杂的过程的，也完全可以证明权利的取得是需要争取的，而且从国际联盟到联合国，对历史性海湾的讨论并非是截然分开的，因此有必要从历史中发现这一规定的始末。

在国际联盟时期，1930年的国际法编纂会议开始审议历史性海湾问题，并产生了各种建议，如要求各成员国政府在会议上宣布哪些海湾是“历史性海湾”。有人主张应对

---

① 杨泽伟：《国内法与国际法解释之比较研究》，《法律科学》1996年第5期，第33页。

② 实践中可能遇到的一种情况是，争端当事国是《联合国海洋法公约》的缔约国而非《维也纳条约法公约》的缔约国，此时《维也纳条约法公约》的条约解释规则是否能够适用？如果《维也纳条约法公约》条约解释规则对非缔约国有强制约束力，那么必须证明其规定是习惯国际法的反映，因为条约规定如果构成习惯国际法就会对非缔约方有强制约束力。接着的问题是在什么条件下，条约规定才会构成习惯国际法？对此，国际法院曾在北海大陆架案中明确指出了条约规则成为习惯国际法的条件：①条约规则须无论如何潜在地具有创设规则的性质；②条约已获得广泛的及有代表性的参加；③国家实践应包括利益受到特别影响的国家的实践，这些实践须按照规则旨意，广泛且又实质一致，同时也要显示出是在一般承认为关涉法律规则的情况下发生的。参见 North Sea Continental Shelf，Judgment，*I.C.J. Reports 1969*，pp.37–45。国际法院在很多涉及条约解释的案例中均确认了《维也纳条约法公约》第31条和第32条属于习惯国际法。参见 Territorial Dispute（Libya Arab Jamahiriya/Chad），Judgment，*I.C.J. Reports 1994*，pp.21–22；Kasikili/ Sedudu Island（Botswana v. Namibia），Judgment，*I.C.J. Reports 1999*，p.1059；Maritime Delimitation and Territorial Questions between Qatar and Bahrain（Qatar v. Bahrain），Merits，Judgment，*I.C.J. Reports 2001*，p.91。

参见 Sovereignty over Pulau Ligitan and Pulau Sipadan（Indonesia /Malaysia），Judgment，*I. C. J. Reports 2002*，pp.645–668。

③ 雷筱璐：《历史性权利对〈海洋法公约〉相关制度和规则的促进作用》，《湖北大学学报》（哲学社会科学版）2014年第3期，第72页。

历史性海湾作出定义，认为沿海国对一个海湾的历史性权利，应当由各国国内立法和管辖行动来决定，在政府行动以及签署公约之前，由主管当局作出宣告来证明。但是这次会议没有对历史性海湾问题作出任何决定。①

联合国成立后，按照《联合国宪章》第 13 条第 1 款（子）项的规定，联合国大会应发动研究，并作成建议，以促进政治上的国际合作并提倡国际法的逐渐发展与编纂。根据 1947 年 11 月 21 日联合国的第 174（Ⅱ）号决议，国际法委员会成立，具体负责国际法的编纂工作，并曾对历史性海湾进行研究。②1956 年国际法委员会第八届会议完成关于海洋法的最后条款草案，该草案随后由联合国大会递交联合国海洋法会议审议。该草案第 7 条第 1 款到第 3 款对海湾进行了界定，认为海湾海岸属于一国，且具有内水地位，但第 7 条第 4 款规定“前述规定不适用于所谓的历史性海湾……”，但该草案未对“历史性海湾”的概念进行说明。另外，为了给联合国海洋法会议提供有关“历史性海湾”的材料，委员会的编纂分支机构就该问题准备了一份备忘录，即《关于历史性海湾的备忘录》③，同时作为海洋法会议的准备文件进行分发。随后，在联合国框架下，联合国曾分别在 1958 年、1960 年及 1973—1982 年召开三次国际海洋法会议，其中在第一次和第三次国际海洋法会议上对历史性海湾进行了讨论，尤以 1958 年的讨论最为激烈。

1. 联合国第一次国际海洋法会议对历史性海湾问题的讨论

1958 年 2 月 24 日在日内瓦召开的联合国国际海洋法会议将国际法委员会起草的包括海湾问题的第 7 条在内的《领海及毗连区公约（草案）》提交第一委员会。随后，许

① 参见陈德恭:《现代国际海洋法》，北京：海洋出版社 2009 年版，第 63~64 页。

② 在 1949 年第一届大会上，国际法委员会选择领海制度和公海制度作为编纂专题，并将后者列入专题清单予以优先考虑。根据 1949 年 12 月 6 日第 374（Ⅳ）号决议的建议，1951 年优先议题清单增列了领海议题。关于“历史性海湾”的条款没有出现在特别报告员准备的关于领海的最初的两个报告中。如在 1952 年特别报告员的报告中，报告员着重强调和研究的是海湾湾口线长度问题，也就是将湾口线长度限定为 10 海里的原因所在。参见 J.P.A. Francios，Second Report on the Regime of the Territorial Sea，*Yearbook of the International Law Commission*，1953，2，p.67。然而，在委员会的第五届大会上，关于领海的第二报告的附录中，有“法律意义上的海湾”的定义，“这里所说的海湾不包括历史性海湾；历史性海湾应该像一般海湾一样完全在地图上标注。”在委员会的第六届大会上，特别报告员的第三份报告将“历史性海湾”条款从条款文本中转移放置注释中。在而后的大会中，报告员又递交了关于海湾的新的条款草案，这时对“历史性海湾”的排除条款不是从海湾的一般定义角度作出的，而是从测算海湾封闭线规则的角度进行排除，而且前面规定的“历史性海湾”应该被标注在地图上的规定被省去了。参见 Juridical Regime of Historic Waters including Historic Bays—Study prepared by the Secretariat，A/CN，4/143，para.4。

③ Historic Bays：Memorandum by the Secretariat of the United Nations，A/CONF，13/1.《关于历史性海湾的备忘录》分为三部分，第一部分在对 bays 和 gulfs、historic bays 和 historic waters 界定的基础上，描述了有关国家主张历史性海湾的实践，同时引用了有关专家学者及政府关于该问题的观点。第二部分讨论了历史性海湾的法律地位及历史性海湾的要素。第三部分是历史性海湾的范围。需要指出的是，该备忘录中主张的历史性权利不仅包括历史性海湾还包括其他的海域。然而，鉴于该备忘录的目的在于帮助说明国际法委员会草案中提到的“历史性海湾”这一概念，因此，该备忘录的目的在于强调这一概念，对其他海域的历史性权利仅仅是附带涉及。

多国家代表对历史性海湾问题纷纷表达意见，并最终形成了书面文本。这些观点可以总结为以下几种。

第一种观点认为历史性海湾非常重要，应专门进行说明。巴拿马是该主张的典型代表。巴拿马代表建议第一委员会应该设立分委员会去审查海湾问题，特别是“历史性海湾”的法律地位问题。巴拿马的提议赢得了也门[①]、萨尔瓦多[②]及巴基斯坦[③]等国家代表的支持。

第二种观点反对设立专门委员会研究历史性海湾。英国代表对设立分委员会研究海湾问题的有用性表示质疑[④]，德意志联邦共和国的代表认为很难确立适用于“历史性海湾”的一般规则。[⑤]国际法委员会关于海洋问题的特别报告员弗朗克斯（Francois）也反对设立分委员会处理“历史性海湾”问题。按照他的观点，会议没有全面研究该问题的必要，会议可以“仅仅使用‘历史性海湾’这一术语，在发生争端时，结合特殊案件的各种特征，将对其的解释交由国际法院，大会不可能提供‘历史性海湾’的一般规则”[⑥]，但是特别报告员认为如果必要，国际法委员会“能够研究时效的取得问题，特别是关于‘历史性海湾’的时效取得”。[⑦]印度代表指出，他们对“历史性海湾”问题非常感兴趣，但是他们认为，委员会既无时间也无实质可能去正确地处理该问题。每个海湾均有其特有的特殊性，任何一个一般原则在确立之前都需要收集和研究大量的数据。委员会不应设立一个分委员会，取而代之的是，委员会应该通过决议建议联合国大会设立它认为合适的机构进一步研究“历史性海湾”问题并作出安排。[⑧]巴拿马代表同意印度的观点。[⑨]

第三种观点强调对历史性海湾进行界定。日本是该主张的典型代表。日本代表团建议《领海及毗连区公约（草案）》第7条第4款应该由以下文本代替：“前述规定不应适用于历史性海湾。‘历史性海湾’意味着一个或几个沿海国在相当长的时间持续地对某一海湾行使主权权利，并且沿海国的这一实践得到其他国家明示的或默示的承

① 参见 United Nations Conference on the Law of the Sea，Official Records，Vol.3，First Committee，1958，p.2。
② 参见 United Nations Conference on the Law of the Sea，Official Records，Vol.3，First Committee，1958，p.48。
③ 参见 United Nations Conference on the Law of the Sea，Official Records，Vol.3，First Committee，1958，p.51。
④ 参见 United Nations Conference on the Law of the Sea，Official Records，Vol.3，First Committee，1958，p.9。
⑤ 参见 United Nations Conference on the Law of the Sea，Official Records，Vol.3，First Committee，1958，p.45。
⑥ 参见 United Nations Conference on the Law of the Sea，Official Records，Vol.3，First Committee，1958，p.69。
⑦ 参见 United Nations Conference on the Law of the Sea，Official Records，Vol.3，First Committee，1958，p.69。
⑧ 参见 United Nations Conference on the Law of the Sea，Official Records，Vol.3，First Committee，1958，p.74。
⑨ 参见 United Nations Conference on the Law of the Sea，Official Records，Vol.3，First Committee，1958，p.74。

认。”[①]据日本代表解释，他们之所以递交这一建议是因为对“历史性海湾”进行界定是海洋法编纂的组成部分，而不能将其置于仲裁庭或法院处理。[②]日本的建议中关于“历史性海湾”的定义得益于《关于历史性海湾的备忘录》中对“历史性海湾”的界定。泰国代表同意日本代表团提出的“历史性海湾”的定义不应留由任何法院或仲裁庭解决的观点，但是，泰国认为日本修正的定义也不够精确。苏联代表主张日本修正的定义只有委员会准备接受印度－巴拿马的建议时才应被考虑。[③]

由于一些国家对巴拿马的主张有所质疑，最后讨论的结果是巴拿马代表表示愿意接受印度代表提出的观点，随后撤回了建议。在国际法委员会主席的建议下，委员会而后同意延迟对“历史性海湾”的决定直至印度代表、巴拿马代表及持相同观点的代表递交联合建议的文本为止。这样，在第一委员会的第四十八次会议上，印度和巴拿马联合递交了决议草案，具体内容如下：“第一委员会，鉴于国际法委员会没有提供历史性水域（包括历史性海湾）的制度，承认这些水域的法律地位的重要性，决定要求联合国秘书长安排专门机构去研究历史性水域（包括历史性海湾）制度，并且准备起草递交特定会议的关于该问题的规则草案。”[④]

就这次会议的材料来看，该材料对为什么决议草案建议研究的主题被描述为“历史性水域（包括历史性海湾）”没有进行解释，也没有对《领海及毗连区公约（草案）》第7条第4款使用的术语“历史性海湾”及最初巴拿马建议设立分委员会的问题进行解释。后来，各国的关注点被转移到研究这一问题的可能性上：鉴于历史性水域（包括历史性海湾）具有多样性，无法得出一般的结论，印度代表答复称，如果清楚认识到不可能这样做，那么当然也不可能起草一般规则，应该有明确的目标来决定是否能起草这类规则。而后，印度和巴拿马再次递交了决议草案的修正版，具体内容如下：“第一委员会，鉴于国际法委员会没有规定历史性水域（包括历史性海湾）制度，承认这种水域法律地位的重要性，建议本次会议应将该问题递交给联合国大会并请求大会对历史性水域（包括历史性海湾）制度的研究作出适当的安排，并将研究的结果交送联合国所有会员国。”[⑤]

用这样的措辞，决议草案被第一委员会采纳。而后第一委员会通过的决议在委员会

① United Nations Conference on the Law of the Sea，Official Records，Vol.3，First Committee，1958，p.241.

② 参见 United Nations Conference on the Law of the Sea，Official Records，Vol.3，First Committee，1958，p.145。

③ 参见 United Nations Conference on the Law of the Sea，Official Records，Vol.3，First Committee，1958，p.146。

④ United Nations Conference on the Law of the Sea，Official Records，Vol.3，First Committee，1958，p.252.

⑤ United Nations Conference on the Law of the Sea，Official Records，Vol.3，First Committee，1958，p.252.

的工作报告中被递交联合国大会。内容如下："联合国海洋法会议，鉴于国际法委员会没有规定历史性水域（包括历史性海湾）制度，承认这种水域法律地位的重要性，决定请求联合国大会对历史性水域（包括历史性海湾）制度的研究作出适当的安排，并将研究的结果交送给联合国所有会员国。"

而后经过第十三届和第十四届会议的讨论，联合国大会通过了第1453(XIV)号决议："联合国大会，忆及1958年4月27日，联合国海洋法会议通过的决议要求联合国大会安排历史性水域（包括历史性海湾法律制度）的研究，并将研究的结果交送给联合国所有会员国，要求国际法委员会尽快以其认为可取的方式，承担历史性水域（包括历史性海湾）法律制度的研究，并作出委员会认为适当的建议。"

随后，国际法委员会又对联合国大会第1453（XIV）号决议进行了讨论，并形成了不同的观点。[①] 最后的情况是，尽管委员会的大多数成员反对在现阶段从各国政府处获得历史性水域的信息，但是他们认为为了能够促进委员会在该领域的工作，应立即采取一些行动，因此决定要求秘书处根据上面提到的《关于历史性海湾的备忘录》中的规定对该工作采取行动，并将研究范围扩展到《关于历史性海湾的备忘录》第8段所列的范围。[②]

总之，联合国第一次国际海洋法会议经过讨论后作出如下决定：一方面将"历史性海湾"和"历史性水域"及"历史性所有权"的法律体系作为一个议题，提交联合国安排研究。1962年秘书处提交了《历史性水域，包括历史性海湾的法律制度》的报告，该报告有两个特别重要之处：一是指出虽然历史性海湾是历史性权利的典型例子，但历史性权利也存在于海湾以外的其他海域；二是认为历史性水域构成国家间海洋划界的一般

① 一种观点认为，国际法委员会应当邀请会员国向秘书处递交会员国所有可得到的受其管辖并且主张是其历史性水域（包括历史性海湾）的文件。根据这一观点，只有从政府递交的这些数据中，委员会才能获知关于历史性水域的习惯国际法规则。尽管判断对这些水域的特殊主张不是委员会的任务，然而，为了根据现存的国际习惯来确定规范历史性水域法律制度的原则，委员会必须发现哪些海湾和水域可基于什么理由能被主张为历史性海湾或历史性水域。另一方面，委员会的主要成员害怕如果邀请成员国明确说明它们的历史性水域主张，成员国为了慎重起见，可能试图通过提出它们所有的主张，包括可能的某些新观点，来维护它们的立场。由此，这也可能使它们对该问题表现出更严格的态度，这将使未来对该问题的解决更加困难。另外，可能已被扩大的主张不是形成该问题原则的适当基础。持这一观点的成员因此感到委员会应首先确定调整该问题的原则，然后再邀请成员国对这些原则进行评价。当然，如果成员国希望发表关于这些原则的意见，它们也可以提交历史性水域主张。参见 General Assembly Resolution 1453（XIV）on the Study of the Juridical Regime of Historic Waters，including Historic Bays（A/CN.4/126），*Yearbook of the International Law Commission*，1960，1，pp.111-116。

② 参见 General Assembly Resolution 1453（XIV）on the Study of the Juridical Regime of Historic Waters，including Historic Bays（A/CN.4/126），*Yearbook of the International Law Commission*，1960，1，p. 116。《关于历史性海湾的备忘录》第8段内容是指，历史性海湾理论只是历史性权利范围的一部分。根据该规定，主张国不仅对海湾可以主张历史性权利，而且对不属于海湾的水域，如群岛水域及位于群岛和相邻陆地间的水域也可主张历史性权利，也可在海峡、河口湾及其他类似水体主张历史性权利。

性规则的例外观点有待商榷，现实的观点似乎是不考虑将历史性水域与例外的观点相联系，而只是就其本身的是非曲直进行考虑。另一方面，在会议通过的《领海及毗连区公约》中写进了“历史性海湾”和“历史性所有权”的概念，这两个概念在现代海洋法中被正式列入法律条款。[①] 但是《领海及毗连区公约》只是规定有关“海湾”的规定不适用于“历史性海湾”，并未对历史性海湾的定义、构成要件及法律地位进行规定。

2. 联合国第三次国际海洋法会议对历史性海湾问题的讨论

1973 年联合国第三次国际海洋法会议召开。该次会议持续 9 年，共召开 11 期 16 次会议。联合国第三次国际海洋法会议并没有单独对历史性水域进行研究，而是将其置于“领海”项下进行讨论。在第三期会议上（1975 年 3 月 17 日至 5 月 9 日），第二委员会专门建立了“关于历史性海湾和其他历史性水域工作组”，其中对历史性海湾的讨论主要是源于哥伦比亚提出的一项条款草案。该草案的内容主要包括两个部分，一是关于历史性海湾不适用于海湾的一般规定。该规定共 5 款内容，前 4 款规定与 1958 年《领海及毗连区公约》的规定一致，但第 5 款指出，上述规定不适用于所谓的“历史性”海湾，也不适用于海岸属于一个以上国家的海湾。[②] 这一条款将多国海湾也列入排除之列。二是指出历史性海湾的构成要件：第一，主张某一海湾为历史性海湾的国家应当能够证明本国对主张水域的长期、连续地和平占有，这一主张是通过不断重申对船舶过境、捕鱼和他国国民或船舶的任何其他活动的公共规章来行使主权或专属管辖权来体现的；同时，这些国家实践为第三国，特别是邻国明示地或默示地接受。第二，海岸属于两国或多国的海湾在满足上述条件的前提下，只有当沿岸国就历史性海湾问题达成协议，该湾才能被视为历史性海湾。第三，在沿岸国达成协议的情况下，应将协议通知国际水文组织，并应当在这些国家准备的大比例尺海图上标注这些信息。直到通知义务履行后，历史性海湾才会适用。第四，任何历史性海湾的主张不应包括其他国家已建立主权、主权权利

---

①《领海及毗连区公约》对历史性海湾的规定是：（1）仅涉及海岸属于一国的海湾。（2）在此公约各条款中，海湾是指明显的水曲，其凹入程度和曲口宽度的比例，使其具有被陆地环抱的水域，而不仅为海岸的弯曲。但是，除非水曲的面积等于或大于以横越曲口所划的直线作为直径的半圆形面积，否则不应视为海湾。（3）测算时，水曲的面积是指位于水曲陆岸周围的低潮标与一条连接水曲天然入口处低潮标的线之间的面积。如果因有岛屿而曲口不止一处，该半圆形应划在与贯穿各曲口的各线总长度相等的一条线上。水曲内的岛屿应视同水曲水域的一部分而包括在内。（4）如果海湾天然入口处的低潮标之间的距离不超过 24 海里，则可在两低潮标之间划出一条封闭线，该线所包围的水域应视为内水。（5）如果海湾天然入口处低潮标之间的距离超过 24 海里，则 24 海里的直线基线应划在海湾内，以划入该长度的线所能包围的最大水域。（6）上述规定不适用于所谓“历史性”海湾，也不适用于采用第 4 条所规定的直线基线法的任何情形。

② 参见 Myron H. Nordquist（editor in chief.），Satya N. Nandan and Shabtai Rosenne（Vol. eds.），*United Nations Convention on the Law of the Sea 1982: A Commentary*，Dordrecht/ Boston/ London：Martinus Nijhoff Publishers，1993，2，pp.116–117。

或管辖权的陆地、领土或水域。①

虽经多次协商，但因分歧较大，最后通过的《联合国海洋法公约》同样也未对历史性海湾的定义、性质、构成要件进行规定，仅在个别条文中提及了历史性海湾的概念。一是《联合国海洋法公约》第 10 条援引了《领海及毗连区公约》第 7 条关于海湾的规定，其中第 10条第6款提到了历史性海湾，指出第10条第1款至第5款的规定不适用于历史性海湾及《联合国海洋法公约》第 7 条所规定的直线基线法的任何情形。② 所以，《联合国海洋法公约》第 10 条第 1 款及第 6 款这两款实际上明确了第 10 条的适用范围。二是《联合国海洋法公约》第 298 条第 1 款中提到历史性海湾：一国在签署、批准或加入《联合国海洋法公约》时，或在其后任何时间，在不妨害根据第十五部分第一节所产生的义务的情形下，可以书面声明涉及历史性海湾或所有权的争端不接受第十五部分第二节规定的强制程序。③

（二）历史性权利对海洋划界的影响

《联合国海洋法公约》明确规定了历史性所有权对领海划界的影响。如前所述，《联合国海洋法公约》在领海划界时对历史性权利有所考虑。按照《联合国海洋法公约》第 15 条的规定，一般在相邻或相向国家间领海划界时适用的是中间线方法，但如果存在历史性所有权时，中间线可不适用。之所以有这样的规定是因为历史性所有权在水域中体现为对水域的主权，在一国对水域已享有主权的情况下，那么划界时自然不能按照中间线划归给其他国家，此时的划界不是要进行海域的重新分配，而是对既有权利的一种确

① 参见陈德恭:《现代国际海洋法》，北京：海洋出版社 2009 年版，第 66~67 页。

②《联合国海洋法公约》第 10 条“海湾”共 6 款内容。第 1 款规定了第 10 条仅涉及海岸属于一国的海湾。第 2 款对法律意义上的海湾进行了说明，指出海湾是明显的水曲，水曲的面积等于或大于横越曲口所划的直线作为直径的半圆面积时，该水曲才构成海湾。第 3 款是对水曲面积的说明，指出水曲的面积是位于水曲陆岸周围的低潮标和一条连接水曲天然入口两端低潮标的线之间的面积。第 4 款和第 5 款对海湾天然入口两端的低潮标之间的距离是否超过 24 海里时，封口线的划法进行了规定。如果不超过 24 海里，则可在这两个低潮标之间划出一条封口线，该线所包围的水域应视为内水。如果超过 24 海里，24 海里的直线基线应划在海湾内，以划入该长度的线所可能划入的最大水域。在实践中，天然入口的点并不是很容易确定的，因为有些海湾的入口水曲平缓，所以没有明确的点可以用来作为两端的连接点。第 6 款则规定上述规定不适用于所谓“历史性”海湾，也不适用于采用第 7 条所规定的直线基线法的任何情形。第 7 条内容如下：（1）在海岸线极为曲折的地方，或者如果紧接海岸有一系列岛屿，测算领海宽度的基线的划定可采用连接各适当点的直线基线法。（2）在因有三角洲和其他自然条件以致海岸线非常不稳定之处，可沿低潮线向海最远处选择各适当点，而且，尽管以后低潮线发生后退现象，该直线基线在沿海国按照《联合国海洋法公约》加以改变以前仍然有效。（3）直线基线的划定不应在任何明显的程度上偏离海岸的一般方向，而且基线内的海域必须充分接近陆地领土，使其受内水制度的支配。（4）除在低潮高地上筑有永久高于海平面的灯塔或类似设施，或以这种高地作为划定基线的起讫点已获得国际一般承认者外，直线基线的划定不应以低潮高地为起讫点。（5）在依据第 1 款可采用直线基线法之处，确定特定基线时，对于有关地区所特有的并经长期惯例清楚地证明其为实在而重要的经济利益，可予以考虑。（6）一国不得采用直线基线制度，致使另一国的领海同公海或专属经济区隔断。

③《联合国海洋法公约》第十五部分是关于争端解决的规定。其中第一节“一般规定”强调的是争端首先使用各方选择的和平方法进行解决；但是有关《联合国海洋法公约》的解释和适用的争端已诉诸第一节未得到解决及争端未能经前述选择性程序得以解决，应提交第二节规定的有管辖权的法院或法庭，即第二节构成有拘束力的强制程序。

认。也就是学者所言："在海上和陆地的历史性所有和其他既得权一直被尊重，这些权利与中间线和等距离线及其他所有的规则相比，应具有优先性。"[①] 历史性权利的另一种作用是，在适用中间线方法时，历史性所有权作为"特殊情况"对中间线进行调整，"其结果是争端当事方由于历史性所有权享有更大面积的海域。"[②]

当时在 1956 年《领海及毗连区公约（草案）》中，将海岸相向国家和相邻国家的领海划界分别在该草案第 12 条和第 14 条分别作了规定，但其核心内容是一致的，都规定这两种类型的国家间领海的外部界限的划定方式是，除非有协议或有特殊情况，否则采用"一条每一点都同测算两国中每一国领海宽度的基线上最近各点距离相等的中间线"[③]，但该规定对特殊情况具体所指没有进行说明。从第一委员会的第六十次会议开始，有国家开始对特殊情况及历史性权利提出建议，如德国、巴基斯坦、挪威、沙特阿拉伯都认为在历史性权利条件下，可以排除等距离中间线。[④] 后来 1958 年通过的《领海及毗连区公约》将 1956 年《领海及毗连区公约（草案）》第 12 条和第 14 条整合为一条，在第 12 条第 1 款规定："两国海岸相向或相邻者，除彼此另有协议外，均无权将本国领海扩展至每一点均与测算各该国领海宽度之基线上最近各点距离相等之中间线以外。但如因历史性所有权或其他特殊情况而须以异于本项规定之方法划定两国领海之界限，本项规定不适用之。"在联合国第三次国际海洋法会议上，菲律宾提出：领海可以包括根据历史性权利归属一国且实际被一国占有的水域；《联合国海洋法公约》规定的领海最大宽度不应适用于一国作为领海占有的历史性水域；一国先于批准《联合国海洋法公约》之前已经确立的领海宽度大于《联合国海洋法公约》规定的最大值，该领海宽度不应受《联合国海洋法公约》的限制。[⑤] 最后《联合国海洋法公约》折中的结果是在确认中间线划界法的前提下，考虑了历史性所有权及特殊情况的例外，但没有进一步具体解释历史性所有权及例外情况。

需要思考的一个问题是，《联合国海洋法公约》第 74 条和第 83 条规定的海岸相向

---

① Sang-Myon Rhee，Sea Boundary Delimitation Between States Before World War Ⅱ，*American Journal of International Law*，1982，76，p.586.

② 袁古洁、李任远：《历史性权利对海洋权利的影响——兼及中国南海权利主张》，《中山大学法律评论》（第 12 卷第 3 辑），桂林：广西师范大学出版社 2014 年版，第 172 页。

③ 参见 Report of the Intrnational Law Commission to the General Assembly，*Yearbook of the International Law Commission*，1956，2，pp.257–258。

④ 参见 United Nations Conference on the Law of the Sea，Official Records，Vol.3，Summary of the First Committee，1958，pp.187–192，244–246。

⑤ 参见 Myron H. Nordquist（editor in chief.），Satya N. Nandan and Shabtai Rosenne（Vol.eds），*United Nations Convention on the Law of the Sea 1982: A Commentary*，Dordrecht/ Boston/ London：Martinus Nijhoff Publishers，1993，2，p.115。

或相邻国家间专属经济区和大陆架界限的划定中没有提到历史性权利，[①]那么历史性权利对专属经济区和大陆架划界是否存在影响？追寻历史不难发现，当时在联合国第三次国际海洋法会议上，关于专属经济区划界的讨论的核心是适用公平原则还是等距离方法，最终等距离方法并没有被写入《联合国海洋法公约》的条文。但从法律应具有的价值看，专属经济区划界也不能否认历史性权利，因为这是划界的公平原则的要求。如《联合国海洋法公约》第 74 条第 1 款及第 83 条第 1 款均规定："应在《国际法院规约》第 38 条所指国际法的基础上以协议划定，以便得到公平解决。"换言之，公平划界是划界的终极目标。公平的实现需要考虑多种因素，在英法大陆架仲裁案中，该案仲裁庭指出，公平划界是具体案件中地理因素和其他相关因素共同作用的结果[②]，"相关因素包括国家在该区域的航行安全的防御及国家利益。"[③]从国家实践看，在专属经济区及大陆架划界中也涉及历史性权利的适用，如在突尼斯与利比亚的划界案中对此即有所反映。[④]既然在国家有完全管辖权的领海划界都要考虑历史性权利（历史性所有权），那么在国家不具有完全管辖权的专属经济区也应考虑历史性权利。当然，这里说的历史性权利主要是指历史性捕鱼权对划界的影响，基于专属经济区和大陆架的不同属性，历史性捕鱼权对专属经济区的影响容易理解，其对单纯的大陆架划界不会产生影响，但是在专属经济区和大陆架采用单一划界法时[⑤]，则历史性捕鱼权对这种单一划界也会有所影响。

（三）历史性权利对基线的影响

基线在海洋法中有重要作用，它是测算领海、毗连区、专属经济区等海域的起算线。

①《联合国海洋法公约》第 74 条和第 83 条内容如下：海岸相向或相邻的国家间专属经济区（大陆架）的界限，应在《国际法院规约》第 38 条所指国际法的基础上以协议划定，以便得到公平解决；有关国家如在合理期间内未能达成任何协议，应诉诸第十五部分所规定的程序；在达成第 1 款规定的协议以前，有关各国应基于谅解和合作精神，尽一切努力作出实际性的临时安排，并在此过渡期间内，不危害或阻碍最后协议的达成。这种安排应不妨害最后界限的划定。如果有关国家间存在现行有效的协定，关于划定专属经济区（大陆架）界限的问题，应按照该协定的规定加以决定。

② 参见 Delimitation of the Continental Shelf between the United Kingdom of Great Britain and Northern Ireland，and the French Republic，*Reports of International Arbitral Awards*，1978，Vol.18，pp.92–93，para.195；p.97，para.204。

③ Delimitation of the Continental Shelf between the United Kingdom of Great Britain and Northern Ireland，and the French Republic，*Reports of International Arbitral Awards*，1978，Vol.18，p.90，para.188.

④ 具体参见本书第三章。

⑤ 有学者对单一海洋划界的实践进行了统计，结果是：迄今，与海洋划界相关的 234 个协定中有 107 个采用了单一海洋边界，在关于海洋划界的 23 个国际司法和仲裁实践中，有 12 个采用了单一海洋边界。参见黄伟：《单一海洋划界的法律问题研究》，北京：社会科学文献出版社 2011 年版，第 2~3 页。

《联合国海洋法公约》规定了确定正常基线[①]、直线基线[②]、混合基线[③]、群岛国的直线基线[④]及特殊地形的领海基线的规则。[⑤]历史性权利对基线的影响具体包括如下方面。

1. 对海湾领海基线的影响

按照《联合国海洋法公约》第10条的规定，历史性海湾的领海基线从海湾水域的外部界限起算，其天然入口低潮标之间的距离即便超过24海里，其湾内水域也为内水。

2. 对直线基线的影响

《联合国海洋法公约》第7条第1款规定："在海岸线极为曲折的地方，或者如果紧接海岸有一系列岛屿，测算领海宽度的基线的划定可采用连接各适当点的直线基线法。"该条第4款规定低潮高地能够作为起讫点的条件之一是："以这种高地作为划定基线的起讫点已获得国际一般承认。"这种"一般承认"强调的是历史上一国的做法得到了他国的同意，实际上是历史性权利的具体体现。该条第5款规定："在依据第1款可以采用直线基线法之处，确定特定基线时，对于有关地区所特有的并经长期惯例清楚地证明其为实在而重要的经济利益，可予以考虑。"这里所说的"有关地区所特有的并经长期惯例清楚地证明其为实在而重要的经济利益"，就是考虑了历史上的重要因素。

（四）历史性权利对通行制度的影响

1. 内水特殊情况下的通行制度

《联合国海洋法公约》第8条第2款规定："如果按照第七条所规定的方法确定直线基线的效果使原来并未认为是内水的区域被包围在内成为内水，则在此种水域内应有本公约所规定的无害通过权。"由于按照正常基线法，该水域不属于内水，而属于领海的范畴，此时外国船舶享有无害通过权；但按照正常基线法，该水域属于内水的范畴，剥夺了外国船舶的无害通过权，所以该款的制定目的实质是为了平衡一国水域扩大与他国在该水域历史性权利之间的矛盾。

2. 对用于国际航行海峡的通行制度的影响

由于《联合国海洋法公约》规定一国的领海宽度为12海里，同时世界上约有120个海峡处于海峡沿岸国的领海之内，其中有30个左右被认为"用于国际航行的海峡"。那么在领海海峡的范畴内，外国商船享有的是无害通过权，但在12海里领海制度建立之前，

---

①《联合国海洋法公约》第5条。

②《联合国海洋法公约》第7条。

③《联合国海洋法公约》第14条。

④《联合国海洋法公约》第47条。

⑤《联合国海洋法公约》第9~13条。

在这些海峡会涉及自由航行，那么如何平衡沿海国与其他国家的权益？《联合国海洋法公约》在第 38 条第 2 款规定了过境通行权："过境通行是指按照本部分规定，专为在公海或专属经济区的一个部分和公海或专属经济区的另一部分之间的海峡继续不停和迅速过境的目的而行使航行和飞越自由。但是，对继续不停和迅速过境的要求，并不排除在一个海峡沿岸国入境条件的限制下，为驶入、驶离该国或自该国返回的目的而通过海峡。"所以，《联合国海洋法公约》第 38 条第 2 款的规定是一种利益平衡，平衡的基础是考虑了非沿海国在历史上所享有的权利。

3. 对群岛国通行制度的影响

按照《联合国海洋法公约》第 49 条第 2 款的规定，群岛国的主权及于群岛水域，水域的上空、海床和底土，以及其中所包含的资源。但《联合国海洋法公约》第 53 条第 1 款、第 2 款规定："群岛国可指定适当的海道和其上的空中航道，以便他国船舶和飞机继续不停和迅速通过或飞越其群岛水域和邻接的领海。所有船舶和飞机均享有在这种海道和空中航道内的群岛海道通过权。"《联合国海洋法公约》第 52 条规定："在五十三条（群岛海道通过权）的限制下并在不妨碍第五十条（内水界限的划定）的情形下，按照第二部分第三节的规定，所有国家的船舶均享有通过群岛水域的无害通过权。"如果按照《联合国海洋法公约》第 49 条第 2 款的规定，群岛国对群岛水域及水域上空享有主权，在得到群岛国的同意后，其他国家的船舶和航空器才能通过。但与此同时，按照《联合国海洋法公约》第 53 条和第 52 条的规定，他国船舶享有群岛海道通过权和无害通过权。为什么会产生这样的结果？原因之一就是根据群岛基线划定的群岛水域，使群岛国管辖海域的范围扩大，不可避免地影响了其他国家原来在该水域的权利，为了平衡新的海洋规则与其他国家历史性权利之间的关系，《联合国海洋法公约》特别作了如上规定，即承认了其他国家的历史性权利。

（五）历史性权利对捕鱼制度的影响[①]

历史性权利对捕鱼制度的影响主要体现在两个方面：一是在群岛国中，《联合国海洋法公约》第 51 条第 1 款规定，在不妨害第 49 条的情形下，并在特定条件下，群岛国

① 在联合国的三次国际海洋法会议中，第二次国际海洋法会议曾对历史性捕鱼权进行讨论，但其讨论主要集中在历史性捕鱼权可能产生的影响。一种观点是，如加拿大、冰岛、乌拉圭、波兰及保加利亚等国认为，历史性捕鱼权只是对少数国家更加有利，最终使沿海国的利益受损；另一种观点是，如南斯拉夫、塞拉利昂及墨西哥等国认为，历史性权利与沿海国权利的冲突应通过国家间谈判、缔结条约等方式解决。参见 The Second United Nations Conference on the Law of the Sea，Official Records，1960，Summary Records of Plenary Meetings and of Meetings of the Committee of the Whole，Annexes and Final Act，pp.50–113。

应尊重与其他国家间的现有协定，并应承认直接相邻国家在群岛水域范围的某些区域内的传统捕鱼权利和其他合法活动。[①]二是在专属经济区，《联合国海洋法公约》第70条第5款规定："根据本条规定，地理不利国家应只有权参与开发同一分区域或区域发达沿海国的专属经济区的生物资源，同时顾及沿海国在准许其他国家捕捞其专属经济区内生物资源时，在多大程度上已考虑到需要尽量减轻其国民惯常在该经济区捕鱼的国家的经济失调及渔民社区所受的不利影响。"之所以有这些规定，就是因为在《联合国海洋法公约》未进行海域划分时，历史上这些国家在这些海域是有捕鱼的权利的，那么在海域划分后，这些权利受影响的国家的历史性权利自然在一定程度上应得到尊重。

可以说，由《联合国海洋法公约》确立的现代海洋制度在很多地方体现了历史性权利的影响，实质上也体现了《联合国海洋法公约》对历史性权利的尊重。如《联合国海洋法公约》对群岛的定义就考虑了历史标准。《联合国海洋法公约》第46条(b)项规定："'群岛'是一群岛屿，包括若干岛屿的若干部分，相连的水域和其他自然地形，彼此密切相关，以致这种岛屿、水域和其他自然地形在本质上构成一个地理、经济和政治的实体，或在历史上已被视为这种实体。"《联合国海洋法公约》第47条第6款规定："如果群岛国的群岛水域的一部分位于一个直接相邻国家的两个部分之间，该邻国传统上在该水域内行使的现有权利和一切其他合法利益以及两国间协定所规定的一切权利，均应继续，并予以尊重。"这里规定的"该邻国传统上在该水域内行使的现有权利和一切其他合法利益以及两国间协定所规定的一切权利，均应继续，并予以尊重"，也强调了对邻国在群岛水域的历史性权利。再如，对国际海底先驱者权利的尊重。由于整体性的解释方法包括考虑与公约有关的协定，因此，1994年《关于执行1982年12月10日〈联合国海洋法公约〉第十一部分的协定》（简称"1994年《协定》"）就被纳入考虑范围。《联合国海洋法公约》第十一部分是关于国际海底区域的规定，但由于美国、英国等国对该部分的规定不满，1994年7月，联合国大会通过了1994年《协定》。1994年《协定》对《联合国海洋法公约》第十一部分的内容有所更改。按照1994年《协定》附件1第1节的规定，国际海底管理局应当保护"已登记的先驱投资者"的利益。先驱投资者是指在1983年1月1日以前至少已将3 000万美元（以1982年美元定值计算）用于国际海底开发活动，且该款项中至少10%用于勘探区域的定位、勘查和评价的国家、实体、自然人或法

①《联合国海洋法公约》第51条第1款规定了行使这种权利和进行这种活动的条款与条件，包括这种权利和活动的性质、范围和适用的区域，经任何有关国家要求，应由有关国家之间的双边协定予以规定。这种权利不应转让给第三国或其国民，或与第三国或其国民分享。

人。此外，先驱投资者还指在 1985 年 1 月 1 日以前为上述同样目的，支出同样资金数额的发展中国家或其自然人或法人等。[①] 如根据 1994 年《协定》附件 1 第 1 节第 6 段的规定，一个已登记的先驱投资者可以在《联合国海洋法公约》生效后 36 个月内请求核准勘探工作计划、报告和其他数据，可以取得有关矿质的开发权。由于先驱投资者是在《联合国海洋法公约》生效前就已进行投资，那么为了公平起见，这些投资者在《联合国海洋法公约》生效前的权利也应得到保护。

三、历史性权利对领土取得方式的影响

由于根据历史性权利可以取得历史性水域及陆地领土的主权，所以，有学者指出，“历史性海湾”和“历史性海域”概念的出现，是陆地占有在海上的一种表现形式，与传统的领土取得的先占、时效、添附、割让和征服五种方式一脉相承，是 19 世纪海洋活动实践的结果，反映了陆地占有意识向海洋上的转变。[②] 当历史性权利是指历史性所有权时，历史性权利也可以成为一种领土取得方式，这是历史性权利对领土取得方式的影响，相应地也涉及它与其他领土取得方式的关系。

在国际法中，领土取得方式分为传统的领土取得方式和现代的领土取得方式，前者包括先占、时效、割让、征服及添附，后者包括民族自决、全民公投、交换领土等。比较两类领土取得方式，毫无疑问，传统的领土取得方式更具历史性，而现代的领土取得方式相对较新，更多与国家或其人民的意愿相关联，所以与历史性权利有关联的是传统的领土取得方式。由于添附是指因为自然的因素或人为的原因而形成新的领土，割让是依据条约使领土发生转移，在因这些方式取得领土主权后，一般不必用历史性权利主张主权，但是就征服来说，因其是一国用武力方式兼并他国的领土，在传统国际法中，武力是行使国家政策的工具，历史上一些领土是通过征服这种方式取得的，如果一国在取得领土主权后持续行使主权且得到他国的容忍，那么这种历史性权利在现代国际法中是成立的。另外，从构成要件看，与历史性权利有可比性的是时效及先占这两种领土取得方式。

（一）历史性权利与时效

国际法与国内法相关联的一个表现是国际法的一些概念来自国内法，时效这一概念就属于这种情况。国内法上的时效是指“一定事实状态在法定期间持续存在，从而产生

① 参见张海文主编：《〈联合国海洋法公约〉释义集》，北京：海洋出版社 2006 年版，第 323~324 页。

② 曹丕富：《关于历史性权利与我国海域划界的研究》，载高之国、张海文主编：《海洋国策研究文集》，北京：海洋出版社 2007 年版，第 469 页。

与该事实状态相适应的法律效果的法律制度”[①]。“此法律事实，有为取得权利之原因者，有为丧失权利请求权之原因者，前者之时效，谓之取得时效，后者之时效，谓之消灭时效。”[②]在国际法上，时效是指“在足够长的一个时期内对于一块土地连续地和不受干扰地行使主权，以致在历史发展的影响下造成一种一般信念，认为事物现状是符合国际秩序的，因而取得该土地的主权”[③]。也有学者将时效阐述为：“一国长期、不间断和公开地占有和统治他国部分领土从而取得该领土的主权。”[④]“一国对他国领土进行长期占有之后，在很长时间他国并不对此提出抗议和反对，或曾有过抗议和反对，但已经停止这种抗议和反对，从而使该国对他国的领土的占有不再受到干扰，占有现状逐渐符合国际秩序的一种领土取得的行为，而不论最初的占有是否合法或善意。”[⑤]按照上面的界定，国际法中的时效和国内法中的时效的不同在于“继续的所有，可以洗除原来不正的名义”，“为完成时效，并未限定有特定的时期必须经过者”[⑥]。国际法中的时效主要是在原始权利有缺陷情形下取得的时效。即使一国的某些领土原本是非法占有，但只要该国在相当长的时期内平稳占有领土，不被他国反对，该国就取得了领土主权。这种建立在非法性基础上取得的“合法权利”，并没有成为国际法上一致公认的制度，有学者指出：“时效不能确定一个关于时限和占有状况的一般原则……时效违反现代国际法尊重和维持主权和领土完整原则，不能成为领土取得方式。”[⑦]国际案例也并未支持这种主张。如在比利时与荷兰的边界案中，国际法院否认了荷兰以时效为理由对两块土地提出的主权要求，虽然荷兰在原属于比利时的边境土地上不受干扰地进行了50年以上的有效占领，但仍不能以时效为由取得对该土地的主权。[⑧]英国和挪威的渔业案中，虽然国际法院提到了“外国对挪威实践的一般容忍是一个不可挑战的事实，60余年来英国政府本身没有对挪威的做法进行抗议”，[⑨]但法院的这些谨慎用语不等于承认时效。在个人意见中，阿瓦尔滋（Alvarez）法官指出，国际法中的时效概念与国内法中的时效概念非常不同。在武力发

① 梁慧星：《民法总论》，北京：法律出版社2004年版，第237页。

② 胡长清：《中国民法总论》，北京：中国政法大学出版社1997年版，第349页。

③［德］奥本海：《奥本海国际法》（第一卷第一分册），［英］詹宁斯、瓦茨修订，王铁崖等译，北京：中国大百科全书出版社1995年版，第88页。

④ 黄瑶：《国际法关键词》，北京：法律出版社2004年版，第66页。

⑤ 王铁崖主编：《国际法》，北京：法律出版社1995年版，第172页。

⑥ 周鲠生：《国际法大纲》，北京：中国方正出版社2004年版，第64~65页。

⑦ 朱奇武：《中国国际法的理论与实践》，北京：法律出版社1998年版，第113页。

⑧ Case concerning Sovereignty over Certain Frontier Land (Belgium/Netherlands), Judgment, *I.C.J. Reports 1959*, p.231.

⑨ Fisheries Case (United Kingdom v. Norway), Judgment, *I.C.J.Reports 1951*, p.138.

挥重要作用的时期，在领土取得方面，没有时效的用武之地。在19世纪和20世纪，欧洲的政治地图发生了巨变，今天已与第二次世界大战前完全不同，没有任何适用时效的空间。[①] 如果将时效的这一类型应用到“历史性水域”，将暗示着一种假设，即根据国际法一般规则原来是属于公海的水域，但是通过时间的影响，便成为沿海国有管辖权的海域。“取得时效权利”被用在“历史性水域”中所暗示的内容通常是很可怕的。为了避免因使用这一术语而导致的无根据的假设带来的争论，在关于“历史性水域”的制度上，最好不提时效的概念[②]，但可以基于历史性权利取得历史性水域。

（二）历史性权利与先占

先占是指一国通过对无主地的有效占领而取得对该领土的主权。先占包括两个构成要件：一是先占的对象是无主地，无主地是指不属于任何国家的土地，无人岛不属于无主地，具有社会政治组织的土著部落居住的土地也不能被视为无主地。二是有效占领，所谓有效占领是指“持续和平稳地行使国家权力”。[③] 对于遥远而又没有居民或只有很少土著居民的小岛而言，持续不可能是毫无间断的，只能以“关键日期”的状态为标准；平稳是指没有遭到他国的反对，即获得他国（特别是反对国）的承认。[④]就第一个要件而言，由于先占的对象是无主地，而在海洋中是不存在无主地的，即便是公海也非无主地，所以，用先占无法解决海域主权；就陆地领土来说，目前国际社会已没有无主地，但先占对论证领土主权的归属是非常有用的。帕尔马斯岛仲裁案及克利柏敦岛仲裁案是适用先占方式解决岛屿争端的典型案例。与先占相比，历史性权利的构成要件有所不同，如果一国能够证明对某领土持续、公开有效行使主权，且得到他国的容忍，就可取得对其的主权，所以这种方式不仅可以对陆地领土适用，也可对海域适用。但是，由于先占作为传统的领土取得方式是被普遍承认的，所以在陆地领土取得中，先占理论更容易被使用，而在海洋领域，历史性权利则是取得海域主权的一种理论依据。

四、小结

历史性权利的价值决定了它必然会对现代国际法产生影响，这不仅在海洋法中有所体现，对领土取得也有影响。《联合国海洋法公约》中没有明确使用“历史性权利”这

---

① 参见 Fisheries Case（United Kingdom v. Norway），Individual Opinion of Judge Alvarez，Judgment，*I.C.J.Reports 1951*，p.151。

② Juridical Regime of Historic Waters including Historic Bays—Study Prepared by the Secretariat，A/CN，4/143，para. 68.

③ The Island of Palmas（United States of America v. the Netherlands），Award，*P.C.A.1928*，p.8.

④ 参见陈致中编著：《国际法案例》，北京：法律出版社 1998 年版，第 124 页。

一用语，一个原因在于历史性权利属于属概念，是一种权利取得的依据，对于规范海洋领域的公约，《联合国海洋法公约》规定历史性权利下的具体权利就可以解决海洋领域的问题,这可以说是历史性权利对现代海洋法的影响。如果要使历史性权利被明确写到《联合国海洋法公约》中,那么权利的斗争是必不可少的。德国法学家鲁道夫·冯·耶林(Rudolph von Jhering) 的《为权利而斗争》是一部广为人知的著作，单从标题就可以明白权利的取得是需要付出努力的，“你当在斗争中发现你的权利”①，“在既存法以利益为支撑的所有这些情况中，这是一场新法必须经受的斗争，以便为自己闯开一条通道，这是一场经常要延绵整个世纪以上的斗争。”② 所以，历史性权利要想被明确写入《联合国海洋法公约》，需要利益相关国的主张，需要它们的斗争。事实上，一些制度被纳入《联合国海洋法公约》而成为正式的制度，如直线基线、大陆架、专属经济区、群岛水域等制度，均是利益相关国主张的结果。为什么印度尼西亚和菲律宾在联合国第三次国际海洋法会议上积极倡导群岛国理论，就是因为主张群岛国对其利益最大。相反，内陆国就会积极主张内陆国的权利。上述历史性海湾、历史性所有权等写入《海洋法公约》，清楚地证明了这些制度及权利能被《联合国海洋法公约》接纳不是顺其自然的，而是努力争取的结果。有学者指出，以浓厚的历史存在为证据的长期实践不应被打断，司法机关如果忽视已经过长期和平建立的形势，那么它就是一个恶的建议者。依据历史存在及确定的行为为基础来证明对某区域的权利，很明显这是具有正当性的。③

①[德]鲁道夫·冯·耶林:《为权利而斗争》，郑永流译，北京：法律出版社 2007 年版，题记。

②[德]鲁道夫·冯·耶林:《为权利而斗争》，郑永流译，北京：法律出版社 2007 年版，第 5 页。

③ Marvin A. Fentress，Maritime Boundary Dispute Settlement: The Nonemergence of Guiding Principles，*Georgia Journal of International Law and Comparative Law*，1985，15，p.622.

第五章　南海断续线与历史性权利

南海断续线自20世纪公布以来，国际社会及学界对其看法纷纭，本章在介绍断续线概况的基础上，解析断续线的合法性，阐释断续线的性质，探讨其是否为历史性权利线及其与《联合国海洋法公约》的关系，并提出我国维护南海断续线内岛礁及水域权利的对策。

一、南海及断续线概况

（一）南海概况

南海是西太平洋的边缘海之一，周围是中国、越南、马来西亚、印度尼西亚、文莱、菲律宾等国，海域面积约350万平方公里[①]，自北向南通过台湾海峡连接东海、通过巴士海峡连接太平洋、通过马六甲海峡连接印度洋，整体呈半闭海状态。[②]南海的海上地形，按照距水面的距离，可以分为暗滩、暗沙、暗礁、干出礁、沙洲和岛屿。[③]这些海上地形

① 参见国家海洋局海洋发展战略研究所课题组：《中国海洋发展报告（2011）》，北京：海洋出版社2011年版，第19~20页。

② 按照《联合国海洋法公约》第122条的规定，半闭海是指两个以上国家所环绕并由一个狭窄的出口连接另一个海或洋，或主要由两个或两个以上沿海国的领海和专属经济区构成的海湾、海盆或海域。

③ 这些海上地形的差别是：暗滩是位于水下较深的珊瑚；暗滩堆积到离水面10米左右，形成暗沙；暗沙再堆积到接近水面时，形成暗礁；高出水面的珊瑚礁是干出礁；礁体面平而宽广成为沙洲；高潮时也高出海面的沙洲表面风化成土质而成为岛。参见斯雄：《南沙探秘》，北京：人民日报出版社2012年版，第5页。

一般被总称为南海诸岛，包括西沙群岛、东沙群岛、中沙群岛和南沙群岛。[①]20世纪50年代中期法国从越南撤离后，中国南海诸岛被他国侵占的行为开始出现。[②]东沙群岛主要由我国台湾地区控制；中沙群岛除黄岩岛外，主要是暗礁，但菲律宾时常对其提出主权要求；西沙群岛由我国控制，但是常受到越南的挑战；南沙群岛形势最为复杂，呈“瓜分豆剖”之势。20世纪60年代以来，越南、菲律宾、马来西亚等国侵占的南沙群岛的岛礁共有40多个。目前，越南是周边国家中侵占岛礁最多的国家，有29个；菲律宾位居第二，实际控制了8个岛礁；马来西亚占有5个岛礁和大面积水域；文莱主张拥有南沙群岛“南通礁”的主权；印度尼西亚虽然没有侵占我国南沙岛礁，但从1966年以来在海上划分“协议开发区”，侵入南沙海域5万平方公里。目前中国仅控制南沙群岛中的8个岛礁，其中我国台湾地区控制其中一个——太平岛。[③]可见，南沙群岛形势十分复杂。这种复杂的形势与以下几个因素有关：一是与南海具有的重要的战略地位有关。南海主权争端主要是因为南海的战略地位。如果南海诸岛被他国控制，作为他国的海军基地，那么中国沿海就会受到攻击，所以此争端是因关心国家安全而起。二是与南海蕴藏的资源有关。南海不仅渔业资源丰富、鸟粪堆积如山，而且富有油气资源[④]，且因该地区石油沉积物的含硫量低，所以这个地区深水部分的石油质量很高。[⑤]三是与《联合国海洋法公约》确立的新的海洋法制度有关。《联合国海洋法公约》确立了岛屿制度、群岛制度，使岛屿可作为基点而使一国管辖海域扩大。[⑥]所以，诸多因素使南海备受关注。

---

① 西沙群岛有32个海岛；中沙群岛有20多个礁、滩、沙。参见杨文鹤：《中国海岛》，北京：海洋出版社2000年版，第267~268页。南沙群岛由230多个岛、礁、滩、沙组成。参见吴士存：《南沙争端的起源与发展》，北京：中国经济出版社2010年版，第4页。也有数据认为南沙群岛由550多个岛屿、沙洲、暗滩、暗礁和暗沙组成，高潮时露出水面的有36个，其中岛屿和沙洲16个，礁20个。参见斯雄：《南沙探秘》，北京：人民日报出版社2012年版，第7页。东沙群岛由东沙岛和北卫、南卫两个珊瑚滩组成。其中东沙岛是东沙群岛中唯一的一个岛屿。参见郭渊：《日本对东沙群岛的侵略与晚清政府的主权维护》，《福建论坛》（人文社会科学版）2004年第8期，第41页。1983年4月24日，中国地名委员会授权公布《我国南海诸岛部分标准地名》，该标准地名对每一地形用“标准名称”“汉语拼音”和“当地渔民习用名称”方式进行了表示，参见《中华人民共和国国务院公报》1983年第10期，第452~463页。

② 参见 Nguyen Hong Thao and Ramses Amer，A New Legal Arrangement for the South China Sea?，*Ocean Development and International Law*，2009，40，p.335。

③ 由大陆海军驻守的7个岛礁是永暑礁、华阳礁、赤瓜礁、东门礁、南薰礁、渚碧礁和美济礁。参见李金明：《南海波涛——东南亚国家与南海问题》，南昌：江西高校出版社2005年版，致读者第1页。

④ 参见杨泽伟：《国际法析论》，北京：中国人民大学出版社2003年版，第323页。20世纪70年代，国外很多报道对中国丰富的石油进行了介绍，如《洛杉矶时报》就曾发表题为《美国与北京重视开发中国沿岸石油　长期联合开发巨大的海底贮藏会根本改变世界均势现状》《中国作为石油巨人的年代已到来》《中国石油蕴藏量为美国的3倍》等多篇该类报道。参见赵焕庭主编：《接收南沙群岛——卓振雄和麦蕴瑜论著集》，北京：海洋出版社2012年版，第194~205页。

⑤ 联合国亚洲及远东经济委员会主办的中国和东南亚大陆架石油初次勘探时，联合国代表团顾问埃默里（Emery）得出了此结论。

⑥ 参见《联合国海洋法公约》第121条、第47条及第48条。

（二）断续线概况

在南海中，有一形似字母 U 形状的线，即南海“U 形线”（U-shaped line）。该线也常被称为南海“九段线”（nine sectioned line）、南海“断续线”（broken line）。[①]通过该线，南海绝大多数海域被圈在断续线内。[②]之所以称之为“九段线”，很明显，是从该线的数目命名的。但是这种称谓不合适，因为虽然从目前该线的数目看，确实是九段，但是，追溯历史，在该线最初产生时是十一段线，所以用“九段线”在一定程度上是对历史的忽略。[③]2014 年 12 月 7 日的《中国政府关于菲律宾所提南海仲裁案管辖权问题的立场文件》中使用了“断续线”用语。本书除引文及为了比较“十一段线”和“九段线”外，统一使用“断续线”这一用语。在断续线公布后的相当长一段时间内，不仅当时的国际社会未提出异议，而且南海的周边国家也未有外交抗议。[④]相反，很多国家的地图均“据此标绘中国疆域”。[⑤]据初步统计，民国时期南海诸岛归入中国版图的历史地图就出版了 60 余个版本。[⑥]1974 年越南教育出版社出版的教科书，在《中华人民共和国》一课中写道：“从南沙、西沙各岛到海南岛、台湾岛，构成了保卫中国大陆的一座长城。”[⑦]这无疑通过用承认岛屿的方式肯定了断续线确定的范围。1993 年我国台湾地区有关机构对断续线定性[⑧]，使南海断续线开始受到国际社会的关注。2009 年 5 月，越南和马来西亚向联合国大陆架界限委员会提交联合划界案，中国对此提交照会并附南海断续线地图，从而再一次引发了南海周边国家及其他国家对断续线的关注。

（三）近年来国际社会关于南海断续线的质疑

近年来，国际社会对南海断续线的质疑肇始于 2009 年。按照《联合国海洋法公约》

---

① 在中英文数据库以南海“U 形线”（U-shaped line）、南海“九段线”（nine sectioned line）或南海“断续线”（broken line）为关键词均可查到相关文章。此外也有人称之为“舌形线”（tongue-shaped line）。参见 Daniel J. Dzurek，The Spratly Islands Dispute：Who's on First?，*IBRU Maritime Briefing*，1996，2，pp.1，11。

② 很多人认为该比例高达 80%。参见 Lise Lotte Odgaard，*Maritime Security Between China and Southeast Asia：Conflict and Cooperation in the Making of Regional Order*，Aldershot：Ashgate Publishing Ltd.，2002，p.90。但断续线内海域所占南海海域的具体百分比取决于南海的地理情况。按照国际海道测量组织的限定方式，断续线内水域占南海水域的 62%。参见 China：Maritime Claims in the South China Sea，*Limits in the Seas*，No.143，p.4，footnote 11，http：//www.state.gov/documents/organization/234936.pdf，访问日期：2015 年 1 月 12 日。

③ 断续线的产生发展在下文具体阐述。

④ 参见李金明：《南海断续线的法律地位：历史性水域、疆域线、抑或岛屿归属线》，《南洋问题研究》2010 年第 4 期，第 22 页。

⑤ 贾宇：《南海问题的国际法理》，《中国法学》2012 年第 6 期，第 32 页。作者在注释中提供了相关地图的名称。

⑥ 参见韩振华：《我国南海诸岛史料汇编》，北京：东方出版社 1988 年版，第 319 页。

⑦ 郑志华：《中国南海历史性权利主张于法有据》，《法制日报》2014 年 6 月 10 日，第 10 版。

⑧ 1993 年中国台湾当局通过《南海政策纲领》，并将断续线内水域称为“历史性水域”。参见李金明：《中国南海断续线：出生背景及其效用》，《东南亚研究》2011 年第 1 期，第 41 页。

第76条第8款的规定，一国如果主张200海里外大陆架，应向联合国大陆架界限委员会递交申请。1999年《联合国海洋法公约》的缔约国会议决定，对在1999年5月13日以前参加《联合国海洋法公约》的国家，在大陆架界限委员会制定的《科学与技术准则》通过（该准则于1999年5月13日通过）后的10年（2009年5月13日）内提交划界案。后来，2008年《联合国海洋法公约》缔约国会议决定，缔约国只要在5月13日前先提交一份有关外大陆架界限的"初步信息"，就被看作满足了期限规定。因此，2009年5月13日就成为递交划界案的一个期限。2009年5月6日越南和马来西亚联合向联合国大陆架界限委员会递交在南海南部的200海里外大陆架划界案，该划界案的执行摘要由7部分组成，另外包括2幅地图和2份表格。地图描绘出划界案所涉区域及大陆边外缘，基本上把南海南部全部包括在内。表格对外大陆架划界的地理坐标点进行了描述。[①] 针对这一划界案，5月7日中国常驻联合国代表团向联合国秘书长提交照会，指出："中国对南海诸岛及其附近水域拥有无可争辩的主权，并对相关海域及其海床和底土享有主权权利和管辖权。中国政府的这一一贯立场为国际社会所周知"，"上述马来西亚和越南联合划界案所涉200海里以外大陆架区块，严重侵害了中国在南海的主权、主权权利和管辖权。"[②] 在此照会中，中国附上了断续线的地图。越南与马来西亚的划界案和中国的照会，引发了很多国家的关注，它们通过照会等方式表达了各自的观点。[③] 通过了解整个事件的发展，不难发现，事情最初起因是由越南和马来西亚的联合划界案引起的，但最终的矛

① 参见 Executive Summary of Joint Submission to the Commission on the Limits of the Continental Shelf Submitted by Malaysia and the Socialist Republic of Vietnam，http：//www.un.org/depts/los/clcs_new/submissions_files/mysvnm33_09/mys_vnm2009excutivesummary.pdf，访问日期：2014年6月22日。

② Note Verbale No. CML/17/2009 from the Permanent Mission of the People's Republic of China to the UN Secretary-General，http://www.un.org/depts/los/clcs_new/submissions_files/mysvnm33_09/chn_2009re_mys_vnm.pdf，访问日期：2014年6月22日。

③ 按照时间排列，这些照会如下：5月8日越南在针对中国照会的反照会中指出："黄沙（Paracels）和长沙（Spratlys）群岛是越南领土的一部分。越南对它们有无可争辩的主权。中国对这些岛屿及其附近海域的主张，如CML/17/2009与CML/18/2009外交照会所附地图反映的，不具有法理、历史与事实基础，因而是无效的。"参见 Note Verbale No. 86/HC-2009 from the Permanent Mission of the Socialist Republic of Vietnam to the UN Secretary-General，http://www.un.org/depts/los/clcs_new/submissions_files/mysvnm33_09/vnm_chn_2009re_mys_vnm_e.pdf，访问日期：2013年10月10日。5月20日马来西亚在针对中国的照会中指出："联合划界案没有损害海岸相向或相邻国家间按照《联合国海洋法公约》第76条第10款及其附件2第9条、《大陆架界限委员会议事规则》第46条及其附件1第1、第2、第5款进行的大陆架划界。"参见 Note Verbale HA 24/09 from the Permanent Mission of Malaysia to the UN Secretary-General，http：//www.un.org/depts/los/clcs_new/submissions_files/mysvnm33_09/mys_re_chn_2009re_mys_vnm_e.pdf，访问日期：2013年10月10日。8月4日，菲律宾针对联合划界案也提交了照会，认为大陆架界限委员会不应审议联合划界案，但未对断续线发表意见。参见 Note Verbale No. 000819 from the Permanent Mission of Philippines to the UN Secretary-General，http：//www.un.org/depts/los/clcs_new/submissions_files/mysvnm33_09/clcs_33_2009_los_phl.pdf，访问日期：2013年10月10日。8月18日，针对菲律宾的照会，越南提交的照会中认为其划界申请没有损害其他国家的利益，并希望借此机会"重申对南沙群岛和西沙群岛拥有主权的立场"，"确认有关南海的所有争端必须根据国际法，特别是《联合国海洋法公约》及

头之一指向的是中国的断续线。通过分析，可以将国际社会对南海断续线的观点分为以下两类。

1. 虽未直接指出南海断续线违法，但要求中国澄清在南海的主权范围

如 2011 年 6 月，新加坡外交部发表声明，指出新加坡虽不主张对南海拥有主权，但作为主要贸易国，要求中国澄清在南海的主权范围。①

《南海各方行为宣言》通过协商的方式和平解决。”参见 Note Verbale No. 240/HC-2009 from the Permanent Mission of the Socialist Republic of Vietnam to the UN Secretary-General，http：//www.un.org/depts/los/clcs_new/submissions_files/mysvnm33_09/vnm_re_phl_2009re_mys_vnm_e.pdf，访问日期：2013 年 10 月 10 日。8 月 21，马来西亚也针对菲律宾的照会发表了照会，认为菲律宾关于北婆罗洲的主张是没有国际法依据的。参见 Note Verbale HA 41/09 from the Permanent Mission of Malaysia to the UN Secretary-General，http：//www.un.org/depts/los/clcs_new/submissions_files/mysvnm33_09/mys_re_phl_2009re_mys_vnm_e.pdf，访问日期：2013 年 10 月 10 日。印度尼西亚在 2010 年 7 月 8 日也递交了照会，认为南海中那些遥远的或很小的岛礁不能有专属经济区和大陆架，这种做法“违反了《联合国海洋法公约》的基本原则及侵犯了国际社会的合法利益”，中国断续线的“法律基础、划定方法及法律地位均没有清楚的解释”，“无异于颠覆《联合国海洋法公约》”。参见 Note Verbale No.480/POL-703/ Ⅶ /10 from the Permanent Mission of the Republic of Indonesia to the UN Secretary-General，http：//www.un.org/depts/los/clcs_new/submissions_files/mysvnm33_09/idn_2010re_mys_vnm_e.pdf，访问日期：2013 年 10 月 10 日。2011 年 4 月 5 日，菲律宾针对中国的照会提交了一照会，主要包括以下内容：一是卡拉延群岛是菲律宾领土不可分割的一部分，菲律宾对卡拉延群岛中的所有地质构造的周围或附近海域享有主权和管辖权。二是中国照会中所附的断续线地图中提到的“相关海域及其海床和底土”及“附近海域”没有国际法依据，特别是没有《联合国海洋法公约》上的依据。而根据《联合国海洋法公约》第 3 条、第 4 条、第 55 条、第 57 条及第 76 条的规定，它们应分属菲律宾的领海、200 海里专属经济区或大陆架。参见 Note Verbale No. 000228 from the Permanent Mission of Philippines to the UN Secretary-General，http：//www.un.org/depts/los/clcs_new/submissions_files/mysvnm33_09/phl_re_chn_2011.pdf，访问日期：2013 年 10 月 10 日。2011 年 4 月 5 日，针对菲律宾递交的对中国南海主张的照会，中国于 4 月 14 日向联合国秘书长递交了照会，指出：“中国对南海诸岛及其附近水域有无可争辩的主权，并对相关海域及其海床和底土享有主权权利和管辖权。中国在南海的主权、主权权利及管辖权是有充分的历史和法理依据的。”参见 Note Verbale No. CML/8/2011 from the Permanent Mission of the People's Republic of China to the UN Secretary-General，http：//www.un.org/depts/los/clcs_new/submissions_files/mysvnm33_09/chn_2011_re_phl_e.pdf，访问日期：2013 年 10 月 10 日。2011 年 5 月 3 日，越南向菲律宾和中国同时发出外交照会，认为“西沙群岛和南沙群岛是越南领土不可分割的一部分。越南对这两个群岛的主权有充分的历史证据和法律根据”。参见 Note Verbale 77/HC-2011 from the Permanent Mission of the Socialist Republic of Vietnam to the UN Secretary-General。http：//www.un.org/depts/los/clcs_new/submissions_files/mysvnm33_09/vnm_2011_re_phlchn.pdf，访问日期：2013 年 10 月 10 日。2011 年 6 月，新加坡外交部也发表声明，指出新加坡虽不主张对南海拥有主权，但作为主要贸易国，要求中国澄清在南海的范围。参见 MFA Spokesman's Comments in responses to media queries on the visit of Chinese maritime surveillance vessel Haixun 31 to Singapore，http：//www.mfa.gov.sg/content/mfa/media_centre/press_room/pr/2011/201106/press_20110620.html，访问日期：2013 年 10 月 10 日。2013 年 1 月 22 日，菲律宾向中国发出外交照会，将其与中国在南海的一些争端依据《联合国海洋法公约》的强制争端解决机制提交仲裁。其中一点就是认为断续线与《联合国海洋法公约》是不一致的，因此是无效的。参见 Notification and Statement of Claim of the Philippines to the Embassy of the People's Republic of China，http：//www.philembassy.org.au/images/2013/DFA/Notification-and-Statement-of-Claim.pdf，访问日期：2014 年 2 月 5 日。时任美国助理国务卿拉塞尔在国会听证会上声称中国根据“九段线”宣示海洋权益与国际法原则不符，应就此作出澄清或调整立场，以符合国际海洋法。参见华益文：《美国妄评南海“九段线”居心何在》，http：//news.xinhuanet.com/world/2014-02/11/c_126115464.htm，访问日期：2014 年 10 月 4 日。

① 参见 MFA Spokesman's Comments in responses to media queries on the visit of Chinese maritime surveillance vessel Haixun 31 to Singapore，http：//www.mfa.gov.sg/content/mfa/media_centre/press_room/pr/2011/201106/press_20110620.html，访问日期：2014 年 10 月 18 日。

2. 认为中国南海断续线无效

认为中国南海断续线无效的典型国家包括如下几个：①越南。越南认为“中国外交照会所附地图反映的不具有法理、历史与事实基础，因而是无效的”[①]。②菲律宾。菲律宾2009年最初的照会中并未提到南海断续线，但在2011年的照会中认为中国照会中所附的断续线地图中提到的“相关海域及其海床和底土”及“附近海域”没有国际法依据，特别是没有《联合国海洋法公约》中的依据。2013年1月22日，菲律宾向中国发出照会，并附菲律宾已将南海争端提交国际仲裁的书面通知，其中一个指控就是请求仲裁庭裁决断续线的主张与《联合国海洋法公约》是不一致的，因此是无效的。[②] ③印度尼西亚。印度尼西亚认为中国断续线的“法律基础、划定方法及法律地位均没有清楚的解释”，“无

① Note Verbale No.86/HC–2009 from the Permanent Mission of the Socialist Republic of Vietnam to the UN Secretary-General，http://www.un.org/depts/los/clcs_new/submissions_files/mysvnm33_09/vnm_chn_2009re_mys_vnm_e.pdf，访问日期：2013年10月10日。

② 2013年2月19日，中国政府退回菲律宾政府的照会及所附照会通知，并多次郑重声明，中国不接受、不参与菲律宾提起的仲裁（参见《中华人民共和国政府关于菲律宾共和国所提南海仲裁案管辖权问题的立场文件》引言部分），但仲裁程序仍然启动了。仲裁庭由5人组成，菲律宾任命德国籍的鲁迪格·沃夫姆（Rüdiger Wolfrum）为仲裁员，国际海洋法法庭庭长任命波兰籍的斯坦尼司劳·帕莱克（Stanislaw Pawlak）代表中国参加仲裁，另外3人是法国籍的皮耶尔·科特（Jean-Pierre Cot）、荷兰籍的艾尔弗莱德·松斯（Alfred H. A. Soons），加纳籍的托马斯·曼哈（Thomas A. Mensahv）担任首席仲裁员。2013年7月11日，仲裁庭召开第一次会议，开始起草仲裁程序规则，并要求当事国在8月5日前提交对程序规则草案的评议意见及提交书面答辩的日程表。在第一号程序令中，仲裁庭正式通过了程序规则并确定2014年3月30日为菲律宾提交书面陈述的日期。仲裁庭要求菲律宾在其书面陈述中充分说明所有问题，包括仲裁庭的管辖权、菲律宾诉求的可受理性以及争议的实体问题。其中，菲律宾将原来主张的断续线无效转变为请求历史性权利无效。中国于2013年8月1日向常设仲裁法院递交照会重申其“不接受菲律宾提起的仲裁”的立场，同时也阐明中国未参与仲裁程序。Arbitration between the Republic of the Philippines and the People's Republic of China: Arbitral Tribunal Establishes Rules of Procedure and Initial Timetable，*PCA First Press Release*，27 August，2013. 按照仲裁庭于2013年8月27日发布的第一号程序令，菲律宾于2014年3月30日提交其诉状，阐述了仲裁庭管辖权、菲律宾诉求的可受理性以及争议的实体问题。在第二号程序令中，仲裁庭确定2014年12月15日为中国提交其回应菲律宾诉状的辩诉状的日期。仲裁庭在征求当事双方意见之后，适时决定后续仲裁程序，包括其他书面陈述和开庭审理的必要性以及时间表。常设仲裁法院于2014年5月21日再次收到来自中国的照会，重申其“不接受菲律宾提起的仲裁”的立场以及该照会“不应被视为中国接受或参与了仲裁程序”。Arbitration between the Republic of the Philippines and the People's Republic of China，*PCA Second Press Release*，3 June，2014. 2014年12月7日，中国发表《中华人民共和国关于菲律宾共和国所提南海仲裁案管辖权问题的立场文件》，旨在阐明仲裁庭对于菲律宾提起的仲裁案没有管辖权，但不就菲律宾提请仲裁事项所涉及的实体问题发表意见。仲裁庭在发布第三号程序令的同时，针对与仲裁庭管辖权和双方争议实体问题相关的具体问题，“要求菲律宾依《程序规则》第25条第2款提交进一步书面论证。”菲律宾应在2015年3月15日之前按仲裁庭要求提交补充书面陈述。中国应在2015年6月16日之前提交其对菲律宾补充书面陈述的评论。Arbitration between the Republic of the Philippines and the People's Republic of China，*PCA Third Press Release*，17 December，2014. 第四号程序令中，仲裁庭决定将中国通信（包括立场文件）视为《程序规则》第20条中所谈及关于仲裁庭管辖权的抗辩，决定于2015年7月就仲裁庭管辖权问题进行开庭审理。Arbitration between the Republic of the Philippines and the People's Republic of China，*PCA Fourth Press Release*，22 April，2015. 2015年7月7日、8日及13日，仲裁庭就案件管辖权和可受理性进行审理，中国有权在2015年8月17日前，以书面形式对此次审理提交意见，仲裁庭期望在年底就此问题作出决定；如仲裁庭认定关于管辖权的反对意见或关于可受理性问题不具有完全初步性质，这些事项则将被保留到后续程序中以待审议和决定。Arbitration between the Republic of the Philippines and the People's Republic of China，*PCA Sixth Press Release*，13 July，2015. 2015年10月29日，仲裁庭作出关于管辖权和可受理性问题的裁决。仲裁庭全体一致裁决：对菲律宾第3项（黄岩岛不能产生专属经济区或者大陆架）、

异于颠覆《联合国海洋法公约》"。[①] ④美国。2014年2月5日，时任美国助理国务卿拉塞尔在国会听证会上声称中国根据"九段线"宣示海洋权益与国际法原则不符，应就此作出澄清或调整立场，以符合国际海洋法。[②] 美国国务院在2014年12月5日发布的第143号海洋界限的报告，题目就是《中国在南海的海洋主张》。这份报告认为中国在南海不能有历史性主张，包括不能主张历史性水域或历史性权利。其中一个原因是因为在2009年之前，中国的主张未被其他国家知晓，该报告认为中国的法律、宣言、公告或其他官方声明都没有向国际社会说明中国对断续线内水域的主张，这样其他国家没有对中国的主张反对的机会；国际社会关于历史性水域的出版物中并没有包括中国的南海断续线。[③]

第4项（美济礁、仁爱礁和渚碧礁为低潮高地，不能产生领海、专属经济区或者大陆架，并且为不能够通过先占或其他方式取得的地形）、第6项［南薰礁和西门礁（包括东门礁）为低潮高地，不能产生领海、专属经济区或者大陆架，但是它们的低潮线可能可以作为分别测量鸿庥岛和景宏岛的领海宽度的基线］、第7项（赤瓜礁、华阳礁和永暑礁不能产生专属经济区或者大陆架）、第10项（通过干扰其在黄岩岛的传统渔业活动，中国非法地阻止了菲律宾渔民寻求生计）、第11项（中国在黄岩岛和仁爱礁违反了《联合国海洋法公约》下保护和保全海洋环境的义务）和第13项（中国危险地操作其执法船只给在黄岩岛附近航行的菲律宾船只造成严重碰撞危险的行为违反了其在《联合国海洋法公约》下的义务）诉求具有管辖权；保留其对第1项（中国在南海的海洋性权利，如菲律宾一样，不能超过《联合国海洋法公约》允许的范围）、第2项（中国主张的对"九段线"范围内的南海海域的主权权利和管辖权以及"历史性权利"与《联合国海洋法公约》相违背，这些主张在超过《联合国海洋法公约》允许的中国海洋权利的地理和实体限制的范围内不具有法律效力）、第5项（美济礁和仁爱礁为菲律宾专属经济区和大陆架的一部分）、第8项（中国非法地干扰了菲律宾享有和行使对其专属经济区与大陆架的生物与非生物资源的主权权利）、第9项（中国非法地未曾阻止其国民和船只开发菲律宾专属经济区内的生物资源）、第12项（中国对美济礁的占领和建造活动违反了《联合国海洋法公约》关于人工岛屿、设施和结构的规定；违反了中国在《联合国海洋法公约》下保护和保全海洋环境的义务；构成违反《联合国海洋法公约》规定的试图据为己有的违法行为）和第14项（自从2013年1月仲裁开始，中国非法地加剧并扩大了争端，包括：干扰菲律宾在仁爱礁海域及其附近海域的航行权利；阻止菲律宾在仁爱礁驻扎人员的轮换和补充；危害菲律宾在仁爱礁驻扎人员的健康和福利）诉求的管辖权问题的审议至实体问题阶段；指令菲律宾对其第15项（中国应当停止进一步的违法权利主张和活动）诉求澄清内容和限缩其范围，并保留对第15项诉求的管辖权问题的审议至实体问题阶段；保留对本裁决中未裁决的问题进行进一步审议和指令。Arbitration between the Republic of the Philippines and the People's Republic of China，*PCA Seventh Press Release*，29 October，2015. 2015年11月24日至26日及30日，仲裁庭就实体问题及管辖权和可受理性的余留问题进行了审理。2016年7月12日，仲裁庭作出最后裁决。其中裁定对第1项和第2项诉求享有管辖权，认为《联合国海洋法公约》确定了中国在南海的海洋权利范围，中国在南海的海洋权利不能超越《联合国海洋法公约》）设定的边界。中国在南海"断续线"相关部分范围内主张的历史性权利、其他主权权利和管辖权违反《联合国海洋法公约》，超出《联合国海洋法公约》下地理和实质范围的海洋权利，因此无法律效力。参见 Award between the Republic of Philippines and the Republic of China，12 July 2016，PCA Case No. 2013-19，paras.277-278。

① Note Verbale No.480/POL-703/ Ⅶ /10 from the Permanent Mission of the Republic of Indonesia to the UN Secretary-General，http://www.un.org/depts/los/clcs_new/submissions_files/mysvnm33_09/idn_2010re_mys_vnm_e.pdf，访问日期：2013年10月10日。

② 参见华益文：《美国妄评南海"九段线"居心何在》，http://news.xinhuanet.com/world/2014-02/11/c_126115464.htm，访问日期：2014年10月4日。

③ China：Maritime Claims in the South China Sea，Limits in the Seas，No.143，p.15，http://www.state.gov/documents/organization/234936，pdf，pp.17-19，访问日期：2015年1月12日。

除上述国家的立场外，国外学者也有对断续线提出质疑的。如有学者认为中国的主张模糊，断续线地图无坐标，中国的做法不符合《联合国海洋法公约》，不能主张历史性权利。[①]或认为中国地图比例尺过小，不够精确，没有遵守国际海道组织制定的规则来制图；断续线地图前后缺乏一致性，有十一段的，有九段的，也有十段的，且各图具体位置也不同。[②]

综上，断续线已成为各国及其学者关注的热点，也成为各国指责中国“违反《联合国海洋法公约》”的一个原因。但事实上，这只是别有用心的国家刻意制造的借口。不难发现，上述国家指责中国断续线无效的理由各不相同，总体说来，不外乎以下几种：一是认为缺少法理依据，包括与国际法原则不符；二是认为断续线不符合《联合国海洋法公约》；三是认为断续线划定方法不清楚；四是认为断续线被国际社会知悉时间较晚或国际社会的出版物未涉及；五是认为没有阐述断续线的法律性质。从一定意义上讲，如果能够证明上述观点是错误的，也就说明中国断续线是合法的，尤其是在上述理由中，断续线的法律地位是一个至关重要的问题，之所以在“历史性权利”下研讨中国南海断续线问题，一个原因是有观点认为断续线是中国的历史性权利线，下文将阐释断续线的合法性，论证其性质，尤其是其是否是历史性权利线。

（四）断续线的合法性

上述各国及某些学者认为断续线无效的理由种种，但判断继续线是否合法需要依据国际法。由于国际法的来源包括国际条约、国际习惯及一般法律原则，而这些来源中的具体原则都是受国际法基本原则约束的，因此，判断断续线的合法性也需要从这些视角进行分析。

1. 断续线的产生具有国际法依据

国际法的基本原则是国际法的根基，不论国际社会对国际法基本原则有何分歧，但国家主权原则是公认的国际法的基本原则，维护一国领土完整及维护国家权益是国家主权的重要体现。从产生背景看，断续线是外界因素推动下形成的产物，是维护国家主权的必然结果。具体说来，断续线的产生包括以下两个因素。

---

① 参见 Florian Dupuy and Pierre-Marie Dupuy，A Legal Analysis of China's Historic Rights Claim in the South China Sea，*American Journal of International Law*，2013，107，pp.131–139。

② 参见 Erik Franckx and Marco Benatar，Dots and Lines in the South China Sea：Insights from the Law of Map Evidence，*Asian Journal of International Law*，2012，2，pp.110，112。

（1）对东西方列强侵占南海行为的反击

很明显，断续线的产生是为了维护国家领土主权完整。有资料记载，在 1889 年，日本就派间谍环游整个海南岛，侦查得知东沙、西沙、南沙各群岛是琼崖渔民远洋渔业驻留补给和采捕水产之所在地，于是 1907 年日本人西泽吉强占东沙群岛。[①] 东沙群岛被日本强占后，中国清政府派水师提督率领 3 艘军舰巡视西沙群岛，并在岛礁上进行了“勒石命名”“鸣炮升旗”等主权宣示的行为。[②] 日本人平田末治 1917 年查得南沙群岛鸟粪资源丰富，阴谋经营，终因欠缺理由而撤退，这又引起日本商人勾结我国商人在 1921 年瞒骗政府而导致西沙群岛鸟粪案等案件。1939 年，日本人登陆我国的琼崖，又宣布占领南沙群岛，并将其易名为新南群岛。[③] 为了维护国家权益，就有私人出版地图标明南海疆界。如 1912 年胡晋接及程敷锴出版的《中华民国地理新图》中收录的《中华民国边界海岸及面积区划图》中就有南海“连续疆界线”标示，其具体范围是“从广西防城一直沿北部湾中越中间线往南，在西沙群岛南部兜过中沙群岛，东北向一直穿过台湾海峡东部，延伸到东海和黄海的鸭绿江口”[④]。1936 年著名地理学家白眉初第一次完整画出南海诸岛，并将北纬 4° 曾母暗沙作为中国最南端的范围，但该线是一条连续线，该图在同年以《中华建设新图 · 海疆南展后之中国全图》的题目出版发行。有学者认为，这些私人出版的地图均是表明我国政府官方立场的间接证据。[⑤]

20 世纪 30 年代，西方国家也纷纷对南沙群岛采取行动，其中以法国最为嚣张，尤为典型的行动是 1933 年 7 月 25 日法国制造了南沙九岛事件。[⑥] 这些侵占行为促使国民政府要维护南海诸岛的主权。正是在这一背景下，1934 年，中国水陆地图审查委员会作出了《审定中国南海各岛屿华英岛名》的决议，1935 年 1 月公布了《中国南海各岛屿华英名对照表》，涉及岛、沙洲、暗礁、暗滩及暗沙等名称 132 个，该对照表首次将南海诸岛分为东沙岛（今东沙群岛）、西沙群岛、南沙群岛（今中沙群岛）及团沙群岛（今南沙

① 参见赵焕庭主编:《接收南沙群岛——卓振雄和麦蕴瑜论著集》，北京：海洋出版社 2012 年版，第 37 页。

②《南威岛和西沙群岛介绍》，《人民日报》1951 年 8 月 23 日，第 1 版。

③ 参见赵焕庭主编:《接收南沙群岛——卓振雄和麦蕴瑜论著集》，北京：海洋出版社 2012 年版，第 37 页、46 页。

④ 徐志良:《民国海疆版图演变与南海断续国界线的形成》，《太平洋学报》2010 年第 4 期，第 93 页。

⑤ 参见 Zou Keyuan，The Chinese Traditional Maritime Boundary Line in the South China Sea and Its Legal Consequeces for the Resolution of the Dispute over the Spratly Island，*International Journal Marine and Coastal Law*，1999，14，p.33。

⑥ 该事件是指法国非法占领了北子岛、南子岛、中业岛、南钥岛、杨信沙洲、太平岛、鸿庥岛、南威岛及安波沙洲，实际上是 7 个岛，2 个沙洲。

群岛)。[1]1935年4月，该委员会出版了《中国南海岛屿图》，较详细地标绘了各岛、沙、滩的名称和位置，在该图中确定了“中国南海最南的疆域线至北纬4°，把曾母暗沙标示在中国疆域线内”[2]。抗日战争期间，南沙群岛和西沙群岛沦于敌手，抗日战争胜利后，中国政府接收了这两个群岛。[3]1947年12月1日，当时的中国政府内政部方域司公布了《南海诸岛新旧名称对照表》，将南海分为东沙群岛、西沙群岛、中沙群岛及南沙群岛，并将群岛内岛礁的中、外旧名与新订名称的用意都详细列在对照表中，对照表中列出了共计159个岛礁。1948年2月，当时的中国政府内政部正式将其编绘的注明所有岛礁名称的《南海诸岛位置图》出版，该图正式画有一条U形疆界线，南沙群岛包括在内，并将最南端的曾母暗沙明确标出，位于北纬4°左右，这一疆界线并不是连贯的，共有十一段，也常被称为十一段线。这条断续线“从中越两国陆地边界的末端开始，向南顺着越南、马来西亚、文莱和菲律宾海岸延伸至台湾与菲律宾之间的巴士海峡”[4]。可见，该线的标绘是为了维护我国的国家主权。

中华人民共和国成立后出版的中国地图，基本沿袭了以前的画法，直至1953年去掉了北部湾内的两条线，此后出版的中国地图改为九段线。[5]我国有学者采用数字化仿射变换，利用地理信息系统分别量测出新旧各9条断续线的经纬度坐标，发现了前后断续线的一些异同。十一段线与九段线的不同表现在以下两个方面：一是二者位置并不完全重合，表现出多种位置关系，有的是相互衔接，有的是相互平行，还有的新线在旧线的延伸线的位置上；二是长度上具有差别，旧断续线长度较长，通常在130公里至210公里之间，而新断续线长度一般在120公里至130公里之间。相同之处是二者界定的领土范围基本一致，旧断续线内的南海海域面积约192.7万平方公里，新断续线以内的南海海域面积约为202.5万平方公里。[6]“2001年国家测绘局编制的《中国国界线画法标准样图》

① 韩振华主编:《我国南海诸岛史料汇编》，北京：东方出版社1988年版，第19~20页。

② 吴士存:《南沙争端的起源与发展》，北京：中国经济出版社2010年版，第34页。

③ 有学者撰文详细介绍了当时中国政府接收南沙群岛的情况。参见赵焕庭主编:《接收南沙群岛——卓振雄和麦蕴瑜论著集》，北京：海洋出版社2012年版，第48页。

④ 高健军:《中国与国际海洋法——纪念〈联合国海洋法公约〉生效10周年》，北京：海洋出版社2004年版，第136页。

⑤ 李金明:《南海波涛——东南亚国家与南海问题》，南昌：江西高校出版社2005年版，第91页；姜丽、李令华:《南海传统九段线与海洋划界问题》，《中国海洋大学学报》(社会科学版)2008年第6期，第7页。

⑥ 参见王颖、马劲松:《南海海底特征、资源区位与疆界断续线》，《南京大学学报》(自然科学版)2003年第6期，第802~804页。美国国务院的报告也指出断续线内海域面积约200万平方公里，是中国陆地面积的22%，占据了南海主要的海域范围。参见China：Maritime Claims in the South China Sea. *Limites in the Sea*，http：//www.state.gov/documents/organization/234936.pdf，访问日期：2015年1月12日。

（1：1 000 000）是中国政府对‘断续线’的法定表示。”[①]2009 年，中国政府的照会中附了南海断续线图。

（2）顺应当时国际社会海洋形势的需要，扩大国家海洋管辖范围

从断续线公布的时代看，当时的国际海洋形势有了新的变化。1945 年 9 月 28 日，时任美国总统杜鲁门发表的《关于美国对大陆架底土和海床自然资源的政策宣言》（简称《杜鲁门公告》）宣称："毗连美国海岸（但不包括上覆水域）的大陆架的底土和海床的自然资源属于美国，受美国的管辖和控制……大陆架上覆水域作为公海的性质以及公海自由和无阻碍航行的权利不受任何影响。"[②]《杜鲁门公告》是海洋圈地运动的一种表现，而后很多国家，如墨西哥、智利、秘鲁、哥斯达黎加、萨尔瓦多、巴拿马、洪都拉斯等相继发表了类似的声明，总之，断续线的产生实为外界环境所迫，外界因素促使了国内行为的发生。也可以说，我国是通过划定断续线的方式来实现杜鲁门公告的效果的。

2. 断续线不违反《联合国海洋法公约》

断续线不违反《联合国海洋法公约》这一结论是建立在将断续线视为历史性权利线的基础上的，"历史性权利线"这一结论将在后文详述。历史性权利包括岛屿主权，还包括水域主权及在水域中享有的不具有主权性质的权利。

首先，断续线涉及岛屿主权归属，对于岛屿主权归属问题，并不能用《联合国海洋法公约》来解决，领土争端适用历史事实及国际法关于领土取得方式的规定，《联合国海洋法公约》本身也规定只解决"有关公约解释或适用的任何争端"。[③]

其次，就海域中的历史性权利来说，断续线并不违反《联合国海洋法公约》。原因之一是，如前文所述，《联合国海洋法公约》并没有否定历史性权利，相反，《联合国海洋法公约》对很多历史性权利是承认的，如历史性所有权、历史性捕鱼权等，而这些权利恰好是历史性权利的表现形态。原因之二是，即便认为《联合国海洋法公约》未规定历史性权利，也不能否定历史性权利的存在，因为《联合国海洋法公约》序言规定，《联合国海洋法公约》未规定的事项，"以一般国际法的规则和原则为准"。原因之三是，从时际法的角度判断，断续线也不违反《联合国海洋法公约》的规定。断续

① 贾宇：《南海"断续线"的法律地位》，《中国边疆史地研究》2005 年第 2 期，第 115 页。

② A.L.Hollick，US Ocean Policy：the Truman Proclamation，*Virginia Journal of International Law*，1976-7，17，pp.23-25.

③《联合国海洋法公约》第 279 条。

线的产生不仅早于1982年的《联合国海洋法公约》，也早于1958年在联合国框架下召开的联合国第一次国际海洋法会议通过的四个公约。[①] 根据国际法中的时际法，不能用1982年的《联合国海洋法公约》来判断公布于1948年的断续线，也不能将《联合国海洋法公约》作为判断中国在南海行为合法性的唯一依据或者主要依据。

3. 断续线地图符合习惯国际法，具有国际法效力

地图是指按照一定数学法则，运用符号系统，以图形或数字的形式表述具有空间分布特性的自然与社会现象的载体。地图表达的不仅是测绘者笔下的自然人文景观，更是其心中认可的权力意志与空间秩序。[②] 从画法看，南海断续线基本是沿着南海诸岛外缘岛屿划定的，北边是东沙群岛的北卫滩，东边是中沙群岛的黄岩岛和南沙群岛的海马滩，南边是南沙群岛的曾母暗沙，西边是南沙群岛的万安滩。[③] 这种断续线的画法是一种地理速记的简单方法，"目的是把众多的岛礁全部包括在一条界线之内，省得逐一罗列出来。"[④] 在确定岛屿归属时，这种地理速记法曾是广泛使用的方法，很多国家都采用了这种方法。[⑤] 从地图具有的效力看，其主要是在以下两种方式下会具有约束力。

第一种方式是地图成为条约的组成部分。地图本身不可能是条约，但可能成为条约的组成部分。如在国家间通过谈判签订边界条约时，约文详述边界的位置和走向，并附有标志边界的地图。这时，地图成为边界条约的组成部分而具有效力。这在司法实践中也是得到承认的。如在比利时与荷兰的某些边境领土主权案中，双方根据《比利时与荷兰边界条约》第3条，同意将"描述准确、勘测详细的地图及地形图作为条约的附件，并赋予其与条约同等的效力"。法庭也确认："标明争端土地属于比利时的地图成为解决

---

① 在联合国框架下举行的第一次国际海洋法会议于1958年2月24日至4月27日在日内瓦召开，此次会议通过了四个公约，即《领海及毗连区公约》《大陆架公约》《公海公约》《公海渔业和生物资源养护公约》，此外，会议还通过了《关于强制解决争端的任择签字议定书》。

② J. B. Harley，Deconstructing the Map，*Cartographica*，1989，26，pp.1–20.

③ 参见李金明：《南海断续线的法律地位：历史性水域、疆域线、抑或岛屿归属线？》，《南洋问题研究》2010年第4期，第27页。

④ 李金明：《南海断续线的法律地位：历史性水域、疆域线、抑或岛屿归属线？》，《南洋问题研究》2010年第4期，第27页。

⑤ 1867年美国和俄罗斯关于阿拉斯加的划界、1899年英国和德国瓜分所罗门群岛的划界就采用的这种方法。参见 J.R. V. Prescott，*The Maritime Political Boundaries of the World*，London：Methuen，1985，p. 235。

争端依据的一部分,且和条约本身有同等的法律效力。”[①] 在布基纳法索与马里的边境争端案中，国际法院强调，在领土边界划分及领土主权归属争端中，地图本身并不能成为任何权利，而只是解决争端的一种证据。地图虽然在一些案件中具有法律效力，主要原因是此时地图已成为边界条约的组成部分或者是有效的附属地图。[②] 根据条约信守原则，缔约国要遵守合法有效的条约，当地图成为条约的组成部分时，地图同样也具有效力。当然，即便如此，地图也须满足下文所言的“准确性”“客观性”等条件才能具有效力。相比之下，很明显南海断续线并不是作为条约的组成部分发挥效力的，所以需要从其他角度来分析其效力。

第二种方式是地图具有效力已成为习惯国际法。如果地图具有效力已成为习惯国际法，需要证明的是地图的这一效力是被各国长期反复实践的，且具有法律确信。由于司法判例和仲裁裁决对习惯国际法的形成发展有重要的促进作用，这里以司法和仲裁实践来说明地图的效力。从国际实践看，有诸多案例涉及地图的效力，如印度与巴基斯坦的卡奇沼泽地案[③];常设仲裁法院审理的帕尔马斯岛仲裁案[④]、厄立特里亚与也门之间的领土和海域划界仲裁案[⑤]；常设国际法院审理的波兰与捷克斯洛伐克的边境案[⑥];国际法院审理的案件有英法之间的敏基埃岛和艾克里荷斯岛案[⑦]、隆端寺案[⑧]、比利时与荷兰的某些边界领土主权案[⑨]、布基纳法索与马里边境案、博茨瓦纳与纳米比

① 该案案情大概如下：1836 年 11 月 29 日，比利时与荷兰为了划分征税区达成协议备忘录。1839 年 4 月 19 日，两国签订《伦敦协议》，根据该协议成立了混合边界委员会，1842 年签订边界条约。但是双方在备忘录和边界条约的解释上存在不同观点。比利时发挥了地图的作用，维护自己的利益。Guenter Weissberg，Maps as Evidence in International Boundary Disputes：A Reappraisal，*American Journal of International Law*，1963，57，pp.787–788。

② Frontier Dispute（Burking Faso/Republic of Mali），Judgment，*I.C.J. Reports 1986*，pp.584–585，paras.58–61.

③ 该案也称印度与巴基斯坦西部边界案，是通过成立仲裁法庭的方式解决的。

④ The Island of Palmas（United States of America v. the Netherlands），Award，*P.C.A.1928.* 帕尔马斯岛，荷兰称之为棉加斯岛（Island of Miangas），是一个单独的孤立的小岛，离菲律宾棉兰老圣奥古斯汀岬（Cape San Augustin）约 48 海里，离荷属东印度最北的纳努萨岛（Nanusa）约 51 海里，处于中界岛的地位。据说该岛是西班牙人 16 世纪发现的。自 1677 年以来，岛上的土著居民已根据建立宗主权的协议与荷属东印度公司联合，从此成为后者的一部分。1898 年美西战争后，西班牙在《巴黎和约》中同意将菲律宾群岛及附近岛屿割让给美国，美国认为帕尔马斯岛属于割让的范围。1906 年，美国司令官里昂纳德 · 伍德在视察该岛时，发现岛上悬挂荷兰国旗。美荷就此事谈判无果，两国于 1925 年 1 月 23 日签订仲裁协议，将争端递交常设仲裁法院裁决。1928 年 4 月 4 日独任仲裁员胡伯裁决荷兰拥有对帕尔马斯岛的主权。

⑤ 参见 Eritrea–Yemen Arbitration，Phase 1：Territorial Sovereignty and Scope of the Dispute，Award，*P.C.A.1998*。

⑥ Delimitation of the Polish/Czechoslovakian Frontier Advisory Opinion，1923，P.C.I.J.，Series B，No.8.

⑦ 参见 Minquiers and Ecrehos Case，Judgment，*I.C.J. Reports 1950*。

⑧ 参见 Case concerning the Temple of Preah Vihear（Cambodia v. Thailand），Merits，Judgment，*I.C. J. Reports 1962*。

⑨ 参见 Case concerning Sovereignty over Certain Frontier Land，Judgment，*I.C.J. Reports 1959*。

亚之间的卡西基里和塞杜杜岛案[①]、卡塔尔诉巴林的海洋划界和领土问题案[②]、喀麦隆诉尼日利亚领土与海洋边界案[③]、贝宁与尼日利亚的边界争端案[④]、尼加拉瓜诉洪都拉斯领土与海洋争端案、印度尼西亚与马来西亚之间的利吉丹岛和西巴丹岛主权归属案[⑤]、马来西亚与新加坡关于白礁岛、中岩礁和南礁主权争端案。[⑥]从这些案件中可以总结出以下规律。

（1）司法实践对地图的作用经历了从限制到赋予其相对重要的地位的转变

传统上，国际法庭对地图的作用有较严格的评价，在很多情况下，国际法院认为地图至多是审理案件的辅助证据，而且在性质上具有传来证据的特征。[⑦]如在 1928 年的帕尔马斯岛仲裁案中，仲裁员胡伯指出，在用地图决定主权问题时必须尽最大的谨慎（with the greatest caution）义务，任何没有精确指出领土的政治分配的地图都不能被接受，除非它们有助于确定地理命名的位置，才可假定地图是准确的。[⑧]在布基纳法索与马里边境案中，国际法院指出了为何地图难以为法院提供证据的原因，这与地图的中立性及技术可靠性有关。除非地图是国家意愿的外在表达，否则地图本身不能被视为边境的证据。[⑨]后来，地图的作用有所改变。有法官指出，地图证据在解决与领土主权有关的法律问题时不总是有决定作用，但是它可能构成一国对某领土占领及行使主权这些事实的证据。[⑩]

---

① Kasikili/Sedudu Island（Botswana/Namibia），Judgment，*I.C. J. Reports1999.*

② Maritime Delimitation and Territorial Questions between Qatar and Bahrain（Qatar v. Bahrain），Merits，Judgment，*I. C. J. Reports 2001.*

③ Land and Maritime Boundary between Cameroon and Nigeria（Cameroon v. Nigeria：Equatorial Guinea intervening），Judgment，*I. C. J. Reports 2002.*

④ Frontier Dispute（Benin/Niger），Judgment，*I.C.J. Reports 2005.*Territorial and Maritime Dispute between Nicaragua and Honduras in the Caribbean Sea（Nicaragua v. Honduras），Judgment，*I.C.J. Reports 2007.*

⑤ Sovereignty over Pulau Ligitan and Pulau Sipadan（Indonesia /Malaysia），Judgment，*I. C. J. Reports 2002.*

⑥ 参见 Case concerning Sovereignty over Pedra Branca/Pulau Batu Puteh，Middle Rocks and South Ledge（Malaysia/Singapore），Judgment，*I.C.J. Reports 2008*。

⑦ 参见 Durward V. Sandifer，*Evidence before International Tribunals*，Charlottesville：University Press of Virginia，2nd Edition，1975，pp.229–230。

⑧ The Island of Palmas（United States of America v. the Netherlands），Award of the Tribunal，*P.C.A.1928*，pp.20–21.

⑨ 参见 Frontier Dispute（Burking Faso/Republic of Mali），Judgment，*I.C.J. Reports 1986*，p.583，para.56。

⑩ 参见 The Minquiers and Ecrehos Case（France/United Kingdom），Individual Opinion of Judge Levi Carneiro，Judgment，*I. C. J. Reports 1953*，p. 105。

（2）实践证明地图必须满足特定的要件才具有法律效力

第一，地图必须具备地理上的准确性。[①]在帕尔马斯岛仲裁案中，仲裁员胡伯不仅指出只有精确指出领土的政治分配的地图才能被接受[②]，而且还强调，不仅古代的地图，即使是现代官方或半官方制作的地图也需要精确。[③]在印度与巴基斯坦的卡奇沼泽地案中，法庭之所以没有赋予地图明确的证据分量是因为地图模糊且相互矛盾。[④]地图精确与否，需要有一个参照系，只能以公布时的国际社会的标准为依据。就断续线地图来说，1948年公布的《南海诸岛位置图》标有经纬度，“可以基本反映中国的立场与主张的范围，应该认为具备足够的精确。”[⑤]如果以《国际海道测量组织海图规范》和海洋法技术问题咨询委员会的《联合国海洋法公约技术问题手册》为标准，当然中国的断续线不够精确，但是这些规范都是在20世纪80年代才出台的，用20世纪80年代的标准来衡量20世纪40年代的地图的规范性，显然违背了法不溯及既往的原则。

第二，制图者的要素。首先，制图者应具有官方身份。对于体现一国国家意志的地图很明显与制图者的身份是相关的，也就是具有官方身份的地图才能体现国家意志，具体可以体现为政府部门绘制的或政府授权私人绘制的或虽由私人绘制但被政府采用的地图。在贝宁与尼日尔的边境争端案中，国际法院分庭再次重申了在布基纳法索与马里边境案中国际法院的观点，强调除非地图构成了国家意志的明确表达，否则地图本身不能视为边界归属的证据。[⑥]其次，地图应该具有中立性。中立性的体现是非利益当事国为自身利益制定的地图会比当事国自身绘制的地图效力强。在英法之间的敏基埃岛和艾克里荷斯岛案中，法国海事部部长提供的海图显示敏基埃岛属于英国[⑦]；英国提供了1905年和1932年德国出版的地图，两幅地图均显示争端岛屿属于英国；法国也出示了意大利等国出版的地图，但这些地图有的显示艾克里荷斯岛属于英国但没有提到敏基埃岛，有的均未显示两岛属于英国但也未标明属于法国。[⑧]可见，英法两国都在试图通过中立的地图来证明岛屿的归属。在布基纳法索与马里的边界案中，国际法院强调决定地图分量的其

① The Island of Palmas（United States of America v. the Netherlands），Award，*P.C.A.1928*，p.21.

② The Island of Palmas（United States of America v. the Netherlands），Award，*P.C.A.1928*，pp.20-21.

③ The Island of Palmas（United States of America v. the Netherlands），Award，*P.C.A.1928*，p.21.

④ 参见 Victor Prescott，Gillian D. Triggs，*International Frontiers and Boundaries*，Leiden/Boston：Martinus Nijhoff Publishers，2008，p.208。

⑤ 郑志华：《中国南海U形线地图的可采性与证明力》，《外交评论》2013年第4期，第38页。

⑥ Frontier Dispute（Benin/Niger），Judgment，*I.C.J. Reports 2005*，p.119，para.44.

⑦ 参见 The Minquiers and Ecrehos Case（France/United Kingdom），Judgment，*I.C. J. Reports 1953*，p.66。

⑧ The Minquiers and Ecrehos Case（France/United Kingdom），Individual Decision Opinion of Judge Levi Carneiro，Judgment，*I.C.J. Reports 1953*，p.105，para.20.

他因素包括地图来源的中立性。① 在尼加拉瓜诉洪都拉斯的领土和海洋争端案中，国际法院再次强调了该观点。② 在尼加拉瓜诉洪都拉斯的领土和海洋争端案中，双方均提供了大量的地图来证明自己的主张，但是双方也均承认自己收集的这些地图并不构成领土权利或岛屿主权的证明，即地图可能只具有证明价值。③ 最后，国际法院认为双方提供的地图均不是有效的法律文件的一部分，也不是双方缔结的边界条约的特定部分，双方递交的地图不能支持各自对岛屿的主权主张。④ 就南海断续线地图来说，其最初是中华民国政府颁布的，后来中华人民共和国继续使用该地图，2009 年和 2011 年还发表了外交照会，其官方性毋庸置疑。而且其他一些国家出版的很多地图也标绘有断续线，且都显示了南海诸岛属于中国。⑤

第三，还须考虑地图的客观性。地图的客观性除体现在地图应实际反映其所针对的地理空间外，还涉及地图的前后一致性。在博茨瓦纳与纳米比亚之间的卡西基里和塞杜杜岛案中，国际法院指出："由于提交的地图存在不确定和不一致之处，因此无法在本案中得出地图具有证据效力。"⑥ 这里产生的问题是如何解释这种一致性。从技术角度讲，复制粘贴会有完全一致的结果。如前所述，虽然从断续线产生至今确实有所变化，如从十一段线到九段线，国际上也有观点认为，2009 年中国在照会中所附地图与 1947 年断续线公布时的地图以及与 1984 年中国地图出版社出版的地图是不一致的⑦，但整体变化不大，这种细微的差别与制图者、周边海洋形势的变化都有关系，从十一段线变成九段线是因为中越北部湾谈判时白龙尾岛主权的变化，所以才将北部湾的两条线删去，而且这期间中国政权发生了更迭，绘图的机构有所改变，自然绘的图就有不同。至于地图中显示的中国台湾地区北部与日本和那国岛之间的线是中日之间的界限，与南海断续线无关，只不过在地图上会有所显示。事实上，中国也从未对这些线标明各自序号，但一般常说

---

① Frontier Dispute (Burkina Faso/Republic of Mali)，Judgment，*I.C.J. Reports 1986*，p.583，para. 56.

② Territorial and Maritime Dispute between Nicaragua and Honduras in the Caribbean Sea (Nicaragua v. Honduras)，Judgment，*I.C.J. Reports 2007*，p.723，para.216.

③ Territorial and Maritime Dispute between Nicaragua and Honduras in the Caribbean Sea (Nicaragua v. Honduras)，Judgment，*I.C.J. Reports 2007*，p.722，para.209.

④ Territorial and Maritime Dispute between Nicaragua and Honduras in the Caribbean Sea (Nicaragua v. Honduras)，Judgment，*I.C.J. Reports 2007*，p.724，paras.218–219.

⑤ 参见韩振华主编：《我国南海诸岛史料汇编》，北京：东方出版社 1988 年版，第 635 ~ 669 页。

⑥ KasikillSedudu Island (Botswan/Namibia)，Judgrnent，*I. C. J. Report.1999*，p.1100. para.87.

⑦ China：Maritime Claims in the South China Sea. *Limits in the Seas*，No.143，pp.5–7，http：//www.state.gov/documents/organization/234936.pdf，访问日期：2015 年 1 月 12 日。

的第十段线即是此线，有的研究中也直接对此标明了序号。[①] 但正如学者所言，从南海断续线公布以来，虽在地图上的标注有所变化，但正是这种发展变化，说明了“历届中国政府对南海管辖权和行政权的继承和行使”[②]。

4. 他国不知悉不能否认断续线的合法性

有国家以第三国是否知悉断续线来论证中国断续线的合法性，认为2009年后国际社会才有机会知道中国的主张，而且国际社会关于历史性水域的出版物中也无断续线。[③] 这种观点存在以下不足之处：第一，中国在1948年发行的官方地图中就标绘了南海断续线，不能因为其是中文版本而非英文版本就否定其公开性，因为即便在联合国，中文也是该国际组织的官方语言。正如有学者所言，如果国际法要发挥作用，“它必须是国际的，而不单单是英国的，或者是欧洲的，或者是美国的。”[④] 而且事实上有学者明确指出，“最近对‘地图主张’的抗议似乎显示，事实上，各国对‘文明国家出版的地图保持高度关注’”，“总体看来，各国彼此都会收集其他国家的国内立法或一国主权授权下的其他行为，一国主张对他国行为的不知情只有在极特殊的情况下才会被接受。所以一国为了自身利益应密切关注他国的大量的官方行为，一旦他们认为自己的权利因该国受到影响或可能受到影响，他们应通过国际法承认的法律手段进行反对。”[⑤] 所以断续线地图最初出版，他国就有知悉它的机会，这种“不知悉”只是一种借口，不是判断中国断续线合法与否的依据。第二，不能因为中国在立法或其他官方文件中未说明南海断续线的性质，就否定中国对其的权利，因为在法律中，权利主张可以是明示的，也可以通过默示的行动得以证明，如果通过中国在南海断续线内的行动可以证明中国对其的权利，那么它与通过立法等明示方式具有相同的效力。第三，即便国际社会关于历史性水域的出版物中没有断续线的记载，也不能说明断续线不合法，因为这不仅与这些出版物的权威性有关，而且这些出版物也并非是穷尽的，不能以其不全面性来否定他国的权利，否则就是“强盗理论”。

5. 断续线的性质是可以确定的

目前，中国政府确实没有公布断续线的性质，但从中国官方的行为及国际法的理论是可以证明断续线到底是何性质，能否将其定位为历史性权利线的。

---

① China：Maritime Claims in the South China Sea. *Limits in the Seas*，No.143，p.4，http：//www.state.gov/documents/organization/234936.pdf，访问日期：2015年1月12日。

② 贾宇：《南海“断续线”的法律地位》，《中国边疆史地研究》2005年第2期，第115页。

③ China：Maritime Claims in the South China Sea. *Limits in the Seas*，No.143，p.15，http：//www.state.gov/documents/organization/234936.pdf，pp.17–19，访问日期：2015年1月12日。

④［英］菲利普·桑斯：《无法无天的世界：当代国际法的产生与破灭》，单文华等译，人民出版社2011年版，致谢第3页。

⑤ Yehuda Z. Blum，*Historic Titles in International Law*，The Hague：Martinus Nijhoff Publishers，1965，p.150.

通过上述分析，可以看出，断续线是合法的。

二、断续线性质的不同观点

一些国家对断续线进行指责，原因之一就是认为其性质不清，下文将从官方立场及学者观点加以分析。

（一）官方立场

断续线到底是什么性质，首先需要考察官方的立场。

从前文所述的断续线的产生背景看，它是为了维护中国岛屿的领土主权及海洋权益而设立的，设立断续线之初并未公布其性质。1949 年中华人民共和国成立后，一直使用断续线，只是后来北部湾中的两段被删除，使断续线由十一段变成了九段。至于为何删除两段，有学者分析认为这可能与北部湾内白龙尾岛的主权由中国转移给越南有关。[①] 以 1996 年中国批准《联合国海洋法公约》及 2009 年中国政府发布的照会为分界点，可以将我国的官方立场分为三个阶段。

第一阶段：中华人民共和国成立至我国批准《联合国海洋法公约》前。中华人民共和国成立后通过的第一个海洋法文件是 1958 年的中国政府《关于领海的声明》，该声明指出东沙群岛、西沙群岛、中沙群岛及南沙群岛属于中国，中国采用直线基线，但是并没有提到断续线；1992 年《领海及毗连区法》重申了岛屿主权及直线基线的内容 [②]，也没有提到断续线。但是，这两个文件中提到的南海诸岛是在断续线内的，所以可以看出中国是对断续线内岛屿享有主权的，同时，"中国大陆及其沿海岛屿与中国台湾地区之间隔有公海"说明断续线内水域不全部是内水。

第二阶段：中国批准《联合国海洋法公约》至 2009 年中国政府发布照会前。1996 年 5 月 15 日，中国批准了《联合国海洋法公约》，同日公布了《关于中华人民共和国领海基线的声明》。该声明重申《领海及毗连区法》中规定的中国对各群岛及岛屿的主权，宣布了大陆领海的部分基线和西沙群岛的领海基线，其中大陆基点 49 个、西沙群岛基点

---

① 参见 Zou Keyuan，The Chinese Traditional Maritime Boundary Line in the South China Sea and Its Legal Consequeces for the Resolution of the Dispute over the Spratly Island，*International Journal Marine and Coastal Law*，1999，14，p.35。

②《领海及毗连区法》第 2 条规定，中华人民共和国领海为邻接中华人民共和国陆地领土和内水的一带海域。中华人民共和国的陆地领土包括中华人民共和国大陆及其沿海岛屿、台湾及其包括钓鱼岛在内的附属各岛、澎湖列岛、东沙群岛、西沙群岛、中沙群岛、南沙群岛以及其他一切属于中华人民共和国的岛屿。中华人民共和国领海基线向陆地一侧的水域为中华人民共和国的内水。第 3 条规定，中华人民共和国领海的宽度从领海基线量起为 12 海里。中华人民共和国领海基线采用直线基线法划定，由各相邻基点之间的直线连线组成。中华人民共和国领海的外部界限为一条其每一点与领海基线的最近点距离等于 12 海里的线。

28个。由于西沙群岛的直线基线并非是群岛国的直线基线，所以在西沙群岛直线基线内的水域也是内水。该声明最后指出，中国政府将再行宣布中国其余领海基线。根据《领海及毗连区法》，2012年中国政府发表了《关于钓鱼岛及其附属岛屿的领海基点基线的声明》，在钓鱼岛及其附属岛屿上选定了17个领海基点划定领海基线。

1998年中国颁布《专属经济区和大陆架法》，[①] 该法第14条规定："本法的规定不影响中华人民共和国享有的历史性权利。"[②] 对于《专属经济区和大陆架法》第14条有两个问题需要解释：一是如何理解《专属经济区和大陆架法》第14条的含义；二是《专属经济区和大陆架法》第14条是否与断续线有关。对于第一个问题，有学者从以下角度进行了分析：首先，将其解释为与《联合国海洋法公约》规定的专属经济区和大陆架有相同的法律地位；其次，将其理解为中国声称的享有历史性权利的海域超过了200海里；最后，将其理解为中国主张的历史性水域处于200海里范围内，但是中国却将其列入了与专属经济区不同的国家管辖范围。[③] 从立法背景及法的解释原则看，《专属经济区和大陆架法》第14条有以下含义：一是中国依据该法在200海里专属经济区和大陆架内享有某些权利，但在200海里内，如果有一些权利依据该法不能享有，但依据历史性权利可以享有，则不能因为《专属经济区和大陆架法》的实施而影响历史性权利。二是《专属经济区和大陆架法》规定的是200海里的范围，但中国在200海里以外的海域也享有历史性权利，所以中国在200海里以外的历史性权利不会因《专属经济区和大陆架法》的实施受到影响。对于第二个问题，因为一国的主张不仅可以通过明示方式表达，也可以通过默示的行动加以体现，虽然《专属经济区和大陆架法》没有涉及断续线，但从该法颁布实施的20世纪90年代发生的一些事件可以得出有关结论。如在1992年5月8日，中国海洋石油公司与美国科雷斯顿能源公司（Crestone Energy Company）签订了在南沙群岛西部海域"万安北-21"合同区25 255公里内联合勘探开发石油的合同，虽然越南表示

① 1998年的《专属经济区和大陆架法》共16条，第1条规定的是该法的立法目的，第2条规定的是中国专属经济区和大陆架的范围，第3条至第13条规定的是中国和其他国家在中国专属经济区和大陆架中享有的权利义务，第15条规定中国政府可以根据该法制定有关规定，第16条是该法的施行日期。

② 对于该条中的"历史性权利"有学者将其翻译为"historic rights"。参见 Zhiguo Gao and Bingbing Jia，The Nine-Dashi Line in the South China Sea：History，Status，and Implications，*American Journal of International Law*，2013，107，p.105。也有学者将其翻译为"historical rights"。参见 Florian Dupuy and Pierre-Marie Dupuy，A Legal Analysis of China's Historic Rights Claim in the South China Sea，*American Journal of International Law*，2013，107，p.129。同时参见 Nguyen-Dang Thang and Nguyen Hong Thao，China's Nine Dotted Lines in the South China Sea：The 2011 Exchange of Diplomatic Notes Between the Philipines and China，*Ocean Development and International Law*，2012，43，p.46。

③ Zou Keyuan，Historic Rights in International Law and in China's Practice，*Ocean Development and International Law*，2001，32，p.162.

反对，但在1992年6月1日，中国政府批准了该合同。[①] 与此同时，越南在1993年3月把与科雷斯顿勘探区邻近的青龙（Thanh Long）地区批准给美国美孚公司进行石油勘探开发活动[②]，1996年4月10日，越南又把科雷斯顿勘探区同一海域的两个区域批准给美国康诺康（Conoco）公司进行石油勘探开发活动。[③] 中国对此强烈反对，不仅重申对南海诸岛的主权，还指出整个合同区全部是在"万安北-21"合同区内。[④] 从这些可以看出，《专属经济区和大陆架法》第14条与断续线有关系，而且从该行为也可看出，中国在南海除主张岛屿主权外，也开始行使在海域中的权利。至少可以说，断续线不仅仅是岛屿归属线，中国也对线内海域享有权利。

第三阶段：2009年中国政府递交照会至今。如前所述，2009年5月13日是各国提交外大陆架申请案的一个关键时间点，因此，2009年可以说是一个新的阶段。2009年5月6日，越南和马来西亚联合向联合国大陆架界限委员会递交在南海南部的200海里外大陆架划界案，中国常驻联合国代表团在2009年5月7日向联合国秘书长提交的照会中指出："中国对南海诸岛及其附近水域有无可争辩的主权，并对相关海域及其海床和底土享有主权权利和管辖权。"[⑤] 该照会同时附有断续线地图。2011年4月5日，针对菲律宾递交的对中国南海主张的照会，中国于2011年4月14日也向联合国秘书长递交照会，指出："中国对南海诸岛及其附近水域有无可争辩的主权，并对相关海域及其海床和底土享有主权权利和管辖权。中国在南海的主权、主权权利及管辖权是有充分的历史和法理依据的。"[⑥] 此外，2011年7月23日，时任中国外交部部长杨洁篪在第十八届东盟地区论坛外长会议上发言时指出："中国在南海的主张有充分的历史和法理依据"，"南海断续线是中国政府于1948年正式公布的。中国在南海的主权、权利及相关主张是在长期的历史过程中形成和发展起来的，一直为中国政府所坚持。"[⑦]

---

① 参见李金明：《南海波涛：东南亚国家与南海问题》，南昌：江西高校出版社2005年版，第238~239页。

② 参见李金明：《南海波涛：东南亚国家与南海问题》，南昌：江西高校出版社2005年版，第240页。

③ 参见李金明：《南海波涛：东南亚国家与南海问题》，南昌：江西高校出版社2005年版，第248页。

④ 参见 Ramser Amer，The Territorial Dispute between China and Vietnam and Regional Stability，*Contemporary South Asia*，1997，19，p.99。

⑤ Note Verbale No.CML/18/2009 from the Permanent Mission of the People's Republic of China to the UN Secretary-General，http：//www.un.org/depts/los/clcs_new/submissions_files/vnm37_09/chn_2009re_vnm.pdf，访问日期：2013年8月11日。

⑥ Note Verbale No.CML/8/2011 from the Permanent Mission of the People's Republic of China to the UN Secretary-General，http：//www.un.org/depts/los/clcs_new/submissions_files/mysvnm33_09/chn_2011_re_phl_e.pdf，访问日期：2013年8月11日。

⑦ Remarks by Foreign Minister Yang Jiechi at the ARF Foreign Minister's Meeting，http：//www.fmprc.gov.cn/eng/topics/yjccxdmwzh/t842183.shtml，访问日期：2013年8月11日.

从上述官方主张看，南海断续线的地位并没有明确，但从官方立场的发展及具体行为看，中国对断续线内权利不仅限于岛屿主权，也包括其他权利。

（二）学者观点

目前官方没有说明断续线的性质，学者的观点也不尽相同。概括说来学者有以下几种观点：

第一，海上国界线（海上边界线①、南海疆域线②）说。有学者强调断续线的样式“完全采用与陆域国界未定国界的符号相同的标注方法，但同时这些断续的线中每一段使用的国界线符号又与陆地国界的符号相同”③。

在地图上，有国界线和未定国界线之分，二者标示方式并不相同，已定国界的标注方式一般为“· ├┤ · ├┤”，未定国界的标注方式是“├┤ ├┤”。而且事实上，未定国界线的标注方式并未在断续线中使用。同时，海上国界线的观点及学者对它的解析存在以下不足：首先，如果某条线是国界线，意味着该线就是内外分界线，内外分界线一般是由一国政府明确确定的，但中国政府并未确定该线具有分界作用。其次，一国不应在国界线内再公布领海基线。如前所述，迄今为止，中国共公布了两批领海基线，其中第一批领海基线中就包括西沙群岛的基点 28 个，不难发现西沙群岛的基线是在断续线内的，所以，这可以表明“中国并未将南海断续线视为南海的疆界线，否则西沙群岛基线就是多余的”④。最后，如果该线为国界线，中国会对线内的岛屿和海域行使完全的国家权力，相反，中国只是主张“对南海诸岛及附近水域有无可争辩的主权，并对相关海域及其海床和底土享有主权权利和管辖权”⑤。而且中国政府多次强调“中国维护在南海的主权和海洋权益，不影响各国按照国际法在南海享有的航行自由”⑥，这也意味着断续线并不是国界线。

---

① 如有学者认为“南海断续线是几十年来中国一贯坚持的一条海上边界线”。赵理海：《海洋法问题研究》，北京：北京大学出版社 1996 年版，第 38 页。“一翻开地图就会看到，环绕南海诸岛有一条断续线的国界线。”赵理海：《关于南海诸岛的若干法律问题》，《法制与社会发展》1995 年第 4 期，第 59 页。

② 也有人认为主张该线既确定了中国南海诸岛的范围与主权，又起到了确定中国南海疆域线的作用。参见史春林：《中国共产党与中国海权问题研究》，大连：大连海事大学出版社 2007 年版，第 253 页。

③ 王勇智等：《关于南海断续线的综合探讨》，《中国海洋大学学报》（社会科学版）2008 年第 3 期，第 1 页。

④ Zou Keyuan，*Law of the Sea in East Asia：Issues and Prospects*，London/New York：Routldge，2005，p. 57.

⑤ Note Verbale No.CML/18/2009 from the Permanent Mission of the People's Republic of China to the UN Secretary-General，http://www.un.org/depts/los/clcs_new/submissions_files/vnm37_09/chn_2009re_vnm.pdf；And Note Verbale No.CML/8/2011 from the Permanent Mission of the People's Republic of China to the UN Secretary–General，http://www.un.org/depts/los/clcs_new/submissions_files/mysvnm33_09/chn_2011_re_phl_e.pdf，访问日期：2013 年 8 月 11 日。

⑥《外交部发言人：南海的航行自由不存在任何问题》，http://world.people.com.cn/GB/1029/42354/14963047.html，访问日期：2013 年 8 月 8 日。

第二，岛屿归属线说。该观点认为中国地图上的边界线仅仅是岛屿主权的界线而非公约意义上的海域边界线[①]；或提出断续线的目的是向公众表明南海的四大群岛属于中国。[②]南海断续线具有岛屿归属线的性质，但它不仅仅是岛屿归属线。断续线是岛屿归属线的原因如下所述：

首先，断续线产生时的证明。前文说明了断续线的产生背景之一是抗击他国对中国岛屿的侵犯。特别值得提及的是，1947年4月，当时中华民国政府内政部将其召集的各部代表对确定"南海领土范围最南应至曾母暗沙"的讨论结果转发给广东省政府执行时的公函中写道："为西南沙群岛范围及主权之确定与公布一案函请查照办理。"[③]从这一公函看，断续线是具有岛屿归属线的性质的。

其次，用断续线的方式来界分岛屿归属也是一种国际上惯用的做法。如前所述，断续线的画法是一种地理速记的简单方法，"目的是把众多的岛礁全部包括在一条界线之内，省得逐一罗列出来。"[④]而且这种方法是被广泛使用的。

最后，从官方立场看，中国也一直主张对断续线内岛礁享有的主权。如1951年中国时任国务院总理兼外交部部长周恩来针对《美英对日和约草案及旧金山会议的声明》指出："西沙群岛和南威岛正如整个南沙群岛及中沙群岛、东沙群岛一样，向为中国领土。"[⑤]中华人民共和国成立后通过的第一个海洋法文件——1958年的《关于领海的声明》指出东沙群岛、西沙群岛、中沙群岛及南沙群岛属于中国；1992年《领海及毗连区法》第2条重申了上述内容；1996年中国批准《联合国海洋法公约》时发表了四点声明，其中第三点声明是"重申《领海及毗连区公约》第2条所列各群岛及岛屿的主权"；2009年和2011年，中国常驻联合国代表团在向联合国秘书长提交的照会中均指出："中国对南海诸岛及其附近水域有无可争辩的主权……"[⑥]可见，这些官方主张都强调了中国对断续线内岛屿享有的主权。

---

① Zhiguo Gao，The South China Sea：From Conflict to Cooperation?，*Ocean Development and International Law*，1994，25，p.346.

② 参见 Yann-huei Song，Peter Kien-hong Yu，China's "Historic Waters" in the South China Sea：An Analysis from Taiwan，R.O.C，*American Asian Review*，1994，12，p.98。

③ 韩振华主编：《我国南海诸岛史料汇编》，北京：东方出版社1988年版，第181页。

④ 李金明：《南海断续线的法律地位：历史性水域、疆域线、抑或岛屿归属线？》，《南洋问题研究》2010年第4期，第27页。

⑤ 吴士存：《南海问题文献汇编》，海口：海南出版社2001年版，第45页。

⑥ Note Verbale No.CML/18/2009 from the Permanent Mission of the People's Republic of China to the UN Secretary-General，http：//www.un.org/depts/los/clcs_new/submissions_files/vnm37_09/chn_2009re_vnm.pdf；And Note Verbale No.CML/8/2011 from the Permanent Mission of the People's Republic of China to the UN Secretary-General，http：//www.un.org/depts/los/clcs_new/submissions_files/mysvnm33_09/chn_2011_re_phl_e.pdf，访问日期：2013年8月11日。

综上可知，断续线具有岛屿归属线的性质，但是断续线不仅仅是岛屿归属线，理由包括以下几点：首先，如前所述，断续线是在国际社会大陆架主张出现的情况下产生的，而且在这一时期，虽然3海里的领海宽度并不是一项被普遍承认的国际法规则，但沿海国享有领海主权已经成为习惯国际法，所以，断续线绝不仅仅是岛屿归属线，还意味着我国对岛屿及其周围一定宽度的海域享有主权，并对线内其他水域及海床底土的自然资源拥有主权权利。[①] 其次，从前文所述的2009年和2011年中国政府发表的照会看，中国对断续线的权利也包括附近水域及相关水域。再次，如果认为断续线仅仅是岛屿归属线，不能解决线内暗礁、沙、滩等的法律地位，包括曾母暗沙是否属于中国领土等问题也需重新解释。最后，如果认为该线只有岛屿归属线的性质，那么毫无疑问，中国在断续线内海域享有的权利就要完全依据《联合国海洋法公约》来确立。这样必然又涉及两个问题：一是如何确定断续线内岛屿的基点；二是如果以这些基点来划定海域，享有200海里专属经济区的海域是否涵盖断续线内所有海域，如果不能涵盖断续线内所有海域，就无法对线内其他海域享有主权权利和管辖权。当然，在中国已经批准《联合国海洋法公约》的情况下，海域划界是不可避免的事情，但这不等于放弃断续线。对于断续线与《联合国海洋法公约》的关系，具体参见下文。

第三，历史性水域说。一般意义上的历史性水域主要是指以历史性海湾为基础的，具有内水性质的水域。对于断续线，有学者持历史性水域说，认为在未完成划界之前，断续线为历史性水域的外部界限[②]；有学者以第三国可能的反应为视角展开分析，主张不应将断续线定位为历史性水域，认为如果将断续线定义为历史性水域，南海周边国家及域外的美、日等国都会强烈反对，最终使中国在南海的地位更加不利。[③] 这种观点值得商榷。虽然国际法是国际主体协调的产物，但事实上，每个观点的背后都和主张国的国家利益密切相关，并不是首先要考虑一国提出某主张后，他国会有何反应。所以，如果历史性水域的观点在理论和实践上在南海断续线中都成立，那么我们根本无须考虑他国的想法。事实上，无论一国如何做，他国都会有各种想法甚至提出反对。不主张断续线是历史性水域不是因为他国的赞成或反对，而是因为该主张有以下不足：首先，这一主张导致的结果是易让人误解断续线内水域为中国的内水或领海，但是事实上，如前所述，

① 参见赵建文：《联合国海洋法公约与中国在南海的既得权利》，《法学研究》2003年第2期，第159页。

② 赵国材：《从现行海洋法分析南沙群岛的主权争端》，《“21世纪的南海：问题与前瞻”研讨会论文选》，2000年，第20页。转引自张卫彬：《南海U形线的法律属性及在划界中的地位问题》，《当代法学》2013年第2期，第131页。

③ 管建强：《南海九段线的法律地位研究》，《国际观察》2012年第4期，第17页。

中国从未主张断续线内水域为中国内水或领海，相反多次强调南海的航行自由；而且从中国公布西沙群岛的直线基线看，目的之一就是主张专属经济区和大陆架，如果认为断续线内水域为历史性水域，那么就没有必要公布西沙群岛的基线。其次，即便将其视为“特殊的历史性水域”，尚需要进一步阐述“特殊的历史性水域”与“历史性水域”的关系，需要证明在此水域享有优先权的根据。

第四，历史性权利说。有学者主张中国对线内岛屿享有主权及在线内享有历史性捕鱼权及传统的航行权等权利。[①] 如果持历史性权利的观点，首先需要证明的是历史性权利的合法性，也即历史性权利在国际法中的地位，这在前文已经论述；其次需要证明中国在断续线的权利是符合历史性权利的构成要件的。如果能够证明，这种观点也是最能维护中国的岛屿及海洋权益的。有学者指出，在南海虽然不存在历史性水域，但这并不意味着不存在各种历史性权利。其中，最令人信服的观点是在南海享有历史性捕鱼权。[②] 当然也有学者持反对观点，如认为历史性权利概念仅限于历史性所有权，与主权权利并不相同，且中国可以利用海洋法在南海建立专属经济区等海域，无须使用有争议的“历史性权利”概念。[③] 如前所述，从权利的范畴看，历史性权利可以包括历史性所有权，也可以包括不具有领土性质的权利，虽然可以基于《联合国海洋法公约》的规定来主张相关海域，但历史性权利可获得的一些权利也并非全部都能通过《联合国海洋法公约》获得，即使用《联合国海洋法公约》来主张相关海域，同样也面临很多争议问题，如如何选择基点，能否用群岛基线等，且断续线是事实存在的，是一种历史，不应抛弃。本书持历史性权利这一观点，具体将在下文进行论证。

第五，历史性群岛水域说。有中国学者认为，从群岛水域的性质《联合国海洋法公约》的规定及维护中国的权益出发，将断续线内水域界定为“历史性群岛水域”更能维护中国的利益。[④] 法律的工具主义决定了维护国家利益确实是一国提出某种主张的根据之一，但是这种主张必须是在合法合理的基础上提出的。由于南海复杂的地理情况，需要区分自然地理情况等诸多因素、考虑能否将整个南海的诸群岛统一划定群岛水域。中国不是

---

① 参见贾宇：《南海问题的国际法理》，《中国法学》2012 年第 6 期，第 33 页。Zhiguo Gao，Bingbing Jia，The Nine-Dashi Line in the South China Sea：History，Status，and Implications，*American Journal of International Law*，2013，107，pp.123–124.

② 参见 Zou Keyuan，Historic Rights in International Law and in China’s Practice，*Ocean Development and International Law*，2001，32，p.162。

③ 参见刘楠来：《从国际海洋法看“U”形线的法律地位》，http//www.iolaw.org.cn/paper/paper124.asp.htm，访问日期：2012 年 10 月 12 日。

④ 参见宋杰：《法律视角下的“南海争端”——含义与解决的技术性建议》，《当代法学》2012 年第 4 期，第 15 页。

群岛国，所以群岛水域制度不能适用于中国。[①]

第六，历史性主张。国外一些机构及学者对中国可能对南海断续线持的主张进行了分析，其中一种推测认为中国会提出历史性主张（historic claim），并认为这种历史性主张可能是对海域主张主权（历史性水域或历史性所有权，titles）或者是对海域享有的一系列权利（rights）。[②] 如果将断续线的权利通过一种历史性主张的方式表现出来，那么其核心意图是认为直接主张权利的根据不够充分，这是对中国在断续线内享有权利的非解。

此外，也有学者从管辖的角度认为断续线是“历史性初步管辖线”[③] 及“中国可管辖水域的外界线”。[④] 国外一些学者对断续线有一些误解，提出如果断续线的确只是表明中国的岛屿主张，那么中国立即就可以将断续线从地图上删除，而不会对其主张造成太大的缩减或损害[⑤]；或猜测中国是否要利用历史性权利法律术语的模糊性作为主张权利的政治策略。[⑥] 这些观点有的是别有用心，有的是混淆了断续线与《联合国海洋法公约》的关系。即便以《联合国海洋法公约》通过的 1982 年计算，断续线的产生也早于该公约三十多年，《联合国海洋法公约》的通过和生效不能否认国际法中既有的权利。《联合国海洋法公约》在序言中也明确规定，《联合国海洋法公约》未规定的事项，应以一般国际法的规则和原则为准。

综上，对于上述观点，无论将断续线做何种定位，实际上都肯定了断续线具有岛屿归属线的地位。本书赞同历史性权利的主张，而且从维护国家利益来说，该观点是最能维护中国的权益的。那么重中之重就是要分析南海断续线是否可被主张为历史性权利线。

（三）可否主张断续线是历史性权利线

中国是否可主张断续线为历史性权利线的问题，取决于中国对历史性权利的态度及中国对断续线的主张是否符合历史性权利的构成要件，在断续线能够作为历史性权利线

---

① 参见 Jonathan I. Charney，Central East Asian Maritime Boundary and the Law of the Sea，*American Journal of International Law*，1995，89，p.732。

② China：Maritime Claims in the South China Sea. *Limits in the Seas*，No. 143，p.15，http：//www.state.gov/documents/organization/234936.pdf，访问日期：2015 年 1 月 12 日。

③ 该观点认为对断续线进行这样定位的原因主要有两个：一是宣示了对线内岛礁的主权，也兼顾传统的历史性权利；二是由于中国已批准《联合国海洋法公约》，该线为初步的海域管辖权线。参见张卫彬：《南海 U 形线的法律属性及在划界中地位问题》，《当代法学》2013 年第 2 期，第 134 页。

④ 该观点认为在中国未完整公布南海诸岛领海基线情况下，用该观点可以对中国在南海海域的权益提供法律支持；实践中中国在南海的维权也是在此海域进行的；且该观点可以避免和澄清“历史性水域”和“历史性权利线”的不足及对其的误解。周江：《也谈南海断续线的法律性质》，《法律科学》2013 年第 5 期，第 135 页。

⑤ Barry Wain，Beijing Should Erase the U-Shaped Line，*Asian Wall Street Journal*，26–28 May，2000，p.10.

⑥ 参见 Florian Dupuy and Pierre-Marie Dupuy，A Legal Analysis of China's Historic Rights Claim in the South China Sea，*American Journal of International Law*，2013，107，p.124。

的情况下，相应产生的问题是中国具体享有哪些历史性权利。

1. 中国对历史性权利的态度

断续线是否为历史性权利线，首先，取决于中国对历史性权利的态度。如果中国本身就是否定历史性权利的，认为其不为国际法所承认，那么断续线不会成为历史性权利线。从中国的诸多实践看，中国对历史性权利是持肯定态度的。这种态度首先体现在中国对他国历史性海湾主张的支持。1957 年苏联宣布湾口宽度近 115 海里的大彼得湾为其历史性海湾，中国首先对苏联的主张进行了支持。[①]

其次，中国有自己的历史性水域（包括历史性海湾）的实践。在 12 海里领海宽度尚未确定的时期，中国在 1958 年的《关于领海的声明》中规定，中国的领海宽度为 12 海里，在基线以内的水域，包括渤海湾、琼州海峡在内，都是中国的内海。1959 年中国在官方出版物中解释了历史性权利主张的合法性，强调某些海湾虽然湾口宽度超过 24 海里，但是如果该湾对沿海国的国防和经济来说是重要的，且沿海国长期对其反复行使管辖权，那么该湾能被视为历史性海湾。[②] 渤海湾为中国的历史性海湾。渤海湾湾口宽度约 57 海里，湾口的庙岛群岛将湾口分为 8 段，最宽处为 22.5 海里，位于辽东半岛尖端的老铁山和北城隍岛之间。按照《联合国海洋法公约》第 10 条第 3 款的规定："为测算的目的，水曲的面积是位于水曲陆岸周围的低潮标和一条连接水曲天然入口两端低潮标的线之间的面积。如果因有岛屿而水曲有一个以上的曲口，该半圆形应划在横越各曲口的各线总长度相等的一条线上。水曲内的岛屿应视为水曲水域的一部分而包括在内。"如果按照这种方法，渤海湾处于中国内水范围。如果不采用这一方法，按照历史性海湾的构成要件，即沿海国有效地行使主权及他国的容忍两个构成要件，渤海湾也属于中国的历史性海湾。对此，有史料可证。1864 年普鲁士与丹麦交战，普鲁士军舰在大沽口拦金沙外捕获三艘丹麦商船。中国清政府在与普鲁士的交涉中指出"外国持论，往往以海洋距岸十数里外，凡系枪炮之所不及，即为公共之地，其间往来占住，即可听各国自便"，但"此次扣留丹国货物处所，乃系中国专辖之内洋"，"并非各国公共海洋"，因此"系显夺中国之权"。最后，普鲁士释放了两艘丹麦商船，并进行了赔偿。[③] 这一事件证明中国对渤海湾的管辖已得到各国的认可。但中国并未正式主张渤海湾为历史性海湾，而是在 1958 年《关于领

① Merill Weakley Clark Jr., *Historic Bays and Waters: A Regime of Recent Beginning and Continued Usage*, New York: Oceana Publications Inc., 1994, p.178.

② Zou Keyuan, Historic Rights in International Law and in China's Practice, *Ocean Development and International Law*, 2001, 32, p.156.

③ 王铁崖：《国际法引论》，北京：北京大学出版社 1998 年版，第 379 页。

海的声明》中规定："在基线以内的水域，包括渤海湾……在内都是中国的内海。"需要注意的是，有学者以国家间建交时间来论证渤海湾是否属于长时间以来被他国承认的历史性海湾[①]，这种论证方式存在不足。一国主张是否"长时间被他国承认"的实践不能以建交为标准，因为虽然建交是国家间对外交往的一种依据，但是，即便不建交，也不影响一国船舶通过渤海湾，他国是否承认渤海湾为历史性海湾，在很大程度上取决于该国船舶通过渤海湾时的通行权利；另外，如前所述，这种"长时间被他国承认"，即历史性权利的产生更需要的是公开地行使主权而不是外国国家对沿海国在某海域活动的获知。对于该问题，实质涉及的是历史性权利的构成要件，具体参见本书第二章历史性权利的构成要件部分。

再次，中国对他国不合理的历史性权利主张进行了反对。如越南曾主张北部湾为其历史性海湾，中国从历史性权利的构成要件等角度进行分析，认为北部湾并不是历史性海湾。[②]这一事例表明中国是肯定历史性权利的，但是某海域是否能够基于历史性权利而成为历史性水域（海湾）必须符合特定的条件。

最后，中国在自己的立法中明确表明了历史性权利主张。1998年的《专属经济区和大陆架法》第14条明确指出："本法的规定不影响中华人民共和国享有的历史性权利。"虽然对该条文的含义需要解释，但不容否定的是，中国确实在立法中明确规定了历史性权利。1999年的《海洋环境保护法》第2条第1款规定："本法适用于中华人民共和国内水、领海、毗连区、专属经济区、大陆架以及中华人民共和国管辖的其他海域。"从《联合国海洋法公约》对海域的划分看，这里的"中华人民共和国管辖的其他海域"应该是指中国基于历史性权利主张的海域。这也可以看出，中国主张在专属经济区以外的海域还有历史性权利。

所有这些可以明确肯定，中国从总体态度上是不否认历史性权利主张的。需要说明的是，历史性权利是历史性水域（包括历史性海湾）的理论根据，历史性海湾虽然在联合国第一次国际海洋法会议中有所讨论，但新中国是在1971年恢复在联合国的合法席位后，才参加了在联合国主持下的第三次国际海洋法会议。在1982年通过的《联合国海洋法公约》中，在领海划界及争端解决中涉及了历史性所有权。中国于1996年6月7日批准了《联合国海洋法公约》，2006年8月25日，中国向联合国秘书长提交声明，指出对

① Young-Koo Kim，Maritime Boundary Issues and Island Disputes in Northeast Asia，*Korean Journal of International and Comparative Law*，1997，25，p.83.

② 参见沈固朝：《关于北部湾的"历史性水域"》，《中国边疆史地研究》2000年第4期，第44~59页。

《联合国海洋法公约》第 298 条第 1 款（a）项、（b）项和（c）项所述的任何争端，中国政府不接受《联合国海洋法公约》第十五部分第二节规定的任何程序，即对此提出了法律保留。[①]但这一声明并不是中国对历史性权利的否定。

2. 历史性权利构成要件下断续线的性质定位

如前所述，历史性权利的构成需要符合两个要件：一是主张国对主张领土有效行使主权或其他不具有主权性质的权力，二是其他国家对主张国行为的容忍。南海断续线是否是历史性权利线就需要看是否符合这两个要件。

第一，中国对南海断续线内的岛屿及水域是否有效行使了主权或不具有领土主权性质的权力。

首先，中国对南海断续线内岛屿及附近水域是否有效行使了主权。按照这一要件，这种权力行使应该是国家行为，应是国家公开采取的行为，国家行使权力的行为有明确的表达，当然，这种表达可以是明示的，也可以是通过行为表现出来的，且具有连续性。这里至少有两个问题需要思考，一是一国是否有效公开连续地行使了主权的时间如何判断，二是用什么时候的法律来判断权力的行使是否有效。对于前者，持续地行使权力的时间标准，虽然有国家在实践中提到了 50 年的标准[②]，但事实上，国际法中并没有明确规定。第二个问题与时际法有关。按照时际法原理，时际法的适用必须在“权利的产生”和“权利的存在”之间做出区分，权利的产生必须适用权利产生时有效的法律，这个原则同样要求，权利的存在应遵循法律发展所要求的条件。能够产生这一区别的时间就是关键日期。对于南海诸岛争端的关键日期，有学者认为是 1933 年 7 月 25 日（法国以“无主地”为借口公布占领南沙群岛的 9 个岛屿的日期）和 1939 年 4 月 9 日（日本正式宣布占领南沙群岛，并将其改名为“新南群岛”的日期）[③]，也有学者认为是 1946 年 11 月 30 日[④]，但无论以哪个日期为关键日期，中国对南海诸岛及其附近水域享有的主权都是无可争辩的。

---

①《联合国海洋法公约》第 298 条是关于“适用导致有拘束力裁判的强制程序”的任择性例外，其中第 1 款规定一国可书面声明对某些争端不接受“导致有拘束力裁判的强制程序”。

② 如在 1897 年英国与圭亚那 / 委内瑞拉间的仲裁条约中认为 50 年是确立有效权利的标准。原文如下：Adverse holding or prescription during a period of fifty years shall make a good title. The arbitrators may deem exclusive control of a district, as well as actual settlement thereof, sufficient to constitute adverse holding or to make title by prescription. 参见 British-Guiana/Venezuela Arbitration Treaty，2 February，1897。转引自 Masahiro Miyoshi，China's "U-Shaped Line" Claim in the South China Sea：Any Validity under International Law?，*Ocean Development and International Law*，2012，43，p.6。

③ 吴士存：《南沙争端的起源与发展》，北京：中国经济出版社 2010 年版，第 66 页。

④ 杨翠柏：《时际国际法与中国对南沙群岛享有无可争辩的主权》，《中国边疆史地研究》2003 年第 1 期，第 64 页。

按照18世纪以前的国际法，只要通过单纯的发现或象征性的占领便可以取得领土主权。在解决领土争端时，“国际法院已经承认了古老或原始权利的概念，但是，要求对此应有相应的证据。”[①] 所以，“在论证南海主权问题的过程中，历史依据和法律依据具有同等重要的地位，二者不可或缺。经过充分系统、客观、严肃的历史研究所产生的历史依据，一方面其本身就具有验证领土主权的意义，一方面也给法律研究提供了强有力的保证。”[②] 自汉代以来，中国人民就开始在南海航行，先后发现了南海诸岛，并陆续进行捕鱼、采矿及开垦等活动。[③] 如《异物志》中有“涨海崎头、水浅而多磁石”的记载。“涨海”是古代中国人对南海海域的泛称，“崎头”是古代中国人对岛、礁、滩、沙、洲的泛称。[④] 晋代裴渊的《广州记》记录了“珊瑚洲，在（东莞）县南五百里，昔人于海中捕鱼，得珊瑚”。明清时期，海南岛渔民从事捕捞的人数及活动范围都日益扩大。[⑤]《更路簿》更是证明了明清以来，中国渔民在南海从事的航行和生产活动。[⑥] 这些说明了中国人民通过航行发现南海并进行捕鱼等活动。从表面看来，这些行为都是私人活动，因此有人认为，在南海除有渔民活动外，“没有证据能够证明中国在1730年至1946年间在南沙群岛有军队驻扎以及建立行政组织。”[⑦] 我们暂不论证是否存在这一行为，我们要论证的是，如果真的只是有渔民活动，其对证明中国在断续线内的权利有何意义？私人活动对确认一国领土主权有多大的作用，国际上已有共识。一般说来，私人行为不能证明国家对某领土享有主权。但是私人活动对一国领土主权的确立是有影响的，尤其是在不同时期其作用是不同的。英国著名国际法专家伊恩·布朗利（Ian Brownlie）在评论印度和巴基斯坦之间的库奇兰因（Rann of Kutch）地区仲裁案[⑧] 时指出：“在农业经济中，放牧以及其他的私人土地所有者的经济活动，可能提供主权的证明。”[⑨] 在敏基埃岛和艾克里荷斯岛案中，国际法院认为英国人在这些岛上世代居住，是这些岛属于英国的证明，卡内罗（Carneiro）法官还在个人意见中专门论述了渔民活动的意义，说他特别同意“某国国民的个人的存在，

---

①［英］伊恩·布朗利：《国际公法原理》，曾令良等译，北京：法律出版社2003年版，第154页。

② 木水：《中国南海疆域研究的一部力作——评〈中国边疆史地研究〉》，《中国边疆史地研究》2001年第2期，第113~114页。

③ 参见赵理海：《从国际法看我国对南海诸岛无可争辩的主权》，《北京大学学报》（哲学社会科学版）1992年第3期，第34页。

④ 参见韩振华主编：《我国南海诸岛史料汇编》，北京：东方出版社1988年版，第2页。

⑤ 参见韩振华主编：《我国南海诸岛史料汇编》，北京：东方出版社1988年版，第3~4页。

⑥ 参见韩振华主编：《我国南海诸岛史料汇编》，北京：东方出版社1988年版，第6页。也有学者专门对《更路簿》进行了研究，参见周伟民、唐玲玲：《南海天书——海南渔民〈更路簿〉文化诠释》，北京：昆仑出版社2015年版。

⑦ Kuan Ming Sun，Dawn in the South China Sea? A Relocation of the Spratly Islands in an Everlasting Legal Storm，*South African Yearbook of International Law*，1990-91，16，p.42.

⑧ 该案将达拉般尼（Dhara Banni）和查德白特（Chhad Bet）判归巴基斯坦所有，就是因为这两个牧场100多年来由巴基斯坦人民占有和使用。

⑨ Iran Brownlie，*International Law*，New York：Oxford University Press，1973，p.146.

可能意味着或者涉及该国对个人所在的领土的占领……尤其是当这些人是定居在岛上时，这种作用就更加明显”的观点。[①]渔民捕鱼的权利与沿海国对此海域享有的主权有密切关系，下面一段话充分证明了此观点：“一个国家的居民有在他们沿岸进行捕鱼的原始的排他性的权利。这一部分海洋必须属于沿海国的主要理由之一是，如果任何人都可以自由捕鱼，这些鱼类就会有灭绝之虞。”[②]换言之，“有关领土问题的国际法律实践表明，只有一国人民居留或进行经济活动的区域，对确定这个地区属于该国往往有着决定性意义。”[③]在国际法中，确定国家存在的一个要素是有定居居民的存在，也就是说国家意义上的人口必须是相对定居在一定地域的人口，这包括的两个因素是地域和定居。“人口与界定地域密不可分，这是界定国家存在的前提，也是国际法上判断国家存在与否的基本条件。”[④]所以，虽然在南海的一些行为是私人的行为，但由于在中国人发现南海之前，南海诸岛处于“无主地”状态，所以，中国人民利用南海诸岛的历史事实，可以构成中国在当地进一步建立主权的“初步原始权利”。[⑤]

在发现南海后，中国一直持续对南海诸岛及其附近水域进行有效管辖，有学者从历史学的角度对南海传统疆域进行了考证，从春秋战国的《诗经·江汉》“于疆于理，至于南海”，到清乾隆时期的《四海总图》都有对南海的记载，而且中国历代政府通过“巡海”“海上救济制度”“规划南海海疆版图”“建立行政管理机构”等方式来践行对南海的管辖。[⑥]历史文献既记载了“南海的基本情况，而且明确记载了我国历史上发现、经营南海诸岛的事实，以及中国对南海诸岛及附近水域行使主权和管辖权的事实”[⑦]，而且这种行为是持续的，具体表现在如下方面。

---

① The Minquiers and Ecrehos Case, Individual Opinion of Judge Levi Carneiro, *I.C.J. Reports 1953*, pp.104–105, para.19.

②［英］希金斯、哥伦伯斯：《海上国际法》，王强生译，北京：法律出版社 1957 年版，第 111 页。转引自刘楠来等：《国际海洋法》，北京：海洋出版社 1986 年版，第 107 页。

③ 王可菊：《中国对南沙群岛拥有主权——兼评越南在南沙群岛问题上出尔反尔的行为》，《法学研究》1990 年第 2 期，第 72 页。

④ 张乃根：《国际法原理》，北京：中国政法大学出版社 2002 年版，第 36 页。

⑤ 参见杨泽伟：《国际法析论》，北京：中国人民大学出版社 2003 年版，第 324 页。对于中国自古在南海行使主权的历史证据已有很多史料记载，也有许多学者进行研究。参见李金明：《中国南海疆域研究》，福州：福建人民出版社 1999 年版；李金明：《南海波涛——东南亚国家与南海问题》，南昌：江西高校出版社 2005 年版；吴士存：《南沙争端的起源与发展》，北京：中国经济出版社 2010 年版；韩振华主编：《我国南海诸岛史料汇编》，北京：东方出版社 1988 年版；吴士存等编：《南海资料索引》，海口：海南出版社 1998 年版。

⑥ 任念文：《“中国南海”范畴及我国行使主权沿革考——兼论“南海断续线”作为中国传统海疆线的历史依据》，《太平洋学报》2013 年第 2 期，第 86~88 页、第 93~95 页。

⑦ 鞠海龙：《近代中国的南海维权与中国南海的历史性权利》，《中州学刊》2010 年第 2 期，第 198 页。具体史料参见韩振华主编：《我国南海诸岛史料汇编》，北京：东方出版社 1988 年版。也可参见张良福编著：《让历史告诉未来——中国管辖南海诸岛百年纪实》，北京：海洋出版社 2011 年版。

（1）进行命名

如前所述，古代中国人曾以“涨海”泛指南海，中国历史地理著作曾把西沙群岛和南沙群岛命名为“九乳螺洲”“石塘”“长沙”“千里石塘”“千里长沙”“万里石塘”“万里长沙”等,这些名字被外国航海家长期使用。[①]《更路簿》记载了南沙群岛的 73 个地名及具体位置。[②] 中国历代政府四次为南海诸岛进行官方命名并核定公布。1909 年李准巡视西沙群岛并勒石命名；1935 年中华民国水陆地图审查委员会公布《中国南海各岛屿华英地名对照表》；1947 年中华民国内政部公布《南海诸岛新旧名称对照表》，公布了 159 个岛礁的新旧名称；1983 年，中华人民共和国地名委员会被中央政府授权公布《我国南海诸岛部分标准地名》，共 287 个地名。[③]

（2）巡视海疆

从宋代起，中国就开始派遣水师在南海巡防，并惩治盗匪。清朝后期水师曾巡视西沙群岛；1946 年和 1947 年，中华民国政府曾派遣“中业”号和“太平”号巡视南沙群岛，“中建”号和“永兴”号巡视西沙群岛[④]；中华人民共和国成立后也采取了一系列行动，目前海疆巡航已成为一种常态。

（3）划入版图，建立行政机构进行管辖

明清时期，中国政府将西沙群岛、南沙群岛划归广东省琼州府万州管辖。如 1676 年的《琼州府志》有载：“古志云，万州有千里长沙，万里石塘。”[⑤]1948 年，中华民国政府内政部方域司绘制《南海诸岛位置图》，在南海诸岛周围明确标绘了由十一段线组成的“南海断续线”，线内标有东沙、西沙、中沙、南沙诸岛，并标出曾母暗沙及大部分岛礁名称。[⑥]1948 年，《南海诸岛位置图》被收录在由商务印书馆发行的《中华民国行政区域图》中。[⑦] 不言而喻，这种公开出版的行为属于国家宣示主权的表现。1947 年，南海诸岛被并入广东省；中华人民共和国成立后，采取的措施包括 1959 年在西沙群岛永兴岛设立“西沙、南沙、中沙群岛办事处”，1969 年又将该办事处改称“广东省西沙、中沙、南沙群岛革命委员会”，下设人民武装部、公安派出所。1979 年后，又把行政单位改称为“广东省西沙、南沙、中沙群岛工作委员会”，直属于广东省领导。1988 年海南省成立后，该工作委员会改由海南省管

① 参见韩振华主编:《我国南海诸岛史料汇编》，北京：东方出版社 1988 年版，第 2~3 页。
② 参见韩振华主编:《我国南海诸岛史料汇编》，北京：东方出版社 1988 年版，第 366 页。
③ 参见张良福:《聚焦中国海疆》，北京：海洋出版社 2013 年版，第 48 页。
④ 参见韩振华主编:《我国南海诸岛史料汇编》，北京：东方出版社 1988 年版，第 7~8 页、第 11 页。
⑤ 韩振华主编:《我国南海诸岛史料汇编》，北京：东方出版社 1988 年版，第 2 页。
⑥ 参见吴士存:《南沙争端的起源与发展》，北京：中国经济出版社 2010 年版，第 48 页。
⑦ 韩振华主编:《我国南海诸岛史料汇编》，北京：东方出版社 1988 年版，第 363 页。

辖。[①]2012年6月，该工作委员会撤销，设立三沙市，管辖范围为西沙群岛、中沙群岛和南沙群岛的岛礁和海域。[②]

（4）立法活动及立场声明

1899年清政府与墨西哥缔结的《通商友好条约》规定："……彼此均以海岸去地3力克（每力克等于10里）为水界，以退潮为准。界内由本国将海关章程切实施行，并设法巡缉以杜走私、漏税。"[③]"水似为领水无疑。"[④]1931年，中华民国政府通过了"领海宽度为3海里，缉私区为12海里的决定"[⑤]。1958年的《关于领海的声明》明确规定："中华人民共和国的领海宽度为12海里。这项规定适用于中华人民共和国的一切领土，包括中国大陆及其沿海岛屿，和同大陆及其沿海岛屿隔有公海的台湾及其周围各岛、澎湖列岛、东沙群岛、西沙群岛、中沙群岛、南沙群岛以及其他属于中国的岛屿。"而后1992年的《领海及毗连区法》第2条再次确认了南海诸岛主权属于中国。1996年中国批准加入《联合国海洋法公约》时，发表了《领海基线声明》，宣布中华人民共和国大陆领海的部分基线和西沙群岛的领海基线，同时声明中国政府将再行宣布其余领海基线。1974年，越南当局宣布南沙部分岛礁归其所有，中国外交部发表声明，除强调南海诸岛是中国领土的一部分，中国对其有无可争辩的主权外，还指出："这些岛屿附近海域的资源也属于中国所有。"[⑥]而后中国外交部的声明中均提到对南海诸岛"附近海域有无可争辩的主权"，[⑦]这当

① 赵理海：《关于南海诸岛的若干法律问题》，《法制与社会发展》1995年第4期，第53页。

② 2007年11月国务院批准成立三沙县级行政市（隶属于海南省管辖），直接管理西沙群岛、南沙群岛、中沙群岛。2012年6月，中国政府正式设立三沙市（地级市）。张祖群：《试论三沙市与中国南海"海权论"防御思想》，《云南地理环境研究》2013年第3期，第66页。

③ 王铁崖编：《中外旧约章汇编》（第一册），北京：生活·读书·新知三联书店1957年版，第936页。

④ 刘楠来等：《国际海洋法》，北京：海洋出版社1986年版，第99页。

⑤ 薛桂芳、胡增祥编著：《海洋法理论与实践》，北京：海洋出版社2009年版，第60页。

⑥《中华人民共和国外交部发言人声明》，《人民日报》1974年1月12日，第1版。

⑦ 如1974年3月30日，中国代表团副代表在联合国亚洲及远东经济委员会第三十届会议全体会议上发表声明，重申中华人民共和国对南海的西沙群岛和南沙群岛及其附近海域拥有无可争辩的主权的严正立场。《我国副代表在亚洲及远东经委会会议上发表声明，重申我国对西沙群岛南沙群岛拥有主权，决不允许西贡当局以任何借口侵犯我国领土主权》，《人民日报》1974年4月1日，第1版。1974年4月2日，联合国亚洲及远东经济委员会第三十届会议讨论亚洲近海矿产资源的勘测议题时，黄明达发言重申"中国沿海海域及中国所属岛屿附近海域的海底资源，其所有权完全属于中国。只有中国才有权勘探和开发这些海底资源，任何无视中国主权，任意在中国沿海海域及其所属岛屿附近海域进行的勘探和钻探活动，都是非法的"。《我国代表在亚洲及远东经委会会议上发言重申中国沿海海域及中国所属岛屿附近海域的海底资源所有权完全属于中国》，《人民日报》1974年4月4日，第5版。1974年5月6日，中国代表王子川在联合国经济和社会理事会第五十六届会议上指出，联合国亚洲及远东区域制图委员会议以往会议的有关决议中，曾提出成立所谓"南中国海海道测量委员会"，并将中国南沙群岛及其附近海域列入该委员会测量计划的范围，这种做法是错误的。李金明：《南海波涛——东南亚国家与南海问题》，南昌：江西高校出版社2005年版，第222~223页。李金明教授这部著作的附录四对1970年至2002年间南海的大事记进行了总结，其中也多次提到中国政府主张的"南海诸岛附属海域有无可争辩的主权"。参见李金明：《南海波涛——东南亚国家与南海问题》，南昌：江西高校出版社2005年版，第216~257页。

然也包括对资源的所有权。1998 年的《专属经济区和大陆架法》第 14 条规定，该法的规定不影响中国享有的历史性权利。在 2009 年和 2011 年中国政府发表的照会中也指出“中国对南海诸岛及其附近水域有无可争辩的主权，并对相关海域及其海床和底土享有主权权利和管辖权”[①]，尤其是 2009 年照会还附有标注有断续线的地图。此外，2011 年 7 月 23 日，时任中国外交部部长杨洁篪在第十八届东盟地区论坛外长会上发言时也指出：“南海断续线是中国政府于 1948 年正式公布的。中国在南海的主权、权利及相关主张是在长期的历史过程中形成和发展起来的，一直为中国政府所坚持。”[②]

（5）天文测量、巡防及建设活动

如元世祖忽必烈 1279 年曾派天文学家到西沙进行测量。[③] 从宋代至明清，中国历朝历代一直向南海派遣水师并进行勘察。1907 年，“中国政府曾派军事大员勘察南沙群岛，并准私人团体开发该群岛。”[④] 近现代以来，中国政府开展了竖立石碑，建立灯塔、气象台等活动。

（6）对渔民及其活动的管理和保护

1902 年，为参加国际渔业展览会，中国清政府专门绘制《江海渔界全图》，该图是按照当时的国际通例绘制的，记载了中国渔船所达之处，该图的绘制既划清了渔界，也彰显了中国的海域主权。[⑤] 并且中国历代政府一直对渔民进行保护。如 1947 年，当时的国民政府内政部同有关部门讨论《西南沙范围及主权之确定与公布案》，其中除涉及南海领土范围最南到曾母暗沙、敦促海军总司令对群岛所属岛屿尽可能予以进驻等内容外，还提到“西、南沙群岛渔汛瞬届，前往各群岛渔民由海军总司令部及广东省政府予以保护及提供运输通讯等便利”[⑥]。这一行为很明显是国家行为，能够证明中国对在南海附近海域享有的主权。中华人民共和国成立后，也加强对在南海海域进行捕鱼活动的渔民的保护，尤为值得一提的是，2012 年 4 月 10 日，菲律宾军舰袭扰在黄岩岛潟湖内正常作业的中

---

① Note Verbale No.CML/18/2009 from the Permanent Mission of the People's Republic of China to the UN Secretary-General，http：//www.un.org/depts/los/clcs_new/submissions_files/vnm37_09/chn_2009re_vnm.pdf；Note Verbale No.CML/8/2011 from the Permanent Mission of the People's Republic of China to the UN Secretary–General，http：//www.un.org/depts/los/clcs_new/submissions_files/mysvnm33_09/chn_2011_re_phl_e.pdf，访问日期：2013 年 8 月 11 日。

② 参见 Remarks by Foreign Minister Yang Jiechi at the ARF Foreign Minister's Meeting，http：//www.fmprc.gov.cn/eng/topics/yjccxdmwzh/t842183.shtml，访问日期：2013 年 8 月 11 日。

③《南威岛和西沙群岛》，《人民日报》1951 年 8 月 23 日，第 1 版。

④ 参见赵理海：《从国际法看我国对南海诸岛无可争辩的主权》，《北京大学学报》（哲学社会科学版）1992 年第 3 期，第 35 页。

⑤ 李士豪、屈若骞：《中国渔业史》，台北：台湾商务印书馆 1980 年版，第 65 页。转引自鞠海龙：《近代中国的南海维权与中国南海的历史性权利》，《中州学刊》2010 年第 2 期，第 200 页。

⑥ 韩振华主编：《我国南海诸岛史料汇编》，北京：东方出版社 1988 年版，第 182 页。

国渔船渔民，中国海监船及时赶赴现场，阻止菲律宾海军带走中国渔民和渔船。[①]

（7）对外敌入侵的抗议及反击

就维护岛屿主权来看，有学者总结了中国晚清政府、民国政府及中华人民共和国政府维护南海诸岛主权的行为，如对英国及德国在南海诸岛非法勘测、日本商人侵占东沙群岛并在南沙群岛掠夺资源及对法国占领九小岛事件的抗议[②]；1974 年 1 月，中国军队驱走了侵占西沙群岛的南越西贡当局军队，完全控制了西沙群岛。1988 年 3 月，中国军队又反击了越南在南沙群岛海域对中国的挑衅。就水域主权来说，1947 年 1 月 18 日，法舰 F43“东京”号驶入永兴岛抛锚并欲强行登岛，国民政府外交部对此提出严重抗议，最后，法国驻华大使表示该舰行为是擅自而为，并表示对西沙争端，法国无直接采取行动之意。[③]

上述行为可以证明中国对南海诸岛及附近水域行使了充分的主权。这一主权包括对岛屿的主权，也包括对附近水域的主权。当然“附近水域”不是法律用语，也无精确的界定，但是，海上活动或者说一国在海上的主权范围是与人类认识海洋、开发海洋密不可分的。最初统治者统治的范围只是陆地而不包括海洋，伴随着海洋活动的扩展，君主们的视野开始向海洋扩展；近代不仅有葡萄牙和西班牙对海洋的争夺，而且荷兰的远洋航海也参加到对海洋的争夺中；“二战”之后，科学技术的迅猛发展使很多国家纷纷主张新的海洋制度，如大陆架制度、专属经济区制度等。所以，从常理可以推断出，在历史上，受捕鱼设备、能力及手段所限，当时中国的渔业活动是在附近海域进行的，如果在今天，按照《联合国海洋法公约》来界定有主权的附近海域，当然是内水和领海的范围。但是在当时的历史时期，是无法确定这一具体范围的，所以只能说是附近海域。

其次，在断续线内其他水域是否有效地行使了不具有领土主权性质的权力。在断续线内的不具有主权性质的权力实质是对线内水域行使的权力。对水域行使的权力，实际上是和人类的科学技术发展及人类对海洋的认知能力密切相关的。如 1958 年《公海公约》规定的公海自由的内容只有四项，即航行自由、捕鱼自由、铺设海底电缆和管道的自由

---

① 中菲黄岩岛对峙事件是指在 2012 年 4 月 10 日至 2013 年 1 月 21 日间，发生在黄岩岛的中国海监船和渔政船与菲律宾海军护卫舰发生对峙的事件。2012 年 4 月 10 日，菲律宾军舰袭扰在黄岩岛潟湖内正常作业的中国渔船渔民，中国海监船及时赶赴现场，阻止菲律宾海军带走中国渔民和渔船。随后，中国渔政船和菲律宾海军开始对峙。2013 年 1 月 21 日，菲律宾外长表示中国已经实际控制了黄岩岛。参见《中菲黄岩岛对峙》，zh.wikipedia.org/wiki/ 中菲黄岩岛对峙，访问日期：2013 年 5 月 20 日。

② 郭渊：《从“历史性水域”来看中国对南沙群岛的主权》，《“冷战以来东南亚的国际关系”学术研讨会论文汇编》2004 年 6 月，第 6~8 页。

③ 郭渊：《南海断续线的形成及其历史涵义的解析》，《浙江海洋学院学报》（人文科学版）2011 年第 3 期，第 4 页。

及飞越自由；1982 年《联合国海洋法公约》规定的公海自由有六项内容，除《公海公约》中所涉及的四项自由外，还增加了海洋科学研究的自由及建造国际法所容许的人工岛屿和其他设施的自由，可见这两项自由的增加是与 20 世纪 80 年代科学技术的发展密不可分的，这一点对中国在南海断续线内行使的权力同样适用。

如前所述，中国人民最早通过航行活动发现了南海诸岛，并进行捕鱼活动，所以毫无疑问，中国在南海断续线内行使了航行权和捕鱼权。有资料记载，自 19 世纪初至 19 世纪 80 年代末，当时欧美国家为了向东方扩张，都曾派各种船只前往亚洲的国家，这其中就包括前往中国。在诸多的欧美国家中，无论从调查船只、参加人数、调查频率来讲，英国都是首当其冲的。就捕鱼权来说，“最早从文本与海图上将南海定义为‘中国海’的西方国家应是英国”，1868 年英国出版的《中国海指南》（*China Sea Directory*）记载了大量中国渔民在南海诸岛的活动，并根据海南渔民对岛屿的称呼命名了一些岛屿。[①] 该指南提出：“海南岛渔民以捕取海参、贝壳为活，太平岛等岛都有他们踪迹，也有长居在太平岛上的。海南每岁有船驶往太平岛携米粮及其他必需品与渔民交换海参、贝壳。”[②] 这充分说明，中国渔民在英国人对南沙群岛测量前就早已在南沙群岛居住并从事相关活动，可以肯定的是，《中国海指南》中关于“南沙群岛的地形、地貌、海流、潮汐和气候等等的记载都是从我国渔民世代生产实践的经验中得来的”[③]。20 世纪 70 年代，也有专门机构经过实地考察，在南沙群岛看到了明清时期中国渔民建立的水井、茅屋、土地庙和石碑等物。[④] 前文已述，私人活动对确定国家领土权利的作用。在附近海域以外的海域，中国充分行使了权力。由于海洋与陆地存在差别，国家利用海洋的能力要更多受技术等因素的制约，所以，任何有悠久历史的国家证明其对陆地领土享有主权的证据都可能比其对海洋行使权力方面的证据要充分。

综上可以得出的结论是，一国的立场可以从明示和默示两个角度来分析，在没有明示表达时，从默示方面，即从行动方面也可以发现一国的立场。所以，虽然中国政府没有关于断续线属于何种性质的明确立场，但从中国在南海断续线的具体行为中可以发现其对断续线的态度。因此，中国的诸多行动是符合历史性权利的构成要件的。

第二，其他国家的容忍。

---

① 参见任念文：《“中国南海”范畴及我国行使主权沿革考——兼论“南海断续线”作为中国传统海疆线的历史依据》，《太平洋学报》2013 年第 2 期，第 88 页。

② 邵循正：《我国南沙群岛的主权不容侵犯》，《人民日报》1956 年 6 月 5 日，第 3 版。

③ 吴凤斌：《我国渔民对南沙群岛的开发和经营》，《南洋问题》1981 年第 3 期，第 79 页。

④ 参见韩振华编：《我国南海诸岛史料汇编》，北京：东方出版社 1988 年版，第 416 页。

20世纪70年代之前,周边国家从未对中国在南海断续线内行使主权及权力进行挑战,相反,是通过不同方式进行了承认。

时任越南民主共和国外交部副部长雍文谦在1956年6月15日接见中国驻越南大使馆临时代办时表示:“根据越南方面的资料,从历史看,西沙群岛和南沙群岛应当是中国领土。”① 在1958年中国政府发表《关于领海的声明》后,越南《人民报》② 发表社论表示支持中国政府,时任越南总理范文同给周恩来总理的照会中表示“越南民主共和国承认和赞同中国政府1958年9月4日《关于中国领海的声明》”,“越南民主共和国政府尊重这一决定”③。1975年以前,越南官方出版的地图,也都把南沙群岛划归中国版图。如1964年由越南国家测绘局出版的《越南地图集》,不但用中国名字拼写东沙群岛、西沙群岛和南沙群岛,而且西沙群岛和南沙群岛的颜色和地图上中国领土所着颜色一致,和越南本国的颜色不同。④ 需要提的是,1992年5月,中国海洋石油公司与美国科雷斯顿能源公司签订联合勘探开发石油的合同前,并无法得知越南对南海断续线的否定,只是在该事件发生时,越南才表示反对,并认为南海断续线是中国对其他国家海域的扩张,这是无合法根据的。⑤

“印度尼西亚于1957年经教育部审定批准使用的中学地理教科书上就完整印上了我国传统海疆线。”⑥1974年年初,南越当局对西沙群岛发起武装进攻,遭到各国的谴责。时任印度尼西亚外交部部长马利克在同记者谈话时说:“如果我们看一看现在发行的地图,就可以从图上看到帕拉塞尔群岛(即西沙群岛)和斯普拉特利群岛(即南沙群岛)都是中国的,而且从未有人对此提出异议。”⑦

1956年7月7日,菲律宾《马尼拉公报》曾发表文章承认南沙群岛一直属于中国。“克洛玛事件”发生后,菲律宾承认南沙群岛为中国领土的材料比较少,但却多次否认自己对南沙群岛的主权要求。

马来西亚实际上是通过默认方式承认中国在南沙群岛的主权的。如在1955年10月

---

① 邢广梅:《中国拥有南海诸岛主权考》,《比较法研究》2013年第6期,第10页。

② 越南《人民报》是越南共产党中央机关报,该报是越南发行量最大、最具影响力的越文日报,http://www.qkankan.com/asia/vietnam/medium/6254.html,访问日期:2012年11月14日。

③ 中华人民共和国外交部文件,《中国对西沙群岛和南沙群岛的主权无可争辩》,1980年1月30日。

④ 韩振华主编:《我国南海诸岛史料汇编》,北京:东方出版社1988年版,第634页。

⑤ 参见 Zou Keyuan,The Chinese Traditional Maritime Boundary Line in the South China Sea and Its Legal Consequeces for the Resolution of the Dispute over the Spratly Island,*International Journal Marine and Coastal Law*,1999,14,p.38。

⑥ 张良福:《聚焦中国海疆》,北京:海洋出版社2013年版,第84页。

⑦ 法新社雅加达1974年2月4日电。转引自吴士存:《南沙争端的起源与发展》,北京:中国经济出版社2010年版,第56页。

27日，国际民航组织在菲律宾召开的太平洋地区飞航会议上，通过第24号决议要求中国台湾当局加强南沙群岛气象台的高空气象观测，对于该决议，会上没有任何一个代表提出异议，这表明他们是默认和尊重中国在南沙群岛享有的主权的。[①]

此外，南海周边国家以外的国家也对中国的断续线不仅容忍更是表示了承认。

日本承认南沙群岛属于中国的立场首先可以体现在相关条约中，其次可以体现在日本出版的官方地图中。前者如根据《开罗宣言》规定，日本窃取中国之领土，例如东北地区、台湾、澎湖列岛等归还中国，《波茨坦公告》重申“开罗宣言之条件必将实施”。由于日本占领南沙群岛期间（1935—1945年）曾将南沙群岛连同西沙群岛等其他南海诸岛划归台湾管辖，那么日本归还台湾必然包括归还南沙群岛和西沙群岛。后者如1952年日本出版的《标准世界地图集》中还采用了中国南海断续线的画法。[②]

1967年苏联部长委员会出版社出版的《世界地图》、1953年版和1973年版的《苏联百科全书》附图及国防出版社出版的《海洋地图》，都把南沙群岛和西沙群岛标为中国的领土，并采用了断续线画法。苏联解体后，俄罗斯政府继续承认中国对这些领土及周围海域的主权。[③]

英国也是承认中国对南海的主权的，如在1985年英国下议院的报告中，英国下议院主管香港问题的主席布兰奇提到，中国的领土包括中国南海岛屿，没有任何国家提出任何异议。自从有研究表明中国南海蕴藏了大量的石油和矿藏后，邻近的国家才试图介入。[④]

法国承认南海诸岛领土主权属于中国的证据包括两类。一是20世纪30年代法国侵占中国南沙九小岛时留下的有关记载[⑤]；二是法国正式出版的地图，如1968年法国国家地理研究院出版的《世界普通地图》和1969年巴黎出版的《拉鲁斯现代地图集》对南海群岛都有归属中国的标记。[⑥]

1898年《美西和约》第3条规定，菲律宾的领土割让给美国，但不包括南沙群岛。

① 参见杨翠柏：《南沙群岛主权法理研究》，商务印书馆2015年版，第132页。

② 曹丕富：《关于历史性权利与我国海域划界的研究》，载高之国、张海文主编：《海洋国策研究文集》，北京：海洋出版社2007年版，第479页。

③ 曹丕富：《关于历史性权利与我国海域划界的研究》，载高之国、张海文主编：《海洋国策研究文集》，北京：海洋出版社2007年版，第479页。

④ 曹丕富：《关于历史性权利与我国海域划界的研究》，载高之国、张海文主编：《海洋国策研究文集》，北京：海洋出版社2007年版，第479页。

⑤ 具体参见吴士存：《南沙争端的起源与发展》，北京：中国经济出版社2010年版，第46页。

⑥ 韩振华主编：《我国南海诸岛史料汇编》，北京：东方出版社1998年版，第632页。

1974年时任美国参议院议员曼斯菲尔德在建议给中国“最惠国待遇”的声明中指出，中国对南沙群岛和西沙群岛的主权要求“都是很有理”的。[①] 美国1963年出版的威尔麦克《各国百科全书》明确指出：“中华人民共和国岛屿还包括伸展到北纬4°的南中国海的岛屿和珊瑚礁，这些岛屿和珊瑚礁包括东沙、西沙、中沙和南沙群岛。”[②]

1883年荷兰船只在东沙岛搁浅，货物被掠夺，当时荷兰驻中国大使照会清总理衙门：“和船在中国辖下海洋被劫，地方官闻报迅即设法查拿……和船在中国沿海地方搁浅碰坏或遭风收口，地方官闻报即当设法照料。”[③]

1958年在中国公布《关于领海的声明》后，罗马尼亚大使馆向中国外交部递交照会，称完全支持中国政府的《关于领海的声明》，包括承认该声明中所规定的南海诸岛属于中国。[④]

总之，从1948年标有断续线的《南海诸岛位置图》出版后，“包括南海周边国家在内的国际社会在很长一段时间内未提出任何异议”，“很多国家出版的地图均据此将断续线内的南海海域标绘为中国疆域。”[⑤] 由此可见，南海断续线符合历史性权利的构成要件，可构成历史性权利线。

虽然从诸多实践看，历史性权利中所涉的权利均是在其他国家主权和管辖海域的权利，有学者认为，将断续线界定为“历史性权利线”不能为中国在断续线内水域享有优先性和排他性的权利提供“切实的法理支持”[⑥]，诚然，从司法实践及《联合国海洋法公约》对历史性权利的规定看，是以在他国管辖海域享有的捕鱼权等权利为表现的，但是历史性权利存在与否的判断标准并不以地域为标准，而是以权利行使为标准。对于是否是排他的权利，由于我们在南海海域是基于历史性权利而主张特定的权利，而周边国家除非能证明其也有历史性权利，否则我们的这种权利就是排他性的。即便南海周边其他国家能够提供相关的证据，但从历史的角度看，中国在断续线内海域行使权力的历史也早于其他国家，毫无疑问，这种权利也是一种优先性权利。总之，通过以上分析，可以看到，1948年中国官方公布断续线，并未遭到其他国家的反对，在长期的实践中，中国在南海断续线的历史性权利逐渐巩固。断续线具有实质意义，其不

---

① 美联社华盛顿1974年4月2日电。

② 史棣祖：《南海诸岛自古就是我国领土》，《人民日报》1975年11月25日，第2版。

③ 韩振华主编：《我国南海诸岛史料汇编》，北京：东方出版社1988年版，第143页。文中的“和”指的是荷兰。

④ 参见《罗马尼亚政府声明　完全支持我国领海规定》，《人民日报》1958年9月26日，第5版。

⑤ 吴士存：《南沙争端的起源与发展》，北京：中国经济出版社2010版，第35页。

⑥ 周江：《也谈南海断续线的法律性质》，《法律科学》2013年第5期，第135页。

仅仅是地图上描述性的标志。[①]

3. 中国在断续线内享有的具体的历史性权利

（1）岛屿主权及其他海洋地物的主权

《联合国海洋法公约》将海洋地物分为岛屿（岩礁）、低潮高地等，在1958年《领海及毗连区公约》缔结前，并没有"低潮高地"等地物的概念，在我们将南海诸岛中的各群岛各自视为一体的情况下，断续线内海洋地物的含义是广义的，不限于岛屿，也包括其他地物。

通过前文的分析可以说明中国对断续线内南海诸岛是享有主权的。[②] 现实的情况是，南海周边一些国家对南海诸岛也提出了主权要求，如越南[③]、菲律宾[④]、马来西亚和文莱[⑤]。除从历史性权利角度论证外，还可以从其他视角进行论证。

视角一，中国对南海诸岛最早进行了先占。

根据先占取得领土主权需要符合两个构成要件，首先，涉及的对象是无主地，其次，国家必须实施主客观的有效占领行为。无主地的判断与历史证据密切相关，而有效占领的判断则与时际法密不可分。事实上，前文所述的诸多证据都可以证明中国基于先占能够取得对南海诸岛的主权。特别需要提及的是中国对黄岩岛的主权，在《菲律宾对黄岩岛及其附近海域的立场》的文件中，菲律宾以帕尔马斯岛（印度尼西亚称米昂阿斯岛）为例，指出有效行使管辖权才可取得领土主权，其认为菲律宾自其独立以来，对黄岩岛进行了有效占领和有效管辖，相应取得对该岛的主权，其相关行为包括以下几类：第一，升旗及建塔。1965年菲律宾国旗在黄岩岛上升起，菲律宾还建造了一个小型灯塔，1992

① Sienho Yee，The South China Sea Arbitration（the Philippines v. China）: Potential Jurisdictional Obstacles or Objections，*Chinese Journal of International Law*，2014，13，p.730.

② 我国外交部1980年发布的文件《中国对西沙群岛和南沙群岛的主权无可争辩》也详细论证了我国对两群岛享有主权的原因。

③ 越南是强占我国岛礁、攫取我国海上资源最多的国家，它既主张对南沙群岛享有主权，又主张对西沙群岛拥有主权。越南依据1979年9月28日和1982年1月18日发表的关于《对西沙群岛和南沙群岛主权的白皮书》及1988年4月越南外交部发布的两群岛与国际法的文件，主张基于历史及继承享有对两群岛的主权。

④ 菲律宾通过《关于修正第3046号〈关于确定菲律宾领海基线的法案〉第一节的第5446号共和国法案》（1968年9月18日）、《菲律宾第1596号总统法令》、《菲律宾第1599号总统令设立专属经济区》（1978年6月11日）及《菲律宾关于签署1982年〈联合国海洋法公约〉的宣言》（1982年12月10日）等各种立法、总统公告主张对南沙群岛的主权，涉及的依据包括地理邻近、《联合国海洋法公约》、国际法的确认、先占等。此外，自20世纪90年代以来，菲律宾开始以地理邻近及《联合国海洋法公约》主张对黄岩岛的主权，2012年4月10日中菲黄岩岛对峙事件后，菲律宾发表了《菲律宾对黄岩岛及其附近海域的立场》的文件，又提出了其对黄岩岛"主权"的新主张，指出"菲律宾对黄岩岛的主权和管辖权不是依据地理邻近，也不是因为黄岩岛位于《联合国海洋法公约》规定的200海里专属经济区或大陆架范围内"，而是依据"自其独立以来对黄岩岛的有效占领和有效管辖"，"《巴黎和约》对黄岩岛主权无关紧要"。Philippine Position on Bajo de Masinloc and the Waters Within Its Vicinity，www.gov.ph/2012/04/18/Philippine-Positionon-Bajo-de-Masinloc-and-the-Waters-Within-its-Vicinity/，访问日期：2013年5月20日。

⑤ 马来西亚和文莱对南沙群岛的主张依据是《联合国海洋法公约》中的专属经济区和大陆架制度。

年菲律宾海军对该灯塔进行修复并向国际海事组织申报将该灯塔列入《灯塔名录》。第二，议员登岛升旗行为。如1997年菲律宾国会议员登岛升旗。第三，黄岩岛曾被用作军事用途及在此进行科学研究活动。菲律宾指出黄岩岛曾被用作菲律宾海军和驻扎在苏比克湾的美国海军的靶场，菲律宾环境和自然资源部曾联合菲律宾大学在该地区进行科学研究活动，但没有指出具体的年份。第四，立法行为。2009年，菲律宾通过了《领海基线法案》，将黄岩岛作为菲律宾领海基线。

菲律宾的主张是站不住脚的。如前所述，18世纪以前，国际法强调发现即可取得领土主权。早在1279年，中国元朝政府派天文学家郭守敬在全国进行“四海测验”时，在南海的测量范围就包括黄岩岛。[①] 郭守敬作为政府官员，其测量行为具有国家性质。相比之下，菲律宾方面宣称，在西班牙殖民时期（16世纪）已将黄岩岛海域作为传统的捕鱼区和恶劣天气时的避难点，菲律宾1734年出版的地图已经将黄岩岛列入菲律宾管辖范围。相比之下，中国发现黄岩岛的时间早于菲律宾200多年，中国可以基于发现取得主权。对于有效占领，按照时际法的要求，已产生的权利应是在关键日期时继续存在。那么中菲黄岩岛的关键日期应是何时？由于关键日期并不一定是具体的某日，也可将其定位于某一期间。一种观点认为，在20世纪70年代菲律宾开始对中国黄岩岛提出领土要求。[②] 另一种观点认为，20世纪90年代菲律宾开始对黄岩岛提出主权要求，1997年为关键日期。[③] 由于关键日期是争端明确化的日期，从诸多事实看，1997年比较合适。1997年菲律宾总统发表声明称，黄岩岛在菲律宾专属经济区内，菲律宾有权勘探和开发该岛的资源。[④] 中国外交部发言人明确指出：“黄岩岛历来是中国固有领土，其法律地位早已确定”“国际社会也普遍承认黄岩岛是中国领土，……对黄岩岛属于中国领土的立场，菲方并未表示过异议”，“菲方最近突然提出黄岩岛位于菲200海里专属经济区内，菲对其有海洋管辖权”，“黄岩岛的问题是领土主权问题，……菲方试图以海洋管辖权侵犯中国领土主权的企图是完全站不住脚的。”[⑤] 由此可见，在1997年，菲律宾以海洋管辖主张黄岩岛主权，中国主张先占，从而使法律分歧产生，双方争端明确化。既然关键日期已经确定，需要论证的是直到20世纪90年代，中国对黄岩岛也是享有主权的，按照此时的国际法，一国对领土的主权还需要有效占领和管辖，这种占领和管辖应是与争端岛屿有

① 参见国家海洋局海洋发展战略研究所课题组：《中国的领土黄岩岛》，北京：海洋出版社2012年版，第10页。
② 疏震娅：《评菲律宾侵犯黄岩岛的非法无理主张》，《中国海洋报》2012年5月14日，第A1版。
③ 参见高健军：《从国际法角度评菲律宾对黄岩岛的主权主张》，《法学杂志》2012年第10期，第11页。
④ 参见江淮：《菲律宾染指中国黄岩岛回溯》，《世界知识》2012年第10期，第21页。
⑤《外交部发言人答问（6）》，《世界知识》1997年第12期，第30页。

关的能够代表国家的行为，应是持续和平稳的占领。中国对黄岩岛采取的有效占领行为包括以下方面：第一，对黄岩岛的命名。1935 年 1 月，中华民国水陆地图审查委员会根据音译，将黄岩岛命名为“斯卡巴洛礁”（Scarborough Reef），1947 年 11 月，中华民国内政部将该礁改称为“民主礁”。1983 年，中华人民共和国地名委员会对外公布《南海诸岛部分标准地名》时，黄岩岛成为正式的标准名称，同时基于地名延续性的考虑，民主礁被放入括号内作为副名。[①] 第二，立法行为。中国虽然没有关于黄岩岛的单独立法，但由于黄岩岛属于中沙群岛，所以凡涉及中沙群岛的立法都可适用于黄岩岛。如 1992 年《领海及毗连区法》第 2 条的规定即可适用于黄岩岛。此外，前文所述的中国在南海诸岛行使行政管辖等行为同样也是将黄岩岛包括在内的。由于关键日期以后的行为如果是先前行为的继续则是可采信的，所以 20 世纪 90 年代以后中国政府采取的立法行为[②]、海上维权行动[③]及科学研究[④]都是行使主权的表现。从权利的产生到权利的存续，中国对黄岩岛一直有效行使管辖权，所以，中国享有对黄岩岛的主权是毋庸置疑的。菲律宾所主张的有效占领和管辖不需要进行考虑，其所采取的行动实质是对中国领土主权的侵犯。

即便按照有效占领的标准去考察菲律宾的观点，菲律宾的行为也非“有效”。理由在于：第一，一般意义上的立法或行政管理行为，只有从它们的用语或效力可以清楚地看出它们涉及争端岛屿时，才能被认为是有效占领行为。[⑤] 就立法行为来说，1961 年菲律宾《关于领海基线第 3046 号法令》及 1968 年的《关于领海基线的修正令》都没有将黄岩岛作为基点，2009 年的《领海基线法案》提到黄岩岛，但是该立法是在关键日期后而为的，不具有采信性。第二，关于修建灯塔行为，国际法院在不同案件中的观点并不一致。如在 1953 年的敏基埃岛和艾克里荷斯岛案中，国际法院指出，灯塔和助航设施的建

① 参见国家海洋局海洋发展战略研究所课题组：《中国的领土黄岩岛》，北京：海洋出版社 2012 年版，第 12 页。

② 如 2009 年的《海岛保护法》及 2012 年的《全国海岛保护规划》中关于无居民海岛的规定，对包括黄岩岛在内的中沙群岛都是适用的。

③ 2007 年中国海监总队实现了对中国全部管辖海域的维权执法；2011 年 5 月，中国海监总队西南中沙支队正式成立，黄岩岛海域的巡航执法活动得到进一步加强；2012 年 4 月 10 日，中国海监执法船及时赶赴黄岩岛，保护被菲律宾非法袭扰的中国渔民的正常活动。参见国家海洋局海洋发展战略研究所课题组：《中国的领土黄岩岛》，北京：海洋出版社 2012 年版，第 15 页。

④ 中国政府曾多次派遣科学考察队到黄岩岛进行科学考察。例如，1977 年 10 月和 1978 年 6 月，中国科学院南海海洋研究所的科研人员两次登岛进行科考活动；1985 年 4 月，国家海洋局南海分局组织的科考队登岛进行综合考察；1994 年中国南海科考队抵达黄岩岛进行考察。此外，中国政府有关部门曾于 1994 年、1995 年、1997 年和 2007 年先后四次批准无线电爱好者登岛进行无线电探险活动。参见中国南海研究院：《黄岩岛十问》，海口：海南出版社、三环出版社 2012 年版，第 6 页。

⑤ 参见 Case concerning Sovereignty over Pulau Ligitan and Pulau Sipadan (Indonesia/Malaysia), *I.C.J.Reports 2002*, pp.682–683。

造和运行一般不被视为国家行使主权的证明[①];在2001年的卡塔尔诉巴林的海洋划界与领土案中，国际法院立场有所改变，指出“就小岛而言，建造助航设施具有法律相关性。”[②] 2002年的印度尼西亚与马来西亚的利吉丹岛和西巴丹岛案也援用了卡塔尔诉巴林案的观点[③]，但是即便修建灯塔等设施具有效力，也不是主要证据，只是具有相关性。所以，即便从有效占领的角度入手，菲律宾对黄岩岛也不是有效占领。

视角二，从国际条约可以证明南海诸岛属于中国。

第一，条约在解决南沙群岛争端中的适用。与南沙群岛有关的条约包括《开罗宣言》《波茨坦公告》、“旧金山和约”“中日双边和约”。[④] 对于《开罗宣言》《波茨坦公告》，如前所述，日本在1939年占领了南沙群岛，并曾把南沙群岛及西沙群岛等南海诸岛（命名为“新南群岛”）划归原属于中国而当时被日本通过不平等条约侵占的台湾管辖，隶属高雄。[⑤] 按照《开罗宣言》的规定，“在日本所窃取于中国之领土，例如东北四省、台湾、澎湖列岛等，归还中华民国”及“其他日本以武力或贪欲所攫取之土地，亦务将日本驱逐出境”;《波茨坦公告》第8条规定:“开罗宣言之条件必将实施，而日本之主权必将限于本州、北海道、九州、四国及吾人所决定其他小岛之内。”如果《开罗宣言》和《波茨坦公告》是有约束力的，那么日本侵占的领土就应归还中国。

就《开罗宣言》和《波茨坦公告》的性质而言，涉及的问题是二者是否属于条约，是否对缔约国具有强制约束力。按照1969年《维也纳条约法公约》的规定，条约是国际法主体之间以国际法为准缔结的书面协议，不论其载于一项单独文书或两项以上相互有关之文书内，亦不论其特定名称如何。可见，文件的表现形式及名称不影响该协议[⑥]的拘束力，国际法院在“爱琴海大陆架划界案”中也明确表明了此观点。[⑦] 所以，在国际法中，判断一项协议是否构成条约主要采用的是以下两个标准：一是缔结主体应是国际法主体；二是应以国际法为准。以国际法为准，第一是强调协议制定依据的法律标准为“国际法”而非“国内法”，第二是强调协议具有法的特性，具有强制拘束力。《奥本海国际法》更

① The Minquiers and Ecrehos Case (France / United Kingdom), Judgment, *I.C.J. Reports 1953*, p.71.

② Case concerning Maritime Delimitation and Territorial Questions between Qatar and Bahrain (Qatar v. Bahrain), *I.C.J. Reports 2001*, pp.99-100.

③ Case concerning Sovereignty over Pular Ligitan and Pulau Sipadan (Indonesia/Malaysia), *I.C.J. Reports 2001*, p.685.

④ 对这些条约的分析参见曲波:《条约视角下钓鱼岛主权归属探究》,《当代亚太》2013年第4期，第142~149页。

⑤ 参见吴士存:《南沙争端的起源与发展》，北京：中国经济出版社2010年版，第51页。

⑥ 从广义上讲，协议是条约的一种类型，此处所用的协议只是代表双方意思表示达成一致的文件，是否具有拘束力是尚需确定的。

⑦ 参见 Aegean Sea Continental Shelf, Judgment, *I.C.J. Reports 1978*, p. 39, para.96。

是明确指出，是否某一文件意欲给缔约方创设权利义务是“以国际法为准”的决定性要素。[①] 另外，如何判断某一协议是否具有强制拘束力？从国际法理论看，主要应从缔约国的意图及行为来判断，具体又可从“为什么缔结协议”“协议内容是什么”“国家怎么样履行协议”三个方面判断：其一，为什么缔结该协议，即缔结协议的目的或称缔约背景，包括缔约国当时缔结协议的相关言行均是反映缔约国缔结意图的证明。[②] 所以说，特定的目的和缔约背景能够决定缔约方是否要创设权利义务，或者仅是某类“绅士协定”。其二，该协议内容是什么样的，这是确定权利义务的主要表现。在“爱琴海大陆架划界案”中，国际法院在强调协议内容对判断当事国意图的意义时指出：“是否 1975 年 5 月 31 日的布鲁塞尔公报构成协议主要取决于公报的内容。”[③] 其三，当事国是怎样履行协议的。也就是通过缔约国的行为来体现协议对其是否有强制约束力，包括是否有国内法相匹配、是否将协议公布。[④] 至于登记是否是条约生效的要件，有学者持肯定观点[⑤]，但是按照《联合国宪章》第 102 条的规定，在宪章发生效力后，联合国任何会员国所缔结之一切条约及国际协定应尽速在秘书处登记，并由秘书处公布。未经登记的条约或国际协定，不得向联合国任何机关援引之。1969 年《维也纳条约法公约》第 80 条第 1 款规定：“条约应于生效后送请联合国秘书长登记或存案及记录，并公布之。”但是上述规定并没有将登记作为条约生效的条件，相反，1969 年《维也纳条约法公约》第 24 条第 1 款、第 2 款规定：“条约生效之方式及日期，依条约之规定或依谈判国之协议；倘无此种规定或协议，条约一俟确定所有谈判国同意承受条约之拘束，即行生效。”所以条约是否登记不影响条约的效力，不影响某文件是否具有强制约束力。从条约缔结程序看，条约可在缔约国签署、批准或交换批准书后发生效力。

既然协议的名称不论是“宣言”还是“公告”均不会影响其成为有强制约束力的条约，某一文本是否是条约的判断标准主要取决于该协议是否有创设权利义务的意图及国家采取的具体行动，那么《开罗宣言》和《波茨坦公告》是否属于有强制约束力的协议？《波

① 参见 R. Y. Jennings，Arthur Watts，*Oppenheim's International Law*. London：Longman Press，1996，p.1202。

② 参见 Anthony Aust，The Theory and Practice of Informal International Instruments，*International Law and Comparative Law Quarterly*，1986，35，pp.802-803。国际法院的判例中也确认了该点。参见 Aegean Sea Continental Shelf，Judgment，*I.C.J. Reports 1978*，p. 39，para.96。

③ Aegean Sea Continental Shelf，Judgment，*I.C.J. Reports 1978*，p.39，para.96.

④ 参见 Oscar Schachter，The Twilight Existence of Nonbinding International Agreements，*American Journal of International Law*，1977，71，p.297；Anthony Aust，The Theory and Practice of Informal International Instruments，*International Law and Comparative Law Quarterly*，1986，35，p.789。

⑤ 参见 Anthony Aust，The Theory and Practice of Informal International Instruments，*International Law and Comparative Law Quarterly*，1986，35，p.790。

茨坦公告》是在德国法西斯已经投降，日军在亚洲和太平洋战场屡遭失败、行将彻底崩溃的背景下产生的，目的是声明中、美、英三国一起致力于战胜日本以及履行《开罗宣言》等战后对日本的处理方式的决定。所以，从制定背景看，涉及要有所为。而且日本已通过行为证实了《波茨坦公告》的效力，如1945年日本接受《波茨坦公告》无条件投降，并且在《日本投降书》第1条和第6条宣示“承担忠诚履行《波茨坦公告》各项规定的义务”。1972年的《中日联合声明》也规定“遵循《波茨坦公告》第8条的规定”，所以《波茨坦公告》对缔约国具有强制约束力。就《开罗宣言》来说，其一，从缔结协议的背景看，《开罗宣言》是在1943年世界反法西斯战争胜利曙光初露时产生的，中、美、英三国首脑发表宣言的目的是如何协同对日作战，如何处置日本侵略者。《开罗宣言》不仅是国家的“宣言”，实质更是涉及国家如何“行为”。劳特派特指出：“凡载有由国家元首或政府首脑代表国家达成的协议并且订明有确切的行为准则的国际宣言，都被公认为对各国具有法律拘束力。”[①] 其二，从内容看，《开罗宣言》的内容明确，规定了中、美、英三国对日作战、处置日本侵略者及日本向中国归还台湾岛及其附属岛屿等领土的内容，是中、美、英三国达成的对日本处理及安排的权利义务的承诺。其三，从相关国家的行为看，各国是承认《开罗宣言》的效力的。如时任美国总统杜鲁门在1950年1月5日的国会公告中阐明，1943年11月26日在开罗的共同声明中，美国总统、英国首相和中国总统表明了他们的目的，即归还中国被日本窃取的领土[②]；“即便《开罗宣言》措辞含糊、没有明确指出各项义务，美国仍然认为由它所产生的各项义务具有法律上的拘束力，因为在缔结这些义务时各国的行为具备了法律上的行为意志。”[③] 再如时任英国外交大臣安托尼·艾顿（Anthony Edon）1943年12月14日在英国下院讨论《开罗宣言》时曾说，伦敦方面觉得自己受到这个宣言的约束。[④] 此外，《波茨坦公告》规定“开罗宣言之条件必将实施”，所以，日本接受《波茨坦公告》就意味着日本已经接受《开罗宣言》，这些事实都印证了各缔约国已通过自己的行为证明了《开罗宣言》的强制约束力。所以日本侵占中国的群岛就应归还中国。

至于“旧金山和约”，其第6条规定“日本放弃对南威岛及西沙群岛之一切权利、权

①［德］奥本海：《奥本海国际法》（上卷第一分册），［英］劳特派特修订，王铁崖、陈体强译，北京：商务印书馆1971年版，第132页。

② 参见 William L. Tung，*China and the Foreign Powers: The Impact of and Reaction to Unequal Treaties*，New York: Oceana Publications，1970，pp.69–70。

③ 世界知识出版社编辑：《国际条约集》（1945—1947），北京：世界知识出版社1959年版，第112~114页。

④ 参见 Hansard，*Parliamentary Papers*，*H.C.*，1943，第1427、602行。转引自葛勇平：《〈开罗宣言〉及其拘束力——写在〈开罗宣言〉签订60周年》，《河北法学》2004年第6期，第69页。

利根据与要求”并未明确规定主权归属[①]，但该条约属无效条约。原因如下：其一，从条约无效的要件看，在缔约方主体不适格、意表不真实及违反国际强行法的情况下会导致条约无效。首先，“旧金山和约”的缔结违反了《波茨坦公告》第8条的规定，按照该条的规定，日本的主权必将限于本州、北海道、九州、四国及吾人所决定其他小岛之内，这里的“吾人”当指《波茨坦公告》的缔约国，即“中、美、英”三国。但美国并没有遵守承诺，其在未包含中国的情况下，处置了其他岛屿，且故意不将“台湾所有附属岛屿”列为归还范围，因此“旧金山和约”属于缔约主体不适格，这是其无效原因之一。其次，美国将中国排除在“旧金山和约”之外，“不仅违反了《联合国家共同宣言》的精神，而且也违反了该宣言的内容。”[②]《联合国家共同宣言》是参加世界反法西斯同盟国家所签署的联合宣言，虽名为“宣言”，但对缔约国具有强制约束力。《联合国家共同宣言》重在强调国家之间的合作，《联合国家共同宣言》第2条规定：“每一政府各自保证与本宣言签字国合作，并不与敌人缔结单独停战协定或和约。”换言之，与敌国签署协议必须经反法西斯同盟国家同意方可。而“旧金山和约”缺少中国参加，同样不仅在缔约主体方面不适格，也违反了《联合国家共同宣言》这一国际强行法的规定，因此无效。其二，从中国立场看，中国始终反对“旧金山和约”的内容。1950年12月4日，时任中国国务院总理兼外交部部长周恩来发表的《关于对日和约问题的声明》指出：“对日和约的准备和拟制如果没有中华人民共和国参加，无论其内容和结果如何，中央人民政府一概认为是非法的，因而也是无效的。”[③]这是中国政府第一次全面阐明对“旧金山和约”的立场。在1951年8月15日的声明中，周恩来谴责“旧金山和约草案”“不论从它的准备程序上或它的内容上讲，都是彰明昭著地破坏了1942年1月1日的《联合国宣言》《开罗宣言》《雅尔塔协议》《波茨坦公告》和协定以及1947年6月19日远东委员会所通过的对投降后日本之基本政策等重要国际协定，而这些协定都是美英两国政府参加签字了的”[④]。在1951年9月18日的声明中，周恩来又指出：“中国人民在击败日本帝国主义的伟大战争中，经过时间最长，遭受牺牲最大，所作贡献最多。然而，美国政府却公然违反一切协议，

① 对于“旧金山和约”为何未规定南沙群岛的主权归属有复杂的原因，有分析认为主要是为了防止中国从该条约中得出对中国主权有利的结论。对此学者从和约签约过程进行了分析。参见张明亮：《〈旧金山对日和约〉再研究——关于其对西沙群岛、南沙群岛的处理及后果》，《当代中国史研究》2006年第1期，第99~106页。

② John Price，A Just Peace? The 1951 San Francisco Peace Treaty in Historical Perspective，*Japan Policy Research Institute Working Paper*，No. 78，June 2001，http://www.jpri.org/publications/workingpapers/wp78.html，访问日期：2013年1月30日。

③ 谢益显：《中国外交史：中华人民共和国时期（1949—1979）》（第3册），郑州：河南人民出版社1988年版，第33页。

④ 何春超等主编：《国际关系史资料选编（1945—1980）》（修订本），北京：法律出版社1988年版，第211页。

排斥中华人民共和国，……美国政府在旧金山会议中强制签署的没有中华人民共和国参加的对日单独和约，……中央人民政府认为是非法的、无效的，因而是绝对不能承认的。”①

至于“中日双边和约”，是1952年台湾当局以“中华民国政府”的名义与日本政府签订的，共14条内容，其中多次提到“旧金山和约”，如作为核心条款的第2条规定：“日本国根据《旧金山和约》第2条，承认放弃对台湾及澎湖群岛，以及南沙群岛及西沙群岛之所有权利、权利根据与要求。”该“和约”无论从缔约主体还是从内容方面看都是无效的。1952年5月5日，时任中国国务院总理兼外交部部长周恩来声明：中国政府“对于公开侮辱并敌视中国人民的吉田、蒋介石‘和约’，是坚决反对的”②。而且“旧金山和约”本身无效，该条约同样也无效。所以，中国对南沙群岛的主权不会因“旧金山和约”和“中日双边和约”的规定而受影响。

第二，条约在解决黄岩岛争端中的适用。菲律宾在《菲律宾对黄岩岛及其附近海域的立场》的文件中称，《巴黎和约》不会对黄岩岛主权产生影响。相应产生的问题是《巴黎和约》对黄岩岛的主权归属是否无关紧要？

在1898年的美西战争中，西班牙战败求和，美西双方于1898年12月10日在巴黎签订条约，即《巴黎和约》，也称《美西和约》。该条约共17条，其中第3条规定，“西班牙将称为菲律宾群岛的群岛割让给美国，该群岛包括位于下列线内的诸岛：一条线从格林尼治东经118°到东经127°，沿着或靠近北纬20°从西向东穿过巴士海峡航道的中央，而后沿着东经127°到北纬4° 45′，再由北纬4° 45′到该线与东经119° 35′的交点；然后沿着东经119° 35′到北纬7° 40′，再沿着北纬7° 40′到与东经116°的交点；然后以一条直线到达北纬10°与东经118°的交点；而后沿着东经118°到起点。”可见，位于东经117° 51′的黄岩岛并不在该条确定的范围内。《巴黎和约》签订之后，美国和西班牙于1900年在华盛顿缔结了《关于菲律宾外围岛屿割让的条约》，而后为了解决美国与英国就北婆罗洲（当时处于英国保护下）岸外的一些岛屿的归属问题，1930年美国与英国订立了《关于菲律宾群岛和北婆罗洲国之间边界的专约》。所以，1935年《菲律宾宪法》第1条规定，菲律宾的领土范围是由上述三个条约确定的。③而在这三个条约中，《巴黎和约》是最主要的，另外两个条约只起到补充作用。在1946年的《美菲一般关系条约》中，美国宣布放弃“美国对菲律宾群岛的

---

① 北京中日新闻事业促进会编：《钓鱼岛主权归属》，北京：人民日报出版社2013年版，第37~38页。

② 国际关系学院编：《现代国际关系史参考资料（1950—1953）》，北京：北京大学出版社1987年版，第582页。

③ 参见 the 1935 Constitution，www.gov.ph/the-philippine-constitutions/the-1935-constitution/，访问日期：2013年5月18日。

主权”。[①] 由于美国在统治菲律宾期间并不拥有对黄岩岛的主权，相应地，菲律宾也不可能享有对黄岩岛的主权。1961 年菲律宾《关于领海基线第 3046 号法令》[②] 重申了上述条约的法律效力，明文承认上述条约所划定的菲律宾领土及其范围界线，所以黄岩岛并不是菲律宾领土。

视角三，地理邻近不是解决岛屿主权争端的依据。

地理邻近并不是领土取得的依据，自然也不能确定岛屿主权的归属。虽然南海诸岛中的一些岛礁距离中国相对较远，而更靠近他国，但不能以距离来判断其归属。在帕尔马斯岛仲裁案中，美国从毗邻性的角度出发，认为可以根据地理条件把在领海以外的邻近岛屿作为自己的领土，但是胡伯认为在实在国际法上不存在这样的规则，历史上也无先例。[③] 事实上，除国家协议外，国家也未因邻近而取得对岛屿的主权的先例，如英国海峡群岛（Channel Islands）并未因距英国 46 海里而距法国仅 8 海里就属于法国。再如，澳大利亚的圣诞岛（Christmas Island）距离澳大利亚 756 海里，距离印度尼西亚的爪哇岛 194 海里，但其并不会因为距离原因而属于印度尼西亚。从菲律宾最初依据地理邻近确定黄岩岛归属，到后来《菲律宾对黄岩岛及其附近海域的立场》的文件认为菲律宾对黄岩岛的主权并非基于地理邻近，已很明显地说明菲律宾也已承认基于这种理由主张领土主权是无法成立的。

视角四，《联合国海洋法公约》无法确定岛屿主权归属。

菲律宾、马来西亚及文莱依据《联合国海洋法公约》主张岛屿主权违背了国际法中领土取得的一般原则，即“陆地控制海洋”。从领土组成看，是陆地支配海洋，而非反之，一个国家只有拥有了大陆或岛屿的主权才有可能享有该陆地或岛屿附近海域的主权和主权权利。

（2）海域的主权

中国在南海断续线中的海域主权不是针对所有海域，只是针对其中的部分海域。如在 1974 年，针对越南当局宣布将南沙群岛中的部分岛屿划归其管辖，我国外交部严正声明：“南沙群岛、西沙群岛、中沙群岛和东沙群岛，都是中国领土的一部分。中华人民

---

① 参见 Treaties and International Agreements Registered or Filed and Recorded with the Secretariat of the United Nations（Vol.7），http://treaties.un.org/doc/publication/UNTS/Volume%207/v7.pdf，访问日期：2013 年 5 月 20 日。

② 参见 An Act Defining the Baseline of the Territorial Sea of the Philippines，www.lawphil.net/statutes/repacts/ra1961/ra_3046_1961.html，访问日期：2013 年 5 月 20 日。

③ The Island of Palmas（United States of America v. the Netherlands），Award of the Tribunal，*P.C.A.1928*，p.22.

共和国对这些岛屿具有无可争辩的主权。这些岛屿附近海域的资源也属于中国所有。”①而后的文件均表明了此立场。如2009年和2011年的中国照会均表明“中国对南海诸岛及附近水域有无可争辩的主权”②。但是这些文件对“附近海域”的范围并没有进行说明。在不同的时期，对附近海域的理解会有不同，在现代海洋制度确立前，主要是在《联合国海洋法公约》生效前，中国对“附近海域”理解的范围要广于《联合国海洋法公约》。如1976年6月有国家在我国南沙群岛礼乐滩地区进行石油钻探作业及1980年7月苏联和越南签订《在越南南方大陆架合作勘探、开采石油和天然气协定》，我国外交部均发表声明指出，中国对南海诸岛享有主权，同时“对这些岛屿及其附近海域享有无可争辩的主权”③。“附近海域”虽然“并非严格的法律用语”④，有学者将其理解为“似乎是200海里区域”⑤，但结合法的解释原则，从国际法及《联合国海洋法公约》的基本原理看，“有无可争辩的主权的附近海域”应为一国的领海和内水。所以，在我国批准《联合国海洋法公约》下所言的“附近海域”就是以南海诸岛为基点而享有主权的内水和领海。当然，其具体范围的划定，如12海里的内部与外部界限的划定，与基点、基线的选择有关联。

（3）不具有领土主权性质的权利

第一，航行权和资源开发权（捕鱼权）。中国具体在南海中享有哪些权利与时代背景有关。前文已有诸多资料证明，中国最早是通过航行活动发现了南海，而后渔民开始在此海域捕鱼。“我国宋代的《梦粱录》，元代的《岛夷志略》，明代的《东西洋考》《顺风相送》，清代的《指南正法》《海国闻见录》以及历代渔民的《更路簿》等著作，记载了中国人民千百年来到西沙群岛、南沙群岛航行、生产的情况和这两个群岛的位置及岛礁分布状况。”⑥在当时的时代背景下，人类开发利用海洋只限于航行和捕鱼，所以，我们说渔民自古以来就在此海域捕鱼，这为国家创设在此海域的权利创设了基础，反过来，也证实了只有国家在此海域有权利，渔民才能在此捕鱼。所以，中国在南海的历史性权利包括航行权和捕鱼权。

---

①《我外交部发言人发表声明》，《人民日报》1974年1月12日，第1版。

② Note Verbale No.CML/18/2009 from the Permanent Mission of the People's Republic of China to the UN Secretary-General，http://www.un.org/depts/los/clcs_new/submissions_files/vnm37_09/chn_2009re_vnm.pdf; Note Verbale No.CML/8/2011 from the Permanent Mission of the People's Republic of China to the UN Secretary-General，http://www.un.org/depts/los/clcs_new/submissions_files/mysvnm33_09/chn_2011_re_phl_e.pdf，访问日期：2013年8月11日。

③ 李金明：《南海波涛：东南亚国家与南海问题》，南昌：江西高校出版社2005年版，第225页、229页。

④ 周江：《论我国南海主权主张中的“附近海域”》，《重庆理工大学学报》（社会科学版）2011年第9期，第61页。

⑤ 姜丽、李令华：《南海传统九段线与海洋划界问题》，《中国海洋大学学报》（社会科学版）2008年第6期，第8页。

⑥《中国对西沙群岛和南沙群岛的主权无可争辩》，《人民日报》1980年1月31日，第1版。

第二，建造人工岛屿、设施结构方面的权利。如从1925年开始，中国政府就开始筹划在东沙岛建设观察台、无线电台和灯塔，但是由于政局动荡，直至1935年才全面竣工[①]；1936年中国政府在西沙群岛也设立了观测台、无线电台和灯塔。[②]

第三，海洋科学研究的权利。我国自古就有在南海进行考察的记载，如自元代开始就已在南海进行天文测量[③]；而且对外国在该海域的测量进行抗议，如德国1883年曾在南沙群岛进行调查测量，经我国抗议，德国停止了测量活动[④]；中华人民共和国成立前通过科考，"在我国南海诸岛就发现了大量的古代铜钱和瓷器等文物"[⑤]，20世纪以来，我国考古人员在西沙考察也发现了数以千计的文物资料[⑥]，1977年，我国的远洋科学调查船完成了海洋水文、气象等调查任务。[⑦]

对于中国在断续线内享有的权利，实质是证据提供的问题，如果有证据能够证明中国在历史上一直公开、持续地享有某种权利且为他国所容忍，则此权利就存在。至少，目前中国是享有上述历史性权利的。

三、南海仲裁案历史性权利实体裁决评析

2013年1月22日，菲律宾照会中国驻菲律宾大使馆并附《菲律宾主张的通知和声明》（简称《通知和声明》），正式通知中国菲律宾已根据《联合国海洋法公约》启动对中国的仲裁程序。在《通知和声明》中，共有13项仲裁请求，其中第1项和第2项请求分别是，宣布中国在南海的海域权利，如同菲律宾一样，都是通过《联合国海洋法公约》确立的，由《联合国海洋法公约》第二部分的领海和毗连区、第五部分的专属经济区及第六部分的大陆架中的权利构成；宣布中国以所谓"断续线"为基础在南海的海域主张是违反《联合国海洋法公约》的，因此是无效的。2014年3月30日，菲律宾提交其"诉状"，将请求裁决的事项扩展为15项，其中第1项和第2项的请求具体表述为：（1）中国在南海的海洋权利，如菲律宾一样，不能超过《联合国海洋法公约》允许的范围；（2）中国主张的对"断续线"范围内的南海海域的主权权利和管辖权以及"历史性权利"与《联合国海洋法公约》相违背，这些主张在超过《联合国海洋法公约》允许的中国海洋权利

① 韩振华主编：《中国南海诸岛史料汇编》，北京：东方出版社1988年版，第289页。
② 韩振华主编：《中国南海诸岛史料汇编》，北京：东方出版社1988年版，第227页。
③《南威岛和西沙群岛介绍》，《人民日报》1951年8月23日，第1版。
④《南威岛和西沙群岛介绍》，《人民日报》1951年8月23日，第1版。
⑤ 史棣祖：《南海诸岛自古就是我国领土》，《人民日报》1975年11月25日，第2版。
⑥《我国西沙群岛文物考察取得可喜成绩》，《人民日报》1976年8月31日，第4版。
⑦《我国远洋科学调查又获丰硕成果》，《人民日报》1977年7月20日，第3版。

的地理和实体限制的范围内不具有法律效力。[①] 中国从 2013 年 2 月 19 日起，就不断阐明不接受、不参与仲裁的立场。[②] 仲裁庭将中国的非正式函文视为等同于对管辖权的异议，因此在 2015 年 7 月 7 日、8 日和 13 日，仲裁庭就管辖权和可受理性问题进行了审理，2015 年 10 月 29 日，仲裁庭发布《菲律宾共和国诉中华人民共和国有关南海问题管辖权和可受理性裁决》（简称《管辖权和可受理性裁决》）。《管辖权和可受理性裁决》裁决第 1 项和第 2 项请求的管辖权问题的审查至实体问题仲裁阶段。[③]2015 年 11 月 24 日至 26 日及 30 日，仲裁庭就实体问题及管辖权和可受理性的余留问题进行了审理，并于 2016 年 7 月 12 日作出裁决（统称《最后裁决》），裁决仲裁庭对第 1 项和第 2 项仲裁请求享有管辖权。[④] 对于实体问题，仲裁庭支持了菲律宾的请求，裁决中国在南海的海洋权利范围限定在《联合国海洋法公约》范围内，中国在南海“断续线”相关部分范围内主张的历史性权利、其他主权权利和管辖权违反《联合国海洋法公约》。[⑤] 本部分不侧重证明历史性权利是什么，也不着笔墨探讨 historic rights 与 historic titles 的关系，也不论证中国在南海是否存在历史性权利及享有何种历史性权利，而重在阐述在实体裁决中，仲裁庭对历史性权利审理的基本思路及论证方式，进而剖析其中存在的问题。[⑥]

（一）仲裁庭对历史性权利的论证思路及方式

仲裁庭认为菲律宾的第 1 项和第 2 项仲裁请求是不可分的，因此将这两个请求作为一个整体进行裁决，并最终体现在《最后裁决》的第五部分。具体思路及论证方式如下。

1. 通过中国海洋权利的声明和立法来证明中国海洋范围

《最后裁决》描述了 20 世纪 30 年代之前中国国内法中的“内洋”和“外洋”的区分，

---

① Award on Jurisdiction and Admissibility of Arbitration between the Republic of Philippines and the People's Republic of China，29 October 2015，PCA Case No. 2013-19，para. 101.

② 如在仲裁案进行中的一系列程序、外交照会、中华人民共和国《关于菲律宾共和国所提南海仲裁案管辖权问题的立场文件》、中国驻荷兰大使致仲裁庭成员的信函及多次的公开声明中都表达了这一立场。参见 Arbitration between the Republic of the Philippines and the People's Republic of China，*PCA Eleventh Press Release*，12 July 2016。

③ 参见 Award on Jurisdiction and Admissibility of Arbitration between the Republic of Philippines and the People's Republic of China，29 October 2015，PCA Case No. 2013-19，para.413。

④ 参见 Award between the Republic of Philippines and the People's Republic of China，12 July 2016，PCA Case No. 2013-19，para.229。对于管辖权问题，2014 年 12 月 7 日的中华人民共和国《关于菲律宾共和国所提南海仲裁案管辖权问题的立场文件》及 2016 年 6 月 10 日中国国际法学会发表的《菲律宾所提南海仲裁案仲裁庭的裁决没有法律效力》都进行了剖析，一些学者也有相关研究。部分可参见中国国际法学会主办的《中国国际法年刊：南海仲裁案管辖权问题专刊》中的文章，北京：法律出版社 2016 年版。

⑤ 参见 Award between the Republic of Philippines and the People's Republic of China，12 July 2016，PCA Case No. 2013-19，paras.276-278。

⑥ 本部分内容参见曲波：《论南海仲裁案历史性权利实体裁决的瑕疵》，《吉林大学社会科学学报》2017 年第 2 期，第 32~42 页。

20世纪30年代中国宣布的3海里领海、1958年的《关于领海的声明》、1992年的《领海及毗连区法》、1996年的关于领海基线的声明、1996年中国批准《联合国海洋法公约》时的四点声明及1998年的《专属经济区和大陆架法》中关于海洋权利的规定。[①]需要注意的是，对于这部分内容，《最后裁决》在中国的海洋权利问题中使用的用语是"entitlement to maritime zone"，《布莱克法律词典》将entitlement解释为对某一利益的绝对权利[②]；《元照英美法词典》直接将其翻译为"法定权利"。[③]因此，不难发现，这部分表面是对中国的相关立法和声明进行一种梳理，实质是想证明中国的海洋范围是法定的，为后来论证中国海洋范围铺路。

2. 历史性权利的分析及中国在南海断续线内历史性权利主张的推断

仲裁庭在将historic rights认定为"历史性权利"，将historic title认定为"历史性所有权"的情况下指出，"历史性权利"术语在性质上一般被描述为国家可享有的权利。根据国际法的一般规则，在缺少特殊的历史的情况下，该权利通常不会产生。历史性权利可以包括主权，也可以包括捕鱼权、通过权等缺少主权主张的权利。相反"历史性所有权"专门用来提及历史性的陆地或海洋主权。历史性水域是对水域，特别是对内水或领海的历史性所有权，尽管"一般国际法没有为历史性水域或历史性海湾规定单独的制度"，但实际为每一个具体的被承认的历史性水域或历史性海湾规定了特殊制度，历史性海湾仅仅指主张历史性水域的海湾。[④]在这一界定下，虽然仲裁庭也注意到中国从来没有明确澄清过其主张的历史性权利的性质和范围，也从未澄清过断续线的含义，但是仲裁庭认为某些事实是能被确立的，这些事实包括中国1948年公布十一段线到而后的九段线；2009年中国对越南和马来西亚外大陆架申请案的照会及引起的相关反映；中国外交通信及官方发言等。[⑤]通过上述论证，仲裁庭得出了中国在南海断续线内主张的是生物资源和非生物资源的历史性权利的结论。[⑥]

---

① 参见Award between the Republic of Philippines and the People's Republic of China，12 July 2016，PCA Case No. 2013-19，paras.172-179。

② Bryan A. Garner (editor in chief)，*Black's Law Dictionary*，9th Edition，Minnesota：Thomson Reuters Business，2009，p.612.

③ 薛波主编：《元照英美法词典》，北京：法律出版社2003年版，第477页。

④ 参见Award between the Republic of Philippines and the People's Republic of China，12 July 2016，PCA Case No. 2013-19，para.225。

⑤ 参见Award between the Republic of Philippines and the People's Republic of China，12 July 2016，PCA Case No. 2013-19，paras.180-187，para.201。

⑥ 参见Award between the Republic of Philippines and the People's Republic of China，12 July 2016，PCA Case No. 2013-19，para.214。

3. 用《联合国海洋法公约》来证明中国的历史性权利主张是不合法的

仲裁庭认为中国在断续线内的权利和管辖权与菲律宾递交的请求引发的三个问题是相关的,但是也是有区别的①,同时仲裁庭提出了四个假设②,实质问题都是《联合国海洋法公约》与历史性权利的关系问题。仲裁庭进而用《联合国海洋法公约》文本、《联合国海洋法公约》的谈判过程及相关案例来证明,最后得出中国的历史性权利主张不符合《联合国海洋法公约》的结论。

行文至此,至少可以发现菲律宾“历史性权利”请求变化的轨迹。对比菲律宾《通知和声明》中的请求与最后“诉状”中的请求可以看出,菲律宾最初是请求仲裁庭裁决断续线非法。这一想法其实在菲律宾2011年的照会中即已表明,当时菲律宾就认为中国针对越南和马来西亚外大陆架申请案提交的照会中所附的断续线地图中提到的“相关海域及其海床和底土”及“附近海域”没有国际法依据,特别是没有《联合国海洋法公约》上的依据。③ 但是在2014年的“诉状”中,菲律宾的请求转变为强调中国在南海享有的历史性权利违法。这种变化的一个原因在于《联合国海洋法公约》没有规定断续线,断续线是否有效并不是《联合国海洋法公约》的解释或适用问题,但因《联合国海洋法公约》规定了历史性所有权,也有关于historic titles的规定,那么历史性权利则有可能被演绎为《联合国海洋法公约》解释或适用的争端,进而确立仲裁庭的管辖权,同时用《联合国海洋法公约》来判断历史性权利。虽然《最后裁决》是由仲裁庭仲裁员全体一致作出的,但存在诸多问题。

(二)仲裁庭对概念和制度的混淆和误解

在历史性权利实体裁决中,菲律宾认为《联合国海洋法公约》之前的国际法没有接受中国主张的那样的宽海域的历史性权利,指出《联合国海洋法公约》通过前,规范海洋的两个原则,一是海洋自由原则,即禁止任何国家独占海洋;二是沿海国对近岸有限海域控制的原则,即该海域禁止任何国家占据。菲律宾认为,中国的主张与这两个原则不一致④,并将论证重点放在海洋自由方面。仲裁庭肯定了菲律宾的观点,认为在引入《联

① 参见 Award between the Republic of Philippines and the People's Republic of China,12 July 2016,PCA Case No. 2013-19,para.234。

② 参见 Award between the Republic of Philippines and the People's Republic of China,12 July 2016,PCA Case No. 2013-19,para.238。

③ 参见 Note Verbale No.000228 from the Permanent Mission of Philippines to the UN Secretary-General,http://www.un.org/depts/los/clcs_new/submissions_files/mysvnm33_09/phl_re_chn_2011.pdf,访问日期:2016年10月10日。

④ 参见 Award between the Republic of Philippines and the People's Republic of China,12 July 2016,PCA Case No. 2013-19,para.193。

合国海洋法公约》体系之前，确定的是在“二战”之前，国际海洋法法律制度只承认一个狭窄的领海带和巨大的公海，其组成了（现在仍然组成）大洋的绝大部分。在当时的制度下，几乎整个南海都是公海，中国在1958年发布的《关于领海的声明》明确承认公海将东沙群岛、西沙群岛、中沙群岛、南沙群岛及其他属于中国的群岛与大陆及沿海岛屿分开。在很长一段时间，中国在南海进行的航行和贸易以及捕鱼活动，都是在领海范围以外进行的，享有的是公海自由。[①] 仲裁庭实际上混淆了历史性权利与海洋自由等原则的关系，对中国的《关于领海的声明》存在误读，在具体阐述中，仲裁庭有偷换概念的做法。

1. 混淆历史性权利与海洋自由的关系

历史性权利与海洋自由及领海主权的产生基础不同。纵观海洋法的历史，海洋自由及领海主权是近代海洋法的产物。[②] 从16世纪开始，伴随着生产力的提高及资本主义生产关系的变化，海洋领域也出现了“圈地运动”。最初的争夺者主要是西班牙和葡萄牙，1493年“教皇子午线”的划定使西班牙取得了太平洋和墨西哥湾的管辖权，葡萄牙取得摩洛哥南部大西洋和印度洋的管辖权。1494年，两国又通过缔结《托德西拉斯条约》（*Treaty of Trodesillas*），将该线向西移了270里格。[③] 葡萄牙、西班牙对海洋及其贸易和航线的垄断，必然使其他国家的利益受损，之后兴起的荷兰、英国与其冲突日益明显。1603年荷属东印度公司在马六甲海峡捕获葡萄牙船只，并将其作为捕获物处理，荷属东印度公司委托格劳秀斯（Grotius）对海上捕获法进行研究，1605年格劳秀斯发表《捕获法》，其中第12章“海洋自由论”阐述了以下观点：所有国家均可通过之地，乃对所有人开放，这并非源自允许，而是来自万民法之命令。无论是通过捕获，还是教皇的授予，或是依时效（即习惯），与他国从事贸易的权利都不能由任何特定一方所独占。针对海洋，格劳秀斯从正义观、宗教、罗马法等角度进行了论证，认为“海洋是一个为所有人共有的自然环境，因为它是那样的无边无际，以至于不可能变为任何人的占有物，所以我们从航行目的，还是从渔业角度来考虑，它都适合于为所有人共同使用”[④]。该章后进行修改，

① 参见 Award between the Republic of Philippines and the People's Republic of China，12 July 2016，PCA Case No. 2013-19，para.269。

② 对于海洋法的历史发展有不同的分类方式，一种分类方式是将其分为古代海洋法、中世纪海洋法、近代海洋法及现代海洋法。参见屈广清、曲波主编：《海洋法》（第3版），北京：中国人民大学出版社2014年版，第19页。也有学者从学说主张及编纂的角度进行分类。参见 D. P. O'Connell，*The International Law of the Sea*，Oxford：Clarendon Press，1989，1，pp.1-28。

③ 张晏瑲：《国际海洋法》，北京：清华大学出版社2015年版，第4页。

④［荷］雨果·格劳秀斯：《捕获法》，张乃根等译，上海：上海世纪出版集团2015年版，第233~234、251~252页。

以《海洋自由论》为名单独出版。[①]海洋自由论实为“重商时代”成熟背景下的产物[②]，海洋自由的观点是从“公共”物品的角度演进的。[③]尽管海洋自由论最初的提出也遭到了英国等国及其学者的反对，如威廉·威尔伍德（William Welwood）、福瑞塔（Seraphim de Freitas）及赛尔顿（John Selden）等人都进行过反对，但是随着海上贸易的扩大，到18世纪，海洋自由论被普遍接受，同时一国对紧邻海岸的水域拥有管辖权的观点也被各国普遍接受。

何为历史性权利，国际法中并没有明确界定，学界观点也不一致。[④]按照“南海仲裁案”仲裁庭的理解，历史性权利包括历史性主权及缺少主权主张的历史性捕鱼权及通过权等，历史性所有权是专门涉及历史性的陆地及海洋的主权。[⑤]可见，仲裁庭认为历史性权利包括历史性主权（所有权）及非主权性历史性权利，而且仲裁庭用1962年联合国秘书处发布的《关于历史性水域包括历史性海湾的备忘录》来分析历史性权利的构成要件，认为历史性权利的构成要件包括以下三个：主张国对主张历史性水域的海域有效地行使权力；权力行使的持续性；外国的态度。[⑥]如果按照仲裁庭的观点，其也肯定了历史性权利的形成涉及主张国的主张、主张国的行为及其他国家的态度，这与海洋自由是不同的概念。而且，以仲裁庭提出的历史性水域的形成看，历史性水域形成的一个重要的因素与一国海洋领土划界有关的国际法规则存在争议有关。在《联合国海洋法公约》通过前，一直没有被国际社会普遍接受的领海的最大宽度或者开放性海湾的最大宽度的定论。在这样的情况下，国家对这些毗邻海岸的区域主张行使管辖权就显得再自然不过了，因为沿海国认为这一海域对它们的安全和经济都是至关重要的。随着时间的推移，产生了这样一些情况：不管根据一般国际法规则，某些海域是否属于一国的海洋领土，但该国基于历史性权利，均可主张对该海域享有主权。[⑦]总而言之，“历史性水域”概念根植的历史事

①《捕获法》是雨果·格劳秀斯1604年至1605年写的，生前并未出版，成了他的遗稿，1864年原稿被发现，1868年出版。《海洋自由论》由《捕获法》第12章修改后单独出版，《战争与和平法》也是如此，这些都是在他的《捕获法》原稿被发现后才得知的。杨泽伟：《国际法析论》，北京：中国人民大学出版社2003年版，第203页。

② 姜皇池：《国际海洋法》（上），台北：学林文化事业有限公司2004年版，第43页。

③［荷］雨果·格劳秀斯：《捕获法》，张乃根等译，上海：上海世纪出版集团2015年版，第252页。James B. Morell, *The Law of the Sea—An Historical Analysis of the 1982 Treaty and Its Rejection by the United States*, Jefferson, North Carolina: McFarland & Company, Inc., Publishers, 1992, p.2。

④ 曲波：《历史性权利在〈联合国海洋法公约〉中的地位》，《东北师大学报》（哲学社会科学版）2012年第3期，第31页。

⑤ 参见 Award between the Republic of Philippines and the People’s Republic of China, 12 July 2016, PCA Case No. 2013-19, para.225。

⑥ 参见 Award between the Republic of Philippines and the People’s Republic of China, 12 July 2016, PCA Case No. 2013-19, para.222。

⑦ Juridical Regime of Historic Waters including Historic Bays—Study Prepared by the Secretariat, A/CN, 4/143, para.36.

实是国家多年以来长期对某海域主张和行使主权，它们认为这些海域对其至关重要，因此对有分歧的和不断变化的国际法关于领海划界的观点不多加关注。[①] 由此可见，海洋自由与历史性权利的基础并不相同。

2. 偷换概念

仲裁庭认为中国在南海进行的航行和贸易以及捕鱼活动，都是在领海范围以外进行的，享有的是公海自由。[②] 这里有两个问题，一是仲裁庭先是阐述海洋自由，最后又过渡到中国享有的是公海自由，这无疑是将海洋自由与公海自由等同起来。从海洋法的发展历史看，海洋自由对应的是闭海论，而后才发展到公海自由，公海自由对应的是领海主权。[③] 在一定程度上可以说，公海自由是海洋自由演进的表现，但是不代表二者等同。这里引申出的第二个问题是，在中国在南海进行航行、贸易、捕鱼时期，是否已出现了领海与公海的划分。据史料记载，中国早在汉代就开始在南海航行，进行开发经营活动。而后中国在南海的活动被历朝历代不断延续并有所扩展。[④] 而 17 世纪末，公海和领海的区分才被确立，18 世纪公海自由才被普遍接受。所以，即便按照仲裁庭的思路，也不能推出中国当时在南海进行相关活动之时，享有的是公海自由。

3. 对中国国内法的片面理解

仲裁庭认为中国的《关于领海的声明》承认南海诸岛与大陆及沿海岛屿间隔有公海。这一理解是对 1958 年《关于领海的声明》用语的误解。《关于领海的声明》的原文是，中国的领海宽是 12 海里，这项规定适用于中国的一切领土，包括中国大陆及其沿海岛屿，同大陆及其沿海岛屿隔有公海的台湾及其周围各岛、澎湖列岛、东沙群岛、西沙群岛、中沙群岛、南沙群岛以及其他属于中国的岛屿。是否“隔有公海的”限定的是后面的所有岛屿？这里首先涉及“及其周围各岛”的范围。基于整体解释原则，需要考察其他立法的规定。按照 1992 年《领海及毗连区法》的规定，中华人民共和国的陆地领土包括中华人民共和国大陆及其沿海岛屿、台湾及其包括钓鱼岛在内的附属各岛、澎湖列岛、东沙群岛、西沙群岛、中沙群岛、南沙群岛以及其他一切属于中国的岛屿。所以，《关于领海的声明》中“周围各岛”实际上就是 1992 年《领海及毗连区法》中所说的“包括钓鱼岛在内的附属各岛”。因为《领海及毗连区法》是在钓鱼岛之后提到南海的这些

① Juridical Regime of Historic Waters including Historic Bays—Study Prepared by the Secretariat，A/CN，4/143，para.38.

② 参见 Award between the Republic of Philippines and the People’s Republic of China，12 July 2016，PCA Case No. 2013–19，para.269。

③ 参见 D. P. O’connell，*The International Law of the Sea*，Vol.1，Oxford：Clarendon Press，1992，p.1，p.18。

④ 韩振华主编：《我国南海诸岛史料汇编》，北京：东方出版社 1988 年版，第 2~6 页。

岛屿，很明显南沙群岛等不是附属于钓鱼岛的。所以，1958年《关于领海的声明》规定的“隔有公海的台湾及其周围各岛”与后面的岛屿是并列的关系，“公海”限定的不是后面的所有岛屿，仅仅限定的是“台湾及其周围各岛”。而且，在1992年《领海及毗连区法》中，我们也取消了“隔有公海的”的规定。从法理看，根据法的时间效力的一般规则，1958年的《关于领海的声明》与1992年的《领海及毗连区法》相冲突时，《领海及毗连区法》优先。因此可以说，仲裁庭误读了《关于领海的声明》，没有全面解读中国的立法。

（三）仲裁庭对《联合国海洋法公约》的使用和理解方面存在的瑕疵及错误

仲裁庭裁决认同菲律宾的请求，指出中国在断续线内主张的历史性权利是违反《联合国海洋法公约》的。仲裁庭指出了《联合国海洋法公约》对各个海域的划分，认为《联合国海洋法公约》确立了海洋法定权利的界限，规定了沿海国及其他国家在各个海域的权利和义务。同时，仲裁庭认为《联合国海洋法公约》提供了能够包含任何海域或海底的包罗万象的海洋体系，并为该体系限定了边界①，而且《联合国海洋法公约》要解决一切与海洋法有关的问题。②按照菲律宾及仲裁庭的逻辑，中国是在宽海洋的范围主张生物资源及非生物资源的历史性权利，而《联合国海洋法公约》并未规定这种历史性权利。③这一结论不能成立，仲裁庭具体论证中存在以下问题。

1. 夸大《联合国海洋法公约》在海洋法中的地位

仲裁庭将《联合国海洋法公约》认定为海洋法的唯一渊源，但是事实并非如此，理由如下所述。

第一，从海洋法的渊源看，海洋法是国际法的一个分支，国际法的一般原理对海洋法同样适用。条约只是国际法的渊源之一，那么《联合国海洋法公约》也不是海洋法的全部，只是海洋法的一种渊源。《联合国海洋法公约》从制定时就承认这一点，因此《联合国海洋法公约》在序言中指出，《联合国海洋法公约》未规定的事项，应继续以一般国际法规则和原则为准。

第二，从设立的目的看，正如《联合国海洋法公约》序言所称，《联合国海洋法公约》

① 参见 Award between the Republic of Philippines and the People's Republic of China，12 July 2016，PCA Case No. 2013-19，para.231。

② 参见 Award between the Republic of Philippines and the People's Republic of China，12 July 2016，PCA Case No. 2013-19，para.245。

③ 参见 Award between the Republic of Philippines and the People's Republic of China，12 July 2016，PCA Case No. 2013-19，paras.193-194，para.232，para.239.

虽要为海洋建立一种法律秩序，但是这种秩序的建立应“在妥为顾及所有国家主权的情形下”，“本着以互相谅解和合作的精神……”，“考虑到达成这些目标将有助于……”，“希望以本公约发展……”，“相信在本公约中所达成的海洋法的编纂和逐渐发展，将有助于……”所以，从《联合国海洋法公约》序言可知，《联合国海洋法公约》的目的就是要实现某些目标，而非仅对已成事实进行确认。

第三，从缔约国范围看，虽然目前《联合国海洋法公约》有 168 个缔约国[①]，但联合国会员国中尚有国家不是《联合国海洋法公约》缔约国，而且《联合国海洋法公约》的地位并不仅仅取决于缔约国的数目，在一定程度上还与缔约国的“利益相关国”有关。目前美国这一海洋大国、海洋强国并没有加入《联合国海洋法公约》，所以，《联合国海洋法公约》尚未达到《联合国宪章》那样的地位。

第四，从约束力看，《联合国海洋法公约》作为条约的一种，一般仅对缔约国有约束力，只有当《联合国海洋法公约》规定构成习惯国际法时才会对非缔约国产生效力，但是习惯国际法的认定是一个难点问题，而且至少目前看来并非《联合国海洋法公约》的所有条款都是习惯国际法。所以，不能将《联合国海洋法公约》视为海洋法领域的唯一法律渊源，也不能将其作为判断某一实践是否合法的唯一参照系。

第五，从争端解决适用的规范看，由于《联合国海洋法公约》的争端解决机制只适用于有关《联合国海洋法公约》解释或适用的争端，即海洋法争端，而按照《联合国海洋法公约》第 293 条第 1 款的规定，法院或法庭解决争端适用的是《联合国海洋法公约》及其他与《联合国海洋法公约》不相抵触的国际法规范，这也说明《联合国海洋法公约》不是解决海洋法争端的唯一规范。

总之，虽然联合国第三次国际海洋法会议主席许通美在 1982 年的闭幕会上，作了题为《海洋宪法》（*A Constitution for the Oceans*）的发言，认为《联合国海洋法公约》在促进国际和平与安全的维持、环境保护、利益平衡等八个方面取得了重大进展，会议取得了达成“将经得起时代考验的全面的海洋宪法”的根本目标[②]，时任马耳他驻联合国大使

① 该数据统计至 2016 年 9 月 23 日，参见 http://www.un.org/depts/los/reference_files/chronological_lists_of_ratifications.htm#The%20United%20Nations%20Convention%20on%20the%20Law%20of%20the%20Sea，访问日期：2016 年 11 月 30 日。

② *A Constitution for the Oceans*，Remarks by Tommy. T. B. Koh，of Singapore，President of the Third United Nations Conference on the Law of the Sea，http://101.96.8.165/www.un.org/depts/los/convention_agreements/texts/koh_english.pdf，访问日期：2016 年 1 月 20 日。

阿维德·帕多（Arvid Pardo）也称《联合国海洋法公约》为“海洋宪法”。[①]但是，一方面从国际法的渊源出发，这些人的观点并不具有效力；另一方面，姑且不论国际社会是否可能存在“宪法”，单是从内容、效力等方面看，《联合国海洋法公约》也达不到这样的效力。

2. 没有全面解读《联合国海洋法公约》

为了证明南海断续线内历史性权利是不符合《联合国海洋法公约》的，仲裁庭列举了《联合国海洋法公约》所确定的海域，包括领海、专属经济区、大陆架、公海和国际海底区域，指出沿海国及他国在这些海域的权利义务。[②]但是，这种列举并不全面，《联合国海洋法公约》除规定国家在上述海域的权利义务外，其中与南海仲裁案还可能有关联的是“群岛国的群岛水域”“闭海和半闭海”制度等。[③]“群岛国的群岛水域”至少会涉及以下问题：一是《联合国海洋法公约》对“群岛”的定义，肯定了“历史上”的状态。[④]这对分析《联合国海洋法公约》对历史性权利的态度有相关性。二是与中国在南沙群岛可否主张群岛基线有关联性，虽然对于这一问题，仲裁庭已经在《最后裁决》第六部分给予了否定回答[⑤]，但是对此仍可从《联合国海洋法公约》未规定的是否就是不合法的等角度进行研究，这个问题，不是本书研究所在，故不展开论证。另外需要考虑的是“闭海和半闭海”问题。根据《联合国海洋法公约》第122条对“闭海或半闭海”的定义，南海属于半闭海，那么相应导致的问题是仲裁庭援引的“缅因湾案”等案件是否能在南海仲裁案适用的问题，对于该案具体在下一部分阐述。

仲裁庭没有全面解读《联合国海洋法公约》还体现在仲裁庭忽视《联合国海洋法公约》的整体性，未考虑《联合国海洋法公约》序言规定的“确认本公约未予规定的事项，应继续以一般国际法的规则和原则为准据”，也就是仲裁庭没有将历史性权利的问题视为属于《联合国海洋法公约》序言所称的“未规定的事项”。但事实上，国内法和国际法都无“法律未规定”等于“不合法”的公式。[⑥]

---

① The United Nations Convention on the Law of the Sea (A Historical Perspective), http://www.un.org/depts/los/convention_agreements/convention_historical_perspective.htm，访问日期：2016年11月30日。

② 参见 Award between the Republic of Philippines and the People's Republic of China，12 July 2016，PCA Case No. 2013-19，para.231。

③ 参见《联合国海洋法公约》第46条至第54条，第122条至第123条。

④《联合国海洋法公约》第46条（b）项规定，“群岛”是指一群岛屿，包括若干岛屿的若干部分、相连的水域和其他自然地形，彼此密切相关，以致这种岛屿、水域和其他地形在本质上构成一个地理、经济和政治的实体，或在历史上已被视为这种实体。

⑤ 参见 Award between the Republic of Philippines and the People's Republic of China，12 July 2016，PCA Case No. 2013-19，paras.572-573。

⑥ 罗国强：《论“南海仲裁案”仲裁裁决的枉法性》，《当代法学》2016年第6期，第153页。

3. 对《联合国海洋法公约》的错误使用和理解

第一，仲裁庭认为中国在断续线内的权利和管辖权与菲律宾递交的请求引发了三个问题：其一，《联合国海洋法公约》，特别是《联合国海洋法公约》的专属经济区和大陆架规则，允许在《联合国海洋法公约》生效前通过双边协议或单方行为确立的养护生物和非生物资源的权利存在吗？其二，《联合国海洋法公约》生效前，中国对领海以外的南海水域的生物和非生物资源享有历史性权利和管辖权吗？其三，中国在南海确立的生物和非生物资源的权利和管辖权与《联合国海洋法公约》的规定相符吗？[①] 为了回答这三个问题，仲裁庭援引了《联合国海洋法公约》第 311 条、第 293 条第 1 款及《维也纳条约法公约》第 30 条的规定。《联合国海洋法公约》第 311 条规定的是"《联合国海洋法公约》与其他公约和国际协定的关系"，仲裁庭自己也承认历史性权利不是协议[②]，却用解释条约之间关系的规则来进行解释《联合国海洋法公约》与之的关系；对于《联合国海洋法公约》第 293 条第 1 款，该条款规定："根据本节具有管辖权的法院或法庭应适用本公约和其他与本公约不相抵触的国际法规则。"该条款实际是法院或法庭在解决争端时应适用的法律，但是仲裁庭却将该条款认定为是"《联合国海洋法公约》与其他国际法规范的关系"。[③] 仲裁庭的这一援引无疑是在偷换概念。另外，仲裁庭援引了 1969 年《维也纳条约法公约》第 30 条的规定，该条规定的是关于同一事项先后所订条约之适用，该条是关于条约冲突的解决问题，而非条约与其他国际法渊源，如习惯的关系问题。如果中国和菲律宾之间缔结的某条约与《联合国海洋法公约》相冲突，才涉及《维也纳条约法公约》第 30 条的适用，而仲裁庭自己承认历史性权利不是协议。至于其为何要在承认历史性权利不是协议的情况下，仍要用条约解释方法来解释，仲裁庭并没有说明，这违背了《联合国海洋法公约》附件七第 10 条规定的"仲裁法庭的裁决书应以争端的主题事项为限，并应叙明其所根据的理由"。仲裁庭在阐述上述规则后，提出："就《联合国海洋法公约》而言，这些规则的适用可能导致四个命题……"[④] 但是，在上述论证不能成立的情况下，就无法为仲裁庭所言的命题提供依据。

---

① 参见 Award between the Republic of Philippines and the People's Republic of China，12 July 2016，PCA Case No. 2013-19，para.234。

② 参见 Award between the Republic of Philippines and the People's Republic of China，12 July 2016，PCA Case No. 2013-19，para.235。

③ 参见 Award between the Republic of Philippines and the People's Republic of China，12 July 2016，PCA Case No. 2013-19，para.236。

④ 参见 Award between the Republic of Philippines and the People's Republic of China，12 July 2016，PCA Case No. 2013-19，para.238。

第二，对《联合国海洋法公约》的基本理解存在错误。按照《联合国海洋法公约》第298条第1款的规定："一国在签署、批准或加入本公约时，或在其后任何时间……可以书面声明对于下列各类争端的一类或一类以上，不接受第二节规定的一种或一种以上的程序……"基于此，2006年中国根据《联合国海洋法公约》第298条提交排除性声明。[①]仲裁庭认为中国所作的声明是一种保留[②]，这种观点是错误的。其一，虽然多边条约涉及保留问题，但不是所有的多边条约都允许保留。从《联合国海洋法公约》本身看，作为一揽子协议存在的《联合国海洋法公约》并不允许保留，这在《联合国海洋法公约》第309条中已有规定。其二，从保留与声明的关系及作出的时间看，按照1969年《维也纳条约法公约》的规定，保留意指一国在签署、批准、接受、核准或加入条约时所作出的单方面声明。可见，虽然保留也是一种声明，但并非声明都是保留。从时间看，保留是在条约对一国发生法律效力时作出的，而根据《联合国海洋法公约》第298条作出的声明，可以在一国签署、批准或加入《联合国海洋法公约》时，或在其后任何时间作出。中国于1996年批准加入《联合国海洋法公约》，但声明是在2006年作出的，从时间看也不符合保留的要求。

（四）仲裁庭在案例使用中的问题

为了证明自己的观点，仲裁庭援用了一系列案例。[③]其中刻意夸大"缅因湾案"的作用，削弱"厄立特里亚/也门案"的效力。

缅因湾是北美洲的一个宽阔的海湾。自1945年《杜鲁门公告》发表以来，美国和加拿大两国自20世纪60年代起就分别在缅因湾两岸附近进行石油勘探和开发活动。20世纪70年代，因美国和加拿大两国先后宣布了200海里的专属渔区，从而产生在该湾的划界争端。美国和加拿大两国虽同意采用单一划界法进行划界，但美国主张在单一划界时要考虑美国渔民对该湾的长期利用，而加拿大主张以等距离中间线为依据。因谈判未成功，两国将争端提交给国际法院解决，并请求国际法院组织特别分庭审理此案。在判决中，国际法院指出：第一，无法赋予美国历史性捕鱼权利决定性的权重（decisive weight）[④]；第二，

① 中国根据《联合国海洋法公约》第298条提交排除性声明，http://wcm.fmprc.gov.cn/pub/chn/gxh/zlb/tyfg/t270754.htm，访问日期：2016年11月6日。

② 参见 Award between the Republic of Philippines and the People's Republic of China，12 July 2016，PCA Case No. 2013-19，para.254。

③ 参见 Award between the Republic of Philippines and the People's Republic of China，12 July 2016，PCA Case No. 2013-19，paras.255-260。

④ Case concerning Delimitation of the Maritime Boundary in the Gulf of Maine Area (Canada /United States of America), *I.C.J. Reports 1984*，pp.341-342，para.235.

公海部分不仅对美国和加拿大渔民开放，对他国同样开放，美国和加拿大在公海部分设立专属渔区剥夺了他国渔民的捕鱼权利[①]；第三，不论美国在这些海域过去享有何种优先地位，都不能构成美国主张在法律上已经是加拿大的任何海域并入美国专属渔区的有效的法律基础。[②]

“缅因湾案”实际上是美国国务院《海洋疆界》第143期《中国南海海洋权利主张》中使用的案例。[③] 在裁决中，仲裁庭几乎完全照搬了该报告的观点，而且在裁决中，仲裁庭多次提到“缅因湾案”[④],刻意夸大该案的作用。但仲裁庭对该案件的使用与理解有以下问题：①该案与南海仲裁案并不相同。“缅因湾案”发生的海域是公海，而南海仲裁案发生的海域是半闭海；“缅因湾案”涉及的海域没有岛屿主权之争，而南海仲裁案不能回避岛屿主权问题；在“缅因湾案”中，美国和加拿大建立专属渔区的时间比较相近，但是在南海，情况有所不同，公元1世纪成书的《异物志》就记载了南海诸岛产有海龟和玳瑁，距今一千多年前的晋代的《广州记》就有关于中国人在南海诸岛捕鱼的记述。[⑤] 但是如果将中国的断续线视为历史性权利，直至2009年，菲律宾等国也并未对断续线进行抗议。[⑥] ②仲裁庭对缅因湾的理解也有偏颇。该案中分庭并没有完全消除美国的历史性捕鱼权，只是说无法赋予历史性捕鱼权利决定性的权重[⑦]，但仲裁庭却认为该案拒绝了在划界中考虑美国的主张。[⑧] ③仲裁庭认为“缅因湾案”对专属渔区的效力的观点是可以作为习惯国际法的[⑨]，这种结论难以成立。一个规则能够成为习惯国际法，需要国家的长期反复实践，也需要法律确信的存在。在国际法中，虽然《国际刑事法院罗马规约》第21条第

① Case concerning Delimitation of the Maritime Boundary in the Gulf of Maine Area（Canada /United States of America），*I.C.J. Reports 1984*，pp.341-342，para.235.

② Case concerning Delimitation of the Maritime Boundary in the Gulf of Maine Area（Canada /United States of America），*I.C.J. Reports 1984*，pp.341-342，para.235.

③ United States Department of State Bureau of Oceans and International Environmental and Scientific Affairs，*Limits in the Seas*，No.143，China：Maritime Claims in the South China Sea，pp.20-21.

④ 参见 Award between the Republic of Philippines and the People's Republic of China，12 July 2016，PCA Case No. 2013-19，para.256，paras.258-259，para.270。

⑤ 韩振华主编：《我国南海诸岛史料汇编》，北京：东方出版社1988年版，第3页。

⑥ 高之国、贾兵兵：《论南海九段线的历史、地位和作用》，北京：海洋出版社2014年版，第35页。Zou Keyuan，The Chinese Traditional Maritime Boundary Line in the South China Sea and Its Legal Consequences for the Resolution of the Dispute over the Spratly Islands，*International Journal of Marine and Coastal Law*，1999，14，27，p.38.

⑦ 参见 Case concerning Delimitation of the Maritime Boundary in the Gulf of Maine Area（Canada /United States of America），*I.C.J. Reports 1984*，pp.341-342，para.235。

⑧ 参见 Award between the Republic of Philippines and the People's Republic of China，12 July 2016，PCA Case No. 2013-19，para.256。

⑨ 参见 Award between the Republic of Philippines and the People's Republic of China，12 July 2016，PCA Case No. 2013-19，para.257。

2款规定:“本法院可以适用其以前的裁判所阐释的法律原则和规则。”但是《国际法院规约》第59条规定:“法院之裁判除对于当事国及本案外,无拘束力。”所以,假如某一案例的判决是被持续发展的,那么该判决确立的规则可能构成习惯国际法,但是仲裁庭援引的案例并不是这种情况。

另外,仲裁庭刻意降低对中国有利的案例的适用。如认为“厄立特里亚/也门仲裁案”的仲裁裁决对南海仲裁案无适用性。厄立特里亚与也门的争端主要是哈尼什群岛(Hanish)的主权归属及海域划界争端,两国曾对此进行交涉,但无果而终。1995年,双方矛盾升级,最终爆发了武装冲突。为了解决两国争端,双方在1996年5月21日签署了将争端递交常设仲裁法院仲裁的原则协议①,1996年10月3日,两国又签署了仲裁协议。②该案共分两个阶段进行,1998年10月9日,仲裁庭对两国争端的范围及岛屿归属作出裁决;1999年12月17日,仲裁庭对两国海域划界进行裁决。在1999年的裁决中,仲裁庭裁决“传统的捕鱼制度不限于特定岛屿的领海”,也可延伸到厄立特里亚和也门的专属经济区。③但是南海仲裁案的仲裁庭认为该案不是《联合国海洋法公约》附件七下的仲裁,也不受《联合国海洋法公约》规定的适用的法律应是《联合国海洋法公约》和其他与《联合国海洋法公约》不相抵触的国际法规则的约束。相反,仲裁协议赋予仲裁庭在第二阶段的裁决时,“考虑在领土主权问题裁决中形成的观点、《联合国海洋法公约》及其他任何相关要素。”④所以仲裁庭认为,“厄立特里亚/也门仲裁案”的仲裁庭之所以会作上述裁决是因为其可以获得的授权比较大。⑤但是,仲裁庭没有正确解释仲裁协议。该仲裁协议第2条共三款内容:①在仲裁的两个阶段中,仲裁庭被要求提供符合国际法的规则。②第一阶段仲裁庭应裁决厄立特里亚与也门间的领土主权及争端的范围。关于领土主权问题,仲裁庭应根据适用于该问题的国际法原则、规则和实践,在此基础上,特别是依据 historic titles 加以解决。③第二阶段仲裁庭对海洋划界进行裁决。在该阶段,仲裁庭应考虑在领土主权问题裁决中形成的观点、《联合国海洋法公约》及其他任何相关要素。⑥在这三款内容中,

①《仲裁原则协议》主要规定以下事项:和平解决争端;仲裁庭的组成及仲裁的两个阶段;仲裁庭适用的原则及相关法律事项。

②《仲裁协议》规定了仲裁员选任程序;详细规定了仲裁两阶段裁决的具体事项;仲裁庭的地点、程序、官方语言、费用和法律地位等问题。

③ Eritrea v.Yemen, Phase 2: The Second Stage: Maritime Delimitation, Award of 17 December 1999, para.109.

④ 参见 Eritrea-Yemen Arbitration, Annex 1, Arbitration Agreement, Eritrea v. Yemen, Phase 2: The Second Stage: Maritime Delimitation, Award of 17 December 1999, p.53。

⑤ 参见 Award between the Republic of Philippines and the People's Republic of China, 12 July 2016, P.C.A Case No. 2013-19, para.259。

⑥ 参见 Eritrea-Yemen Arbitration, Annex 1, Arbitration Agreement, Eritrea v. Yemen, Phase 2: The Second Stage: Maritime Delimitation, Award of 17 December 1999, p.53。

第 1 款是总领性条文，其余两款都要符合第 1 款。可见，即便按照仲裁庭的观点，厄立特里亚与也门案中仲裁庭之所以得出上述结论，是因为其被赋予的权限过大，但是根据两国仲裁协议第 2 条第 1 款的规定，仲裁庭得出的结论也应是符合国际法的，所以厄立特里亚 / 也门仲裁案仲裁庭所言的历史性权利可以与专属经济区制度并存就是符合国际法的。

总之，上述问题如果归纳到证据范畴，就涉及证据规则问题。按照《布莱克法律词典》的解释，证据规则是指那些在庭审中对证据的可采性问题起作用的规则。[①] 证据的可采性强调证据的关联性，这一概念意味着一系列“排除规则”的存在。“在英美法的庭审程序上，某一证据资料即使不具有可采性，除非当事人提出异议，否则法官不得主动援引可采性而排除该证据。”[②] 英美对抗制的架构决定了“在相对一方当事人不提出质疑或者双方协商同意的情形下，证据是否具有可采性，并不取决于法律上的规定性以及法院根据法律而对证据适格性所作出的决定”[③]。如果采用的是对抗制，中国不出庭、不答辩要承受相应的后果。但是，按照《联合国海洋法公约》附件七第 9 条和第 10 条的规定，一方不出庭，不妨碍程序的进行，“仲裁庭在作出裁决前……查明所提要求在事实上和法律上均确有根据”，“仲裁庭的裁决书……应叙明其所根据的理由。”而且按照仲裁庭的《仲裁程序规则》第 22 条的规定，仲裁庭应（shall）就所出示证据的可采性、关联性、重要性和证明力作出决定。可见，这是一种职权制的表现。但是南海仲裁案在中国不出庭的情况下，没有认真履行职责，也违背了其自身制定的《仲裁程序规则》。

四、断续线与《联合国海洋法公约》的关系及未来设想

如前所述，《联合国海洋法公约》并没有否定历史性权利，中国也不应抛弃断续线。但是在中国与南海周边国家均批准《联合国海洋法公约》，且在中国与这些国家间存在岛屿主权与划界争端的情况下，如何解释断续线与《联合国海洋法公约》的关系是必须考虑的问题。

（一）岛屿主权问题无法用《联合国海洋法公约》解决

《联合国海洋法公约》只是在确立了一国领土主权之后，根据“以陆定海”原则，划

① Bryan A. Garner (editor in chief), *Black's Law Dictionary*, 9th Edition, Eagan, Minnesota: Thomson Reuters Business, 2009, p.635.

② 毕玉谦:《证据制度的核心基础理论》，北京：北京大学出版社 2013 年版，第 376 页。

③ 毕玉谦:《证据制度的核心基础理论》，北京：北京大学出版社 2013 年版，第 376 页。

定该国的领海、毗连区、专属经济区等海域，它并不是解决岛屿主权争端的依据。正如《联合国海洋法公约》序言开宗明义指出的，该公约的宗旨是“在妥为顾及所有国家主权的情形下，为海洋建立一种法律秩序，以便利国际交通和促进海洋的和平用途，海洋资源的公平而有效的利用，海洋生物资源的养护及研究、保护和保全海洋环境”。在该宗旨的指导下，《联合国海洋法公约》用 17 部分，连同 9 个附件共 446 个条文对上述内容进行了规定。从《联合国海洋法公约》的立法目的及具体内容均可发现，对于岛屿这一领土主权归属范畴内的问题并非其所调整的内容。断续线内岛屿主权是依据历史性权利及其他国际法理，如先占、禁反言及条约法依据取得的。[①] 而且，依据历史性权利主张，中国对断续线内的岛屿的主权不仅限于《联合国海洋法公约》第 121 条第 1 款所言的“高潮时高于水面的自然形成的陆地区域”，也包括“不能维持人类居住和本身经济生活的岩礁”以及低潮高地、暗礁、暗沙等海上及水下地物的主权。

（二）“附近海域”与“相关海域”的含义及与《联合国海洋法公约》的关系

中国政府在 2009 年和 2011 年发表的照会中使用了“附近海域”和“相关海域”的用语，有人认为中国故意使用这两个《联合国海洋法公约》没有的用语来模糊中国在南海的权利主张。[②] 这实质上涉及两个问题：一是断续线内海域是否是《联合国海洋法公约》中的某一海域；二是如何解读“附近海域”及“相关海域”的含义。

从时际法角度看，断续线内海域性质不能用《联合国海洋法公约》来解读，断续线的主张依据是“权利的法律性和历史性”，其产生“远远早于以《联合国海洋法公约》为代表的现代海洋法法律制度”[③]。但是在中国批准《联合国海洋法公约》的情况下，尤其是南海争端当事国均批准加入《联合国海洋法公约》的情况下，在涉及这些国家间海域划界问题时，不可避免地要考虑这一问题。从《联合国海洋法公约》看，至少可以得出以下结论：①断续线内水域非全部为内水或领海。《联合国海洋法公约》将海域进行了划分，按照《联合国海洋法公约》第 7 条及第 8 条的规定，领海基线向陆一面的水域构成国家内水的一部分。在一般情况下，海岸的低潮线为基线，在海岸线极为曲折的地方，或者如果紧接海岸有一系列岛屿，测算领海宽度的基线的划定可采用连接各适当点的直线基线法。由此可见，内水是与陆地十分紧邻的海域，而且从《联合国海洋法公约》第 9 条至第 11

① 曲波：《南海周边有关国家在南沙群岛的策略及我国对策建议》，《中国法学》2012 年第 6 期，第 59 页。

② 参见 Erik Franckx，Marco Benatar，Dots and Lines in the South China Sea: Insights from the Law of Map Evidence，*Asian Journal of International Law*，2012，2，p.110。

③ 贾宇：《南海“断续线”的法律地位》，《中国边疆史地研究》2005 年第 2 期，第 118 页。

条[①]可见，内水存在于特殊的海岸地带。而“断续线是顺着南海周边陆地走向，在大海中延伸的线段”，“并非基于南海诸岛的特殊海岸地形所划出来的线条，它也不是一个十分紧邻南海诸岛的水域。”[②]所以断续线内水域并非内水。从国内立法看，1958 年的《关于领海的声明》明确规定“中国大陆及其沿海岛屿的领海以连接大陆岸上和沿海岸外缘岛屿上各基点之间的各直线为基线”，1996 年西沙群岛直线基线的划定，排除了采用断续线作为基线的可能性，而且从国家实践看，外国船舶也未按照内水航行制度在断续线内航行，所以断续线内水域不是内水。另外，由于领海是基线以外环绕领土而与领土相邻近的海域，从地理位置看，断续线内水域也非领海。此一水域为一半封闭海[③]中靠近中国岛屿的部分，这使得该海域内其他国家的权利受到某些减损。1958 年的《关于领海的声明》及 1992 年的《领海及毗连区法》同时指出中国的领海宽度为 12 海里，这一规定同样适用于南海诸岛，这就排除了断续线内水域是领海的可能性。所以该海域不是内水，也非领海。②断续线内水域也非全部为专属经济区和大陆架。一国在专属经济区和大陆架享有的只是主权权利和管辖权，并不享有主权，而中国在断续线内的部分水域是享有主权的。③另外，从断续线产生的背景看，断续线内水域也非公海，因为中国政府之所以公布断续线，必是因为断续线内和线外水域性质不同，如果认为是公海，则无须划定此线。

对于何为享有主权的“附近海域”，前文已经论及，如果在《联合国海洋法公约》制度下，该海域就是内水和领海。但是对于“相关海域”，是指拥有水域主权以外的断续线海域。实质上这又与两个问题有关：一是断续线与专属经济区（大陆架）管辖权线的关系；二是与基点基线的选择有关。

1. 断续线与专属经济区（大陆架）的关系

首先，由于中国照会说的是对“相关海域及其海床和底土享有主权权利和管辖权”，而在《联合国海洋法公约》中的“专属经济区和大陆架”部分也提到了海床和底土的主权权利和管辖权，那么“相关海域”与专属经济区和大陆架是何关系？这首先与如何划界有关。如果在南海划定的专属经济区和大陆架范围与断续线范围恰好基本一致，那么相关海域即为拥有水域主权以外的断续线海域，如果不是这样，那么相关海域是指 200 海里专属经济区和大陆架以外的海域，此时《联合国海洋法公约》不能实现的功能仍需断续线来实现。

①《联合国海洋法公约》第 9 条到第 11 条是关于河口、海湾及港口的规定。

② 黄异：《海洋秩序与国际法》，台北：学林文化事业有限公司 2000 年版，第 413 页。

③ 参见《联合国海洋法公约》第 122 条和第 123 条。

其次，是否必须依据专属经济区和大陆架才能获得更多的权利与中国依据历史性权利主张到底能获得多少权利有关。如果中国能够证明在该海域中享有的权利是涵盖《联合国海洋法公约》关于专属经济区和大陆架规定的所有权利的，那么中国依据断续线来主张权利即可，如果在断续线中享有的权利小于《联合国海洋法公约》规定的权利，则须考虑《联合国海洋法公约》的适用。《联合国海洋法公约》第56条规定，沿海国在专属经济区有"以勘探和开发、养护和管理海床上覆水域及其底土的自然资源为目的的主权权利，以及关于在该区内从事经济性开发和勘探等活动的主权权利"，并对"人工岛屿、设施和结构的建造和使用；海洋科学研究；海洋环境的保护和保全"等有管辖权。《联合国海洋法公约》第77条第1款规定："沿海国为勘探大陆架和开发其自然资源的目的，对大陆架行使主权权利。"对于一些权利，如对生物资源的养护和管理；经济性开发和勘探，如利用海水、海流和风力生产能等其他活动的主权权利、油气资源的开发等，在20世纪40年代前各国是不享有的。其中的一个原因是一些权利的享有是与科学技术的发展有关联的，正是科学技术的进步，才使人类开发利用海洋的能力及范围不断增强。但是如果有证据证明中国持续公开行使上述权力，且未遭到他国反对，那么这些权利也可作为历史性权利存在。反之，如果要享有这种权利，则只能依据《联合国海洋法公约》而享有。

2. 基点的选择

尽管中国未对2009年和2011年发表的照会中的"附近海域"及"相关海域"进行说明，但"中国批准了《联合国海洋法公约》，它对这些海域的主张必然受到该公约相关条款的规制"[①]。而且在南海，海域划界是现实问题，目前的研究还主要集中在断续线内岛礁之争，但划界是需要一并考虑的。在"历史性权利"这一课题下，前文分析了断续线具有历史性权利的性质，但断续线本身也具有"与周边国家进行海洋划界时作为界线的剩余功能"[②]。对于该问题的解决，必须考虑的是基点基线的选择问题。基点的选择与海洋地物的界定密切相关。因此，只有界定清楚不同地物的性质，才能决定其是否可作为基点。

(1)《联合国海洋法公约》对海洋地物法律地位的规定

《联合国海洋法公约》第八部分是极富特点的一部分，该部分共一条，即第121条，该条用三款内容勾勒了岛屿制度，分别是"岛屿是四面环水并在高潮时高于水面的自然形成的陆地区域"，"除第3款另有规定外，岛屿的领海、毗连区、专属经济区和大

① 高之国、贾兵兵：《论南海九段线的历史、地位和作用》，北京：海洋出版社2014年版，第21页。

② 高之国、贾兵兵：《论南海九段线的历史、地位和作用》，北京：海洋出版社2014年版，第48页。

陆架应按照本公约适用于其他陆地领土的规定加以确定”，“不能维持人类居住或本身经济生活的岩礁，不应有专属经济区或大陆架”。由此可知，一个海上地质形态如若被称为岛屿则其必须具备四个要素：四面环水、高潮时高于水面、自然形成和陆地区域。四面环水和陆地区域自不必说，“高潮时高于水面”和“自然形成”两个要素将岛屿和其他海上地质形态做出了明确的界分。基于高潮时陆地与水面的距离因素，《联合国海洋法公约》在第13条规定了“低潮高地”，即“在低潮时四面环水并高于水面但在高潮时没入水中的自然形成的陆地”；基于自然形成因素，《联合国海洋法公约》第60条规定了“专属经济区内的人工岛屿、设施和结构”。因此，《联合国海洋法公约》将海上地质形态概括分为三类：岛屿、低潮高地和人工岛屿。

《联合国海洋法公约》赋予三类海上地质形态各自不同的法律地位。《联合国海洋法公约》第121条第2款赋予第3款以外情况下的岛屿与陆地领土同等的法律地位，其可拥有领海、毗连区、专属经济区和大陆架。从《联合国海洋法公约》第121条第3款的规定看，并非所有岛屿都能享有专属经济区和大陆架，岩礁作为一种特殊的岛屿，[①]作为一种“能力”受限制的岛屿，其法律地位不同于一般岛屿，岩礁只能拥有其领海和毗连区并不能拥有专属经济区和大陆架，这种受限源于岩礁自身的特点：不能维持人类居住或不能维持本身经济生活。《联合国海洋法公约》第13条规定，在正常基线下，低潮高地只能视其与大陆或岛屿的距离来评判其是否拥有领海。在直线基线中，低潮高地作为直线基线起讫点的条件是“在低潮高地上筑有永久高于海平面的灯塔或类似设施，或以这种高地作为划定基线的起讫点已获得国际一般承认”；[②]低潮高地作为群岛基线起讫点的条件是“在低潮高地上筑有永久高于海平面的灯塔或类似设施，或者低潮高地全部或一部与最近的岛屿的距离不超过领海的宽度”。[③]《联合国海洋法公约》第60条第8款则确定人工岛屿、设施和结构及其周围的安全地带不具有岛屿地位，不能拥有领海，也不影响海洋划界。由此可见，从《联合国海洋法公约》的体系来看，岩礁作为特殊的岛屿，

① 学界普遍认同岩礁是岛屿。参见 Barbara Kwiatkowska，Alfred H. A. Soons，Entitlement to Maritime Areas of Rocks Which Cannot Sustain Human Habitation or Economic Life of Their Own，*Netherlands Yearbook of International Law*，1990，21，p. 139。同时参见 Jon M. Van Dyke，Dale L. Bennett，Islands and Delimitation of Ocean Space in the South China Sea，*Ocean Yearbook* 1993，10，p.54；Jonathan I. Charney，Rocks That Cannot Sustain Human Habitation，*American Journal of International Law*，1999，93，p.864；贾宇：《200海里外大陆架划界的有关问题——以日本划界案为视角》，载高之国等主编：《国际海洋法问题研究》，北京：海洋出版社2011年版，第52页；薛桂芳、徐向欣：《由岛屿维持其本身的“经济生活”标准的界定谈对我国南海岛礁的保护性开发》，《比较法研究》2013年第6期，第63页。

② 1982年《联合国海洋法公约》第7条第4款。

③ 1982年《联合国海洋法公约》第47条第4款。

首先其较“低潮高地”和“人工岛屿”而言拥有较高的法律地位，可以主张自己的领海和毗连区，但是作为一类自身社会经济属性存在瑕疵的岛屿，《联合国海洋法公约》对其法律地位也做出适当的限制，岩礁并不能主张专属经济区和大陆架。具体如图 5–1 所示。

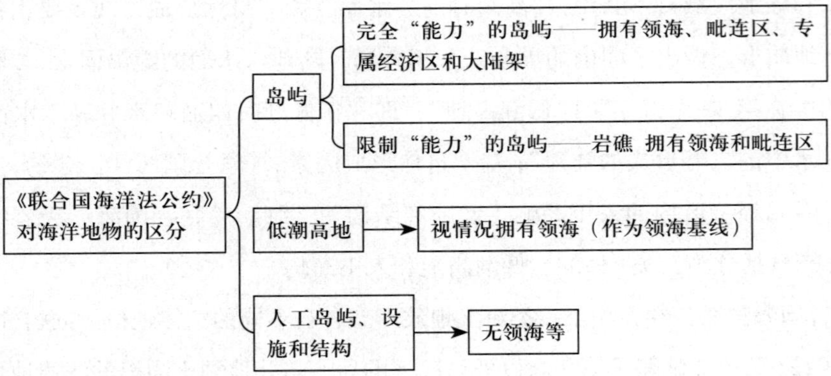

图 5–1 《联合国海洋法公约》对海洋地物法律地位的规定

由此可见，海洋地物法律地位的不同取决于是否“高潮时高于水面”、是否“自然形成”、是否能够“维持人类居住或本身经济生活”。

（2）高潮时高于水面的要义

早在 1958 年《领海及毗连区公约》的制定过程中，国际上就开始了对高潮要件的探讨，1954 年联合国国际法委员会起草的草案中指出岛屿是“四面环水，永久性高于高潮水面的陆地区域”，后来劳特派特又建议增加“在一般情况下”的限制。至此，“高潮”要件指岛屿在一般情况下永久性地高于高潮水面。① 在联合国第一次国际海洋法会议上，美国以“永久性”与“在一般情况下”相互冲突为由，建议忽略这两项限定，并进一步指出没有任何国家实践能够明确潮汐“低于常规标准”“违反常规标准”“季节性潮汐运动”这些特殊情况。② 在国际法院判例中，“高潮时高于水面”标准是识别岛屿的关键因素，在“卡塔尔诉巴林海洋划界案”中，国际法院认为高潮时高于水面的吉塔特杰拉达岛形态满足了岛屿的定义，尽管吉塔特杰拉达岛虽然没有在海图上显示为岛屿，仅仅在高潮时高于水面 0.4 米，仍然被国际法院以 12∶5 的投票结果判决为巴林所有的岛屿。③ 纵然

① 参 见 Clive R. Symmons，*The Maritime Zones of Islands in International Law*，Washington D.C.：Martinus Nijhoff Publishers，1979，p. 42。

② Clive R. Symmons，*The Maritime Zones of Islands in International Law*，Washington D.C.：Martinus Nijhoff Publishers，1979，p.43.

③ 参见 Maritime Delimitation and Territorial Questions between Qatar and Bahrain，Merits，Judgment，*I.C.J. Reports 2001*，p.117，para.236。

有反对的意见指出吉塔特杰拉达岛不满足陆地区域的坚土条件并且实施过人工的添附[①]，也并不影响国际法院对吉塔特杰拉达岛是岛屿的判断。因此，如何判断“高潮时高于水面”就极为重要。《联合国海洋法公约》对此没有明确规定，司法实践中的案例也较为少见。实践中较具代表性的案例是“英法大陆架仲裁案”。在该案中，英法两国就使用艾迪斯通岩（Eddystone Rocks）作为基点对英吉利海峡进行划界产生了争议。英国基于以下几个理由主张艾迪斯通岩构成岛屿：第一，平均大潮高潮（mean high water spring）的标准。该地物仅在“春秋分大潮高潮”（high water equinoctial spring）时完全没入水面，但在“平均大潮高潮”时高于水面，具体数字是艾迪斯通岩高于平均大潮高潮线 2 英尺、高于最高天文大潮（the highest astronomical tide）线 0.2 英尺。第二，平均大潮标准是习惯国际法、条约及国家实践所承认的。英国指出无论在习惯国际法下还是 1958 年《领海及毗连区公约》第 10 条涉及的“高潮线”（high-water line）都是指“平均大潮高潮线”，英国坚称许多国家的国家实践也都支持这种做法，英国所有的海图显示的高潮线都是平均大潮高潮线。第三，法国未对英国的实践进行反对。英国指出在 1964 年《英国领水法令》中关于岛屿的定义有上述潮位基准面的规定，并且这种潮位基准面的选择是根据国际实践得来的，英国 1964 年海图标记出艾迪斯通岩也未遭到法国的反对。[②] 法国则主张习惯国际法并没有为分辨岛屿和低潮高地确定相关“潮位标准”，这里的高潮是指最高潮（the highest tide），岛屿应永久高于高潮线。艾迪斯通岩无法满足常年高于水面的要件，艾迪斯通岩最高的部分仅有非常小的一部分高于最高潮，或许还会被没入水中，英国的直线基线也没有以该岩为基点。英国并没有直接且充分的证据证明它是岛屿，艾迪斯通岩是习惯国际法中所谓的低潮高地。[③] 该案的仲裁庭则强调在此次庭审程序中并不会涉及如何决定艾迪斯通岩的法律地位问题，只考虑将艾迪斯通岩作为英吉利海峡大陆架划界的影响因素。[④] 此种实用主义的处理方法，明显回避了解释潮位基准面的问题，区分岛屿和低潮高地时极为重要的“潮位基准面”因素始终没有得到过正式的对待。

---

① 参见 Maritime Delimitation and Territorial Questions between Qatar and Bahrain，Joint Dissenting Opinion of Judge Bedjaoui，Ranjeva and Koroma，*I.C.J. Reports 2001*，pp.209，210，paras.199–200。

② 参见 Delimitation of the Continental Shelf between the United Kingdom of Great Britain and Northern Ireland，and the French Republic（UK，France），*Reports of International Arbitral Awards*，Vol. XVIII，p. 66，para.122；p.68，para.127，http：//legal.un.org/riaa/cases/vol_XVIII/3-413.pdf，访问日期：2015 年 1 月 3 日。

③ 参见 Delimitation of the Continental Shelf between the United Kingdom of Great Britain and Northern Ireland，and the French Republic（UK，France），*Reports of International Arbitral Awards*，Vol. XVIII，p. 67，para.125；p.72，para.138，http：//legal.un.org/riaa/cases/vol_XVIII/3-413.pdf，访问日期：2015 年 1 月 3 日。

④ 参见 Delimitation of the Continental Shelf between the United Kingdom of Great Britain and Northern Ireland，and the French Republic（UK，France），*Reports of International Arbitral Awards*，Vol. XVIII，p. 74，paras.143–144。

（3）自然形成的要义

《联合国海洋法公约》强调岛屿必须是“自然形成”的，在界定岛屿及低潮高地的“自然形成”这一要件上应注意以下两个问题。

第一，自然形成强调岛屿成因的自然属性。海洋地质学关于岛屿成因的传统理论通常认为岛屿有大陆岛（continental island）、海洋岛（oceanic island）、冲积岛（alluvial island）三种类型。大陆岛，是大陆地块延伸到海底并露出水面形成的岛，具体可分为构造岛、冰碛岛、冲蚀岛三种[①]，广布于大陆沿岸的岛屿和一些面积较大的岛屿都属于大陆岛。海洋岛，又称大洋岛，是海底火山或珊瑚礁堆积露出海面形成的岛，其包括火山岛和珊瑚岛。冲积岛是河水携带的物质在大河河口或河流、湖泊中形成的岛屿，其包括河口冲积岛和沙嘴冲积岛。随着海洋地质学的不断发展，专家、学者对岛屿成因的传统分类产生了诸多质疑[②]，因此，有学者对岛屿进行了新的分类。如果从自然形成的角度，依据内力、外力两个成因，新的分类法将岛屿划分为“近岸大陆岛、隆起大陆岛、大陆火山岛、岛弧陆块岛、岛弧火山岛、俯冲增生岛、无震海岭火山岛、微型陆块岛、海山火山岛、中脊火山岛、构造断层岛、河口沙岛、障壁岛、侵蚀沙岛、珊瑚岛”[③]，这15种类型几乎概括了所有的岛屿。可以说，自然形成的陆地区域如构成岛屿必应属于上述类型之一。

第二，外界因素的介入不应改变岛屿的自然属性。岛屿自然形成强调的是岛屿的自然属性。关于自然属性的含义，国际法学界存在两种解释，即两要件论和单要件论。[④]两要件论坚持认为“自然形成的陆地区域既要强调形成材料的自然属性，也要强调形成过程的自然属性”；单要件论分为材料要件论和过程要件论。[⑤]比较而言，两要件论较为合理，在考虑自然形成这一概念时应注重形成过程的自然性、形成材料的自然本真性，在自身自然属性的基础上还应考虑以下特殊情形。其一，基于保持生态的人工修复。因为岛屿四面环水、地域结构相对简单、物种来源受限，是独立的生态环境和地域单元，而且岛

① 构造岛是因大地构造作用而形成的岛屿，通常由断层或地壳下沉、海水侵入使沿岸地区一部分陆地与大陆分离而形成的岛屿；冰碛岛是指由冰碛物堆积而形成的岛屿；冲蚀岛是由于海蚀作用与大陆分离而形成的岛屿。参见楼锡淳等编著：《海岛》，北京：中国测绘出版社2008年版，第6页。

② 这些质疑包括以下方面：板块学说出现以后才认识到“由俯冲作用产生的增生楔形成的岛屿”就不在传统岛屿分类中；海洋岛和大洋岛其实并不相同，大洋岛应指大洋环境中的岛屿（主要包括火山岛和珊瑚岛），但并非所有的火山岛和珊瑚岛都属于大洋岛；河口堆积岛是海陆过渡的海积物，不应完全划分到冲积岛中，冲积岛一词仅可用于河流中的堆积岛。参见刘锡清、刘洪滨：《关于海洋岛屿成因分类的新意见》，《地理研究》2008年第1期，第120页。

③ 刘锡清、刘洪滨：《关于海洋岛屿成因分类的新意见》，《地理研究》2008年第1期，第120、125页。

④ 参见山本草二：『海洋法』，東京：三省堂1992年，第83~85、96~98頁。

⑤ 参见金永明：《岛屿与岩礁的法律要件论析——以冲之鸟问题为研究视角》，《政治与法律》2010年第12期，第102页。

屿易受海洋灾害的侵袭。近年来随着全球气候变暖导致的海平面上涨，部分岛屿面临消失的威胁，岛屿生态较之陆地极为脆弱。① 面对此类生态问题，很多国家为了避免岛屿及其所关联的生态环境发生消极变化，均采取人工措施对岛屿加以修复保护。基于生态保护的人工修复活动并不影响岛屿的自然属性，但是这类人工修复必须满足以下条件，才能视为未改变岛屿的自然属性：一是以保持岛屿生态为根本目的；二是人工措施不得超过海洋生态承受力；三是修复行为与岛屿生态问题具有直接的因果关系。其二，基于岛屿维持的人工维护。全球气候变暖导致海平面上升，坎昆会议上主要岛国均呼吁将全球升温控制在 1.5℃以内，以防止海平面上升导致岛屿沉于水下。实践中一些岛屿因为长期的海蚀作用，面积不断萎缩，露出水面的部分越来越小。因此，许多国家对岛屿进行了人工维护。人工维护必须坚持合理原则，即经过人工维护的岛屿必须具备以下要件才可称之为"自然形成的岛屿"：一是人工维护前该陆地区域本就高出水面，具备岛屿应有的一切自然属性和构成要件；二是人工维护后岛屿的自身性质不会发生改变，岛屿未因人工添附而失去形成材料的自然本真性；三是维护行为与岛屿受消失威胁具有直接的因果关系。其三，不合理的人工岛屿建筑。以任何所谓的合理理由对岛屿进行人工改造，都不得磨灭其自然属性。不合理的人工岛屿建筑具有如下特征：一是此种人工措施的目的既不是为保护岛屿生态，也不是为保持岛屿免受海蚀威胁，而是为了争取岛屿的完整效力而故意改变岛屿自身地质形态和生态环境，进行人工建造；二是此种人工措施既不能起到保护岛屿的作用，同时还会损害岛屿所在区域的海洋环境和其他国家的海洋权益。

（4）维持人类居住和本身经济生活的要义

对于何为人类居住，可以从以下角度进行分析：

第一，词源角度。居住，在汉语语境下是指较长时期地住在一个地方。②《牛津英语词典》将"habitation"解释为："把某地当作住宅的居住行为；居住停留的地方，人或动物居住的房屋、洞穴或其他特定地方；定居。"③ 而其词根"habit"意为习惯、习性。从居住这一词语的本义和词源来看，所谓"人类居住"应当包含这样几个因素：首先，居住是较长时间的，是定居之意而非暂时居住或短暂停留④；其次，居住需要特定的场所，例

① 参见郭院等编著：《海岛法律制度比较研究》，青岛：中国海洋大学出版社 2006 年版，第 2~3 页。

②《现代汉语词典》，北京：商务印书馆 2005 年版，第 736 页。

③ J. A. Simpson，E. S. C. Weiner，*The Oxford English Dictionary*，2nd Edition，New York：Oxford University Press，1989，p.993.

④ 我国有学者认为"人类居住"应作此理解，参见卢芳华：《从岩礁概念的确立看"冲之鸟"的属性》，《国际关系学院学报》2010 年第 5 期，第 73 页。而反对者则认为不应要求能够长时间居住，只要有居住之可能即可。参见 Jonathan I. Charney，Rocks That Cannot Sustain Human Habitation，*American Journal of International Law*，1999，93，p.871。

如人类所需之房屋或某一特定地点；最后，要满足人类维持生命，即具有淡水、阳光、食物和相对适宜的自然环境，而且这种相对适宜的标准是随着人类抵御自然灾害能力的提升而不断变化的。

第二，人类居住强调的是岛屿的能力。《联合国海洋法公约》强调“能够维持人类居住”而非“已经有人居住的事实”，是指不要求岛屿在此时此刻就已经有人居住，而是要求岛屿有能力维持人类居住。不仅《联合国海洋法公约》起草委员会秘书长奈森(Nelson)持此观点[①]，而且这种观点也为学界所公认。[②]

至于有学者提出“人类居住”是否有人数上的要求[③]，是否有居住者职业身份的要求[④]，是否需要提供当前社会发展条件下人类生活所涉及的相关基础设施等问题[⑤]，对这些问题的解释超过了文义解释的范围，更多地需要从岩礁条款的目的和《联合国海洋法公约》的宗旨入手进行解释。上文已经分析了岩礁条款的目的是限制部分社会经济属性存在瑕疵的岛屿的法律地位，以防止它们拥有与其自身情况不匹配的大面积海洋区域，并以此维系海洋资源的公平利用。从这个角度出发可以得出以下结论：首先，没有必要要求稳定人数的团体居住，因为《联合国海洋法公约》规定的是能够维持人类居住，维持多少是一个岛屿自身的容量问题，要求人数是没有必要的。其次，岛屿上未必都需要充分的基础设施，“人类居住”主要针对的是生存要求，并不包括人类的发展要求和精神要求，就像部分原始部落一样，他们世代生存的地区完全可以满足他们的居住，但是他们的生活并不必需学校、教堂等与发展有关的基础设施。岛屿也是如此，我们无法为全球的岛屿制定一套标准去衡量它们的居住情况。最后，岛屿上的居住者的身份是否有要求，从目的解释角度衡量，岩礁条款之所以限制岛屿，是因为部分岛屿无法满足一般民众的居住，“human”在此也应当理解为一般人。由于岛屿不是工具，特殊身份的人如守礁人、科学家居住在岩礁之上并不代表岩礁因为他们的到来而弥补了自身的社会经济属性上存

---

① 参见 L. D. M. Nelson，The Emerging New Law of the Sea，*Modern Law Review*，1979，42，pp.42–58。

② 参见 Barbara Kwiatkowska，Alfred H. A. Soons，Entitlement to Maritime Areas of Rocks Which Cannot Sustain Human Habitation or Economic Life of Their Own，*Netherlands Yearbook of International Law*，1990，21，pp.160–161. Jonathan I. Charney，Rocks That Cannot Sustain Human Habitation，*American Journal of International Law*，1999，93，p.870。

③ 参见 Mark J. Valencia，Jon M. Van Dyke，Noel A. Ludwig，*Sharing the Resources of the South China Sea*，The Hague：Martinus Nijhoff Publishers，1997，p.43。

④ 参见 Brice M. Clagett，Competing Claims of Vietnam and China in the Vanguanel and Blue Dragon Areas of the South China Sea，*Oil and Gas and Taxation Review*，1995，13，p.78。

⑤ 参见贾宇：《200 海里外大陆架划界的有关问题——以日本划界案为视角》，载高之国等主编：《国际海洋法问题研究》，北京：海洋出版社 2011 年版，第 52 页。

在的瑕疵。[①] 因此，在判断“人类居住”这一标准时，必须合理和谨慎地对待国家行为所产生的效果，同时也须注意岩礁条款关注的是能力问题，有些岛屿虽然目前只有官兵驻守，但是不妨碍其有维持一般民众居住的能力。

理解“本身经济生活”的关键点在于如何解析“经济生活”及如何解释“本身”的含义：

第一，关于“经济生活”的理解。《布莱克法律词典》将“economic life”一词解释为“the duration of an asset's profitability, usu. shorter than its physical life”[②]。经济学术语“economic life”则意指一项资产盈利能力的持续期间，是经济生命力的意思，而不是经济生活的意思。[③] 目前学界关于《联合国海洋法公约》中“economic life”的理解多是围绕岛屿经济生活进行的，但经济学上“economic life”经济生命力的意义对于我们理解岛屿经济生活也是有助益的，正如查尼（Charney）教授所言：“岛屿应以本身的经济价值维持未来较长一段时间的经济活动。”[④] 我国有学者进一步分析“岛屿经济价值应足以支撑开发成本”[⑤]。与此相关的论述还有哈菲兹（Hafetz）教授提出的“本身经济生活应当包含保护海洋环境和促进经济发展”[⑥]。因此，可以发现岛屿的经济生活要件是指要求岛屿有能力维持本身的经济活动，并不要求岛屿此时此刻就已开始了经济活动。这种经济活动与岛屿的经济生命力有关联，具体说来，从岛屿经济生命力的角度理解，岛屿的经济生活须具备以下要素：①岛屿的经济生活需要基于岛屿自身的资源条件，而不是单单将岛屿作为一块地皮进行“人工培养”；②无论岛屿面积如何，发展经济都离不开人的存在，人居往往成为经济生活的潜在条件[⑦]；③岛屿生态脆弱，其经济的维持不能离开环境保护，必须坚持可持续发展，关注生态文明；④岛屿可以作为临岸大陆或群岛经济体的支撑单元，其经济相互联系、相互支持，但是远在大洋当中的孤岛则难以如此发展经济，抑或说那些距离大陆位置遥远的小岛很难有其本身的经济生活。

第二，关于“本身”的理解。有学者认为“本身”一词排除了“外界支持”的可

---

① 参见 Marius Gjetnes, The Spratlys: Are They Rocks or Islands?, *Ocean Development and International Law*, 2001, 32, p.200。

② Bryan A. Garner (editor in chief), *Black's Law Dictionary*, 9th Edition, Eagan, Minnesota: Thomson Reuters Business, 2009, p.589.

③ Definition of "economic life", http: //www.investopedia.com/terms/e/economic-life.asp，访问日期：2014 年 2 月 22 日。

④ Jonathan I. Charney, Rocks That Cannot Sustain Human Habitation, *American Journal of International Law*, 1999, 93, p.871.

⑤ 黄瑶、卜凌嘉：《论〈海洋法公约〉岛屿制度中的岩礁问题》，《中山大学学报》（社会科学版）2013 年第 4 期，第 180 页。

⑥ 参见 Jonathan L. Hafetz, Fostering Protection of the Maritime Environment and Economic Development: Art 121 (3) of the Third Law of the Sea Convention, *American University International Law Review*, 2000, 15, p.593。

⑦ Clive R. Symmons, *The Maritime Zones of Islands in International Law*, Washington D. C.: Martinus Nijhoff Publishers, 1979, p.51.

能性，岛屿须“真正地维持经济生活，其排除外部支持，仅基于岛屿自身的资源和稳定的人民团体”[①]，“一国不能为逃避岩礁条款的限制而借由其他领土的资源，人为地打造经济生活于一个岩礁之上。”[②]由此观之，“本身”一词强调的是岛屿的经济生活应排除外部人为的资源输入，依靠岛屿本身的经济价值进行开发和利用，这种自身价值体现在岛屿及其领海区域内的自然资源（如林业资源、渔业资源等）或特殊经济价值（观光资源等）方面。但与此不同的是在“扬马延划界案”中，曾参与联合国第三次国际海洋法会议的三位大使(同时也是杰出的法学家)理查森(Richardson)、伊文森(Evensen)和安德森（Andersen）主张“本身经济生活不是必须要排除外部支持的，也不是必须针对永久居民的”[③]。从经济发展和科技进步的角度来看，这种主张是有道理的，因为现代社会任何经济体尤其岛屿经济体都不会要求经济生活必须是排除外部联系而自给自足的，因此，在理解“本身”一词时，不能因岛屿的经济生活存在外部支持，就全面地否定其本身的能力。而应当首先考察岛屿本身是否具备经济生命力，对于本身具备经济生命力的岛屿，应允许其在经济上进行广泛的外部交流或者通过外部支持更好地发展自身经济。

（5）面积因素对岛屿地位的影响

自《联合国海洋法公约》中的“岩礁条款”自从在《非正式的单一协商案文》(ISNT）第132条“岛屿制度”中予以确定之后，就再也未做过修正。尽管联合国第三次国际海洋法会议和第四次国际海洋法会议上概括派和分类派的“斗争”一直不断，但两派博弈也未见分晓。[④]英法等发达国家批判了分类派的漏洞，日本等国在第四期会议上表明了删除岩礁条款的立场[⑤]，但这些都没有阻碍岩礁条款的诞生。《联合国海洋法公约》第121条第1款规定的岛屿定义虽然没有像分类派提案那样依据面积大小和人口因素对岛屿标准进行区分，但是产生了第121条第3款——“岩礁条款”这一国际法上的全新条款，该

---

① 参见 J. M. Van Dyke，R. A. Brooks，Uninhabited Islands：Their Impact on the Ownership of the Oceans Resources，*Ocean Development and International Law*，1983，12，pp.286–288。

② 参见 L. D. M. Nelson，The Delimitation of Maritime Boundaries in the Caribbean，in D. M. Johnston，P.M. Saunders(eds.)，*Ocean Boundary Making：Regional Issues and Developments*，1988，pp.174–175。

③ Barbara Kwiatkowska，Alfred H. A. Soons，Entitlement to Maritime Areas of Rocks Which Cannot Sustain Human Habitation or Economic Life of Their Own，*Netherlands Yearbook of International Law*，1990，21，p.169.

④ 概括派认为不应对岛屿做出区分，而应当公平地赋予岛屿相同的法律地位，持这种观点的主要代表国包括希腊、英国、日本、新西兰、法国和斐济等。分类派则赞同非洲十四国和罗马尼亚的提案，认为应当根据岛屿的面积大小、社会经济条件对岛屿进行分类，赋予它们不同的法律地位，持这种观点的国家主要包括土耳其、罗马尼亚、马达加斯加、肯尼亚和阿尔及利亚等。参见 Barbara Kwiatkowska，Alfred H. A. Soons，Entitlement to Maritime Areas of Rocks Which Cannot Sustain Human Habitation or Economic Life of Their Own，*Netherlands Yearbook of International Law*，1990，21，p.140.

⑤ 参见栗林忠男、杉原高嶺編：『日本における海洋法の主要課題』，『現代海洋法の潮流一第3巻』，有信堂 2012 年，第 237 頁。

条款对岩礁这一特殊岛屿进行了特别对待。因此，有学者称岛屿大小的问题其实间接地留在了《联合国海洋法公约》中。[①] 实践中也有这种观点的佐证，其强调了面积因素对岩礁的影响。在“扬马延划界案”中，国际法院在处理划界问题时虽没有明确“扬马延岛”的地位[②]，但该案的判决认为就“该岛面积巨大”这一事实也不应认定其为岩礁。[③] 有学者分析“国际法院在解释这个问题上存在一个隐含的前提，就是面积大的岛屿自然能够维持人类居住和自身经济生活”[④]。因此，分析面积因素对岛屿或岩礁的意义应主要把握以下三方面内容：①岛屿定义上面积因素无意义。岛屿无论面积大小，都享有与其他陆地领土同样的地位，在这一点上，《联合国海洋法公约》第 121 条第 2 款的规定已经成为习惯国际法。[⑤] ②岛屿划界时面积因素影响甚微。在国际海洋划界中岛屿面积因素对划界的影响微乎其微，岛屿与大陆的距离因素才是需要考虑的首要问题[⑥]，因此可以说岛屿面积因素在海洋划界中的作用并不显著。③面积因素对岩礁“人类居住”“本身经济生活”有一定影响。岩礁维持人类居住的重要前提是具备陆地区域，尽管《联合国海洋法公约》没有也不可能规定岩礁的面积，但是从分类派主张的岛屿分类的根基和有关国家实践来看，面积因素往往与岛屿社会经济属性有密切的关联。岩礁自然属性中“高潮时高于水面”“四面环水”“自然形成”同一般岛屿并无二致，唯一不同的即“陆地区域”的面积因素有所不同，岩礁自然属性中的区域面积因素与其社会经济属性瑕疵的关联可以从国家实践中进行总结，一般岛屿的面积因素和社会经济属性是相互协调的，而特殊的岩礁则往往因面积因素的障碍影响了其社会经济属性。在“尼加拉瓜诉哥伦比亚案”中，国际法院坚持了其一贯的立场，在认定岛屿 QS32 的法律问题上，国际法院援引了“卡塔尔诉巴林案”的判决，指出：“……国际法并没有为岛屿界定设置一个最小面积的标准，QS32 具备岛屿的法律地位。”[⑦] 国际法院在判决中再一次确认了《联合国海洋法公约》第

① Clive R. Symmons，*The Maritime Zones of Islands in International Law*，Washington D.C.：Martinus Nijhoff Publishers，1979，p.41.

② Maritime Delimitation in the Area between Greenland and Jan Mayen (Denmark v. Norway)，Judgment，*I.C.J. Reports 1993*，p.65，p.69. 国际法院在处理本案划界问题时，主要考虑的是海岸长度比率。

③ Maritime Delimitation in the Area between Greenland and Jan Mayen (Denmark v. Norway)，Judgment，*I.C.J. Reports 1993*，p.38，para. 61.

④ 参见栗林忠男，杉原高嶺編：『日本における海洋法の主要課題』，『現代海洋法の潮流一第 3 巻』，東京：有信堂 2012 年，第 242 頁。

⑤ 史久镛：《国际法院判例中的海洋划界》，《法治研究》2011 年第 12 期，第 4 页。

⑥ 如“卡塔尔诉巴林案”中的吉塔特杰拉达岛和贾南岛，参见史久镛：《国际法院判例中的海洋划界》，《法治研究》2011 年第 12 期，第 6 页。更多岛屿面积与海洋划界关系的论述参见高健军：《国际海洋划界论——有关等距离 / 特殊情况规则的研究》，北京：北京大学出版社 2005 年版，第 144~150 页；袁古洁：《国际海洋划界的理论与实践》，北京：法律出版社 2001 年版，第 150 页。

⑦ 参见 Territorial and Maritime Dispute (Nicaragua v. Colombia)，Judgment，*I.C.J. Reports 2012*，p.645，para.37。

121 条第 1 款和第 2 款的习惯国际法地位，并指出“卡塔尔诉巴林案并未明确《联合国海洋法公约》第 121 条第 3 款的含义。国际法院认为《联合国海洋法公约》第 121 条第 2 款赋予了岛屿主张海洋区域的权利，但该款清楚地受到第 3 款规定的限制：不能维持人类居住或自身经济生活的岩礁不能拥有专属经济区和大陆架。第 3 款的规定为传统的国际法原则（即岛屿无论面积大小，都同陆地区域一样享有同等的海洋权利）和《联合国海洋法公约》认可更广泛的海洋权利之间搭起了重要的桥梁，国际法院发现这已经成为习惯国际法。国际法院认为《联合国海洋法公约》第 121 条岛屿法律制度的规定形成了一项不可分割的制度，所有的规定均具有习惯国际法的地位。”[①] 国际法院进一步承认了在“罗马尼亚诉乌克兰案”中基于划界效力而不对《联合国海洋法公约》第 121 条第 3 款内容进行判断的处理原则[②]，但是明确指出“因为任何一方都不能指明 QS32 不是岩礁，因此 QS32 不能拥有专属经济区和大陆架”[③]，国际法院虽然没有确认《联合国海洋法公约》第 121 条第 3 款的具体含义，但是基于双方提供的证据在该案中明确运用了《联合国海洋法公约》第 121 条第 3 款的规定，判定 QS32 岛屿只能主张 12 海里的领海，不能拥有专属经济区和大陆架。[④] 在“尼加拉瓜诉哥伦比亚案”中，国际法院首次认可了《联合国海洋法公约》第 121 条的三款内容均具备习惯国际法的地位，并运用《联合国海洋法公约》第 121 条第 3 款的规定对 QS32 岛屿的法律地位进行了限制。

所以，我国在确定南海基点时也要考虑上述问题，结合具体情况，确定不同海洋地物的性质。

3. 基线的问题

南海基线的划定，需要考虑直线基线能否适用于远离大陆的群岛。按照《联合国海洋法公约》的规定，一国可视具体情况采用正常基线、直线基线和混合基线，并且规定了群岛国的直线基线。从群岛所处的地理位置来划分，群岛包括大陆国家的沿岸群岛、大陆国家的远离大陆的群岛、群岛国的群岛。《联合国海洋法公约》只是对沿岸群岛适用这些基线及群岛国的群岛适用直线基线进行了规定。前者体现在《联合国海洋法公约》第 7 条，后者体现在《联合国海洋法公约》第 47 条。对于南海诸岛这种远离大陆的群岛如何适用基线并没有明确规定。从《联合国海洋法公约》的制定过程看，1958 年

① 参见 Territorial and Maritime Dispute（Nicaragua v. Colombia），Judgment，*I.C.J. Reports 2012*，p.674，para.139。

② 参见 Territorial and Maritime Dispute（Nicaragua v. Colombia），Judgment，*I.C.J. Reports 2012*，p.692，para.180。

③ Territorial and Maritime Dispute（Nicaragua v. Colombia），Judgment，*I.C.J. Reports 2012*，p.693，para.183.

④ 参见 Territorial and Maritime Dispute（Nicaragua v. Colombia），Judgment，*I.C.J. Reports 2012*，pp.713-715，para.238。

《领海及毗连区公约》只是在第 4 条第 1 款规定："在海岸线极为曲折的地方，或者如果紧接海岸有一系列岛屿，则测算领海宽度的基线的划定可采用连接各适当点的直线基线法。"可见，《领海及毗连区公约》只是规定了沿岸群岛的直线基线。在联合国第三次国际海洋法会议上，群岛问题再次受到关注。在 1974 年的第二期会议上，加拿大等 9 个国家提交的工作文件中有一部分的标题就是《构成沿海国组成部分的群岛》，该文件共有 3 条，且明确指出"拥有洋中群岛的沿海国应有权适用与群岛国相同的领海基线工作，其领海应自封闭群岛水域的基线起算"。在 1975 年的第三期会议上，《非正式的单一协商案文》第七部分第二节"属于大陆国家的洋中群岛"的第 131 条指出"群岛国的规定无损于构成一个大陆国家领土组成部分的洋中群岛的地位"。与第二期会议文件相比，其条款数目有所减少。在 1976 年的第四期会议上形成的《订正的单一协商案文》(*Revised Single Negotiating Text*) 的第七章中，虽对群岛国的规定比较完善，但远离大陆的群岛的规定却不再出现。[①] 此后的会议上的讨论也不再涉及洋中群岛，讨论只集中在群岛国制度。从此发展过程可以得出的结论是，远离大陆的群岛并不是群岛国的群岛，最终《联合国海洋法公约》没有规定像群岛国那样适用直线基线。当然这也可以从另一角度进行解析，事实上，从《联合国海洋法公约》对整个直线基线制度的规定看，总体上是限制性的适用方式。《联合国海洋法公约》最终没有规定远离大陆的群岛的直线基线，但从条约解释规则看，这些准备资料也并非完备，联合国第三次国际海洋法会议从 1973—1982 年一共召开 11 期会议，而远离大陆的群岛基线是因为主张国不再主张而从第四期会议时便不再讨论，而非最后表决时被否定。"权利是要被争取的"，在一国已不主张自己的权利，尤其该权利又不是所有国家均涉及时，法律不作规定也是正常的，但不能得出立法对其否定的结论。所以，有学者指出："由于目前对于洋中群岛领海基线划定的依据尚不明确，遑论具体的划定规则，因此，由各国实践所主要代表的国际惯例将成为今后形成具体规则的重要因素。"[②] 所以，《联合国海洋法公约》第 7 条和第 47 条都没有对远离大陆国家的群岛制度作出规定，也不能认为南海基线就不能适用《联合国海洋法公约》的制度。

有学者认为，可基于中国"对南海诸岛的领土主权，利用《联合国海洋法公约》新创设的群岛水域制度来主张我国在南海的管辖海域"[③]。但是，中国不同于印度尼西亚和

① 参见 Myron H. Nordquist (editor in chief), Satya N. Nandan and Shabtai Rosenne (Vol.eds), *United Nations Convention on the Law of the Sea 1982: A Commentary.* Dordrecht/ Boston/ London: Martinus Nijhoff Publishers, 1993, 2, pp.420–429。

② 周江：《论洋中群岛的领海基线划定》，《法商研究》2015 年第 4 期，第 165 页。

③ 高健军：《中国与国际海洋法——纪念〈联合国海洋法公约〉生效 10 周年》，北京：海洋出版社 2004 年版，第 138 页。

菲律宾这种群岛国，中国是大陆国家，只是有远离大陆的群岛，将《联合国海洋法公约》第47条规定的群岛国制度照搬适用于中国是不可行的。国际上存在远离大陆的群岛适用直线基线的情况。如丹麦在法罗群岛（Faeroe Islands）、挪威在斯瓦巴德群岛（Svalbard Islands）、厄瓜多尔在加拉帕戈斯群岛（Galapagos Islands）、葡萄牙在亚速尔群岛（Azores Islands）和梅德林群岛（Madeira Islands）都采用了直线基线。[①] 这些国家实践虽相对数目较少，其中一个原因是因为有远离大陆的群岛的国家本身就不多。所以，在一定程度上也可以认为这构成了国际习惯法。中国可比照这些国家的实践来适用直线基线，但不是完全"比照适用群岛国的有关规定"[②]。那么，具体如何划定，有学者以南沙群岛为例，认为可用三种方案供选择：一是"一体式"方案，这种方式是类比西沙群岛基线的方式，将南沙群岛也作为一体来确定基线；二是"点阵式"方案，即将南沙群岛划出各独立单元基础上，在具体划线单位中选择适当点连接成领海基线；三是"区块式"方案，即将南沙群岛划分为若干区域，在每一区域上选择适当的点作为基点。[③] 也有学者提出适用"区块式"与"零星式"相结合，采用直线基线和正常基线混合法划定领海基线。[④] 有学者认为："西沙、中沙、南沙和东沙可分别划分为独立区域。"[⑤] 采用哪种方式要综合考虑，每种方式都各有利弊，但是在我国目前的情况下，正常基线未被规定，所以一种方案是修改我国立法，规定混合基线。另一种方式就是在目前直线基线下划定，上述方案各有利弊，最终的选择要综合各种情况。

虽然中国及南海周边国家均批准加入了《联合国海洋法公约》，海洋争端的解决或我国海洋权益的维护离不开《联合国海洋法公约》，但《联合国海洋法公约》不是万能的，更何况海洋问题还与岛屿主权争端息息相关。在断续线与《联合国海洋法公约》并存的情况下，必定涉及二者如何协调的问题。对于断续线内的一些权利，我们可以基于历史性权利主张，也可以基于包括《联合国海洋法公约》在内的现代国际法主张，在一些权利如果依照《联合国海洋法公约》就可明确享有的情况下，中国作为《联合国海洋法公约》的缔约国，可依据《联合国海洋法公约》来主张。但是另有一些权利我们只能基于历史性权利来主张。这不是中国的独创，如菲律宾在依照《联合国海洋法公约》主张海洋权利的同时，也未放弃其宗主国留下的历史性条约线的主张；汤加在通过国王敕令划定矩

① 参见陈德恭：《现代国际海洋法》，北京：海洋出版社2009年版，第107~114页。
② 陈德恭：《现代国际海洋法》，北京：海洋出版社2009年版，第117页。
③ 周江：《论我国南海主权主张中的"附近海域"》，《重庆理工大学学报》（社会科学版）2011年第9期，第64页。
④ 参见张卫彬：《南海U形线的法律属性及在划界中地位问题》，《当代法学》2013年第2期，第136页。
⑤ 顾德欣：《南海争端中的海洋法适用》，《战略与管理》1995年第6期，第99页。

形海域为历史国界的同时，也依照《联合国海洋法公约》划定专属经济区。[①]

五、小结

南海断续线是符合国际法的，其产生是对东西方列强南海侵占行为的反击，这是维护中国国家领土主权完整的反映，是维护一国海洋权益的表现；断续线不违反《联合国海洋法公约》；断续线地图符合习惯国际法，具有国际法效力；南海周边国家对断续线的态度违反了禁反言原则。中国本身承认历史性权利在国际法中的合法性，断续线符合历史性权利的构成要件，具有历史性权利的性质。中国在断续线内享有的权利包括岛屿主权及其他海洋地物的主权、部分海域的主权及不具有领土主权性质的权利。

断续线对我国有重要意义。《联合国海洋法公约》不能解决岛屿主权问题，断续线作为历史性权利线，可以确证线内岛屿及其他海洋地物的主权，当然，对于岛屿主权也可用先占等方式证明其主权归属。在水域权利方面，一些权利如果依据《联合国海洋法公约》及依据断续线均可享有，那么二者并不违背。如果用历史性权利来主张在线内海域的具体权利，需要证明我国到底有哪些权利。如果依据《联合国海洋法公约》来主张权利，则需要确定基点基线。如果依照《联合国海洋法公约》确定的海域的范围小于断续线的范围，则《联合国海洋法公约》未涵盖的范围仍需历史性权利来主张。反之，如果一些海域的权利无法依据历史性权利来主张,可依据《联合国海洋法公约》来主张。因此，南海基点、基线的确定成为关键，相应的问题是，岛礁的实际控制成为重中之重。针对目前出现的南海周边国家侵犯我国断续线权益的状况，我国应从加强硬实力及提升软实力两方面来维护我国的权益。

① 高伟浓:《国际海洋法与太平洋地区海洋管辖权》，广州：广东高等教育出版社 1999 年版，第 184~186 页。

参 考 文 献

一、著作类

（一）中文著作

[1] 毕玉谦 . 民事证据法判例实务研究 [M] . 北京：法律出版社，1999.

[2] 毕玉谦主编 .《最高人民法院关于民事诉讼证据的若干规定》解释与适用 [M] . 北京：中国民主法制出版社，2002.

[3] 蔡从燕 . 类比与国际法发展的逻辑 [M] . 北京：法律出版社，2012.

[4] 曹丕富 . 关于历史性权利与我国海域划界的研究 [M] // 高之国、张海文主编 . 海洋国策研究文集 . 北京：海洋出版社，2007.

[5] 陈德恭 . 现代国际海洋法 [M] . 北京：海洋出版社，2009.

[6] 陈鸿瑜 . 南海诸岛主权与国际冲突 [M] . 台北：幼狮文化事业公司，1987.

[7] 陈致中编著 . 国际法案例 [M] . 北京：法律出版社，1998.

[8] 符骏 . 南海四沙群岛 [M] . 台北：世纪书局，1981.

[9] 高健军 . 国际海洋划界论——有关等距离 / 特殊情况规则的研究 [M] . 北京：北京大学出版社，2005.

[10] 高健军 . 中国与国际海洋法——纪念《联合国海洋法公约》生效 10 周年 [M] . 北京：海洋出版社，2004.

[11] 高俊国、刘宝银 . 南沙群岛空间融合信息分析与示警——群礁发育 军事区位 警示系统

［M］. 北京：海洋出版社，2009.
［12］高岚君. 国际法的价值论［M］. 武汉：武汉大学出版社，2006.
［13］高伟浓. 国际海洋法与太平洋地区海洋管辖权［M］. 广州：广东高等教育出版社，1999.
［14］高之国、贾兵兵. 论南海九段线的历史、地位和作用［M］. 北京：海洋出版社，2014.
［15］高之国等主编. 国际海洋法问题研究［M］. 北京：海洋出版社，2011.
［16］郭院等编著. 海岛法律制度比较研究［M］. 青岛：中国海洋大学出版社，2006.
［17］国际关系学院编. 现代国际关系史参考资料（1950—1953）［M］. 北京：北京大学出版社，1987.
［18］国家海洋局海洋发展战略研究所课题组. 中国的领土——黄岩岛［M］. 北京：海洋出版社，2012.
［19］国家海洋局海洋发展战略研究所课题组. 中国海洋发展报告（2011）［M］. 北京：海洋出版社，2011.
［20］国家海洋局海洋发展战略研究所课题组. 中国海洋发展报告（2013）［M］. 北京：海洋出版社，2013.
［21］海洋国际问题研究会编. 中国海洋邻国海洋法规和协定选编［M］. 北京：海洋出版社，1984.
［22］韩振华主编. 我国南海诸岛史料汇编［M］. 北京：东方出版社，1988.
［23］何春超等主编.《国际关系史资料选编（1495—1980）》（修订本）［M］. 北京：法律出版社，1988.
［24］何志鹏. 国际法哲学导论［M］. 北京：社会科学文献出版社，2013.
［25］胡长清. 中国民法总论［M］. 北京：中国政法大学出版社，1997.
［26］黄伟. 单一海洋划界的法律问题研究［M］. 北京：社会科学文献出版社，2011.
［27］黄异. 国际海洋法［M］. 台北：渤海堂文化事业有限公司，2002.
［28］黄异. 海洋秩序与国际法［M］. 台北：学林文化事业有限公司，2000.
［29］黄祖珂、黄磊编著. 潮汐原理与计算［M］. 青岛：中国海洋大学出版社，2005.
［30］姜皇池. 国际公法导论［M］. 台北：新学林出版股份有限公司，2008.
［31］姜世波. 习惯国际法的司法确定［M］. 北京：中国政法大学出版社，2010.
［32］鞠德源. 钓鱼岛正名——钓鱼岛列屿的历史主权及国际法渊源［M］. 北京：昆仑出版社，2006.

[33] 李浩培．条约法概论［M］．北京：法律出版社，2003.

[34] 李金明．南海波涛：东南亚国家与南海问题［M］．南昌：江西高校出版社，2005.

[35] 李金明．中国南海疆域研究［M］．福州：福建人民出版社，1999.

[36] 李士豪、屈若骞．中国渔业史［M］．台北：台湾商务印书馆，1980.

[37] 梁慧星．民法总论［M］．北京：法律出版社，2004.

[38] 梁西主编．国际法［M］．武汉：武汉大学出版社，2011.

[39] 梁西主编、曾令良修订．国际法［M］．武汉：武汉大学出版社，2013.

[40] 刘楠来等．国际海洋法［M］．北京：海洋出版社，1986.

[41] 刘振民编著．海洋法基本文件集［M］．北京：海洋出版社，2002.

[42] 楼锡淳等编著．海岛［M］．北京：中国测绘出版社，2008.

[43] 潘石英．南沙群岛　石油政治　国际法［M］．香港：经济导报社，1996.

[44] 邵沙平主编．国际法［M］．北京：中国人民大学出版社，2002.

[45] 沈达明编著．英美证据法［M］．北京：中信出版社，1996.

[46] 史春林．中国共产党与中国海权问题研究［M］．大连：大连海事大学出版社，2007.

[47] 世界知识出版社编辑．国际条约集（1945—1947）［M］．北京：世界知识出版社，1959.

[48] 斯雄．南沙探秘［M］．北京：人民日报出版社，2012.

[49] 谭兵、李浩主编．民事诉讼法学［M］．北京：法律出版社，2013.

[50] 王铁崖．国际法引论［M］．北京：北京大学出版社，1998.

[51] 王铁崖编．中外旧约章汇编（第一册）［M］．北京：生活·读书·新知三联书店，1957.

[52] 王铁崖主编．国际法［M］．北京：法律出版社，1995.

[53] 魏静芬．海洋法［M］．台北：五南图书出版股份有限公司，2008.

[54] 魏敏主编．海洋法［M］．北京：法律出版社，1987.

[55] 吴士存．南海问题文献汇编［M］．海口：海南出版社，2001.

[56] 吴士存．南沙争端的起源与发展［M］．北京：中国经济出版社，2010.

[57] 吴士存编著．世界著名岛屿经济体选论［M］．北京：世界知识出版社，2006.

[58] 吴士存、沈固朝等．南海资料索引［M］．海口：海南出版社，1998.

[59] 夏勇．人权概念起源——权利的历史哲学［M］．北京：中国政法大学出版社，2001.

[60] 谢益显．中国外交史：中华人民共和国时期（1949—1979）（第3册）［M］．郑州：河南人民出版社，1998.

[61] 许森安主编. 国际海域划界条约集[M]. 北京: 海洋出版社, 1998.

[62] 薛桂芳、胡增祥编著. 海洋法理论与实践[M]. 北京: 海洋出版社, 2009.

[63] 杨翠柏. 南沙群岛主权法理研究[M]. 北京: 商务印书馆, 2015.

[64] 杨文鹤. 中国海岛[M]. 北京: 海洋出版社, 2000.

[65] 杨泽伟. 国际法析论[M]. 北京: 中国人民大学出版社, 2003.

[66] 尹章华编著. 海洋法令专编[M]. 台北: 文笙书局有限公司, 1998.

[67] 袁古洁. 国际海洋划界的理论与实践[M]. 北京: 法律出版社, 2001.

[68] 曾令良、饶戈平主编. 国际法[M]. 北京: 法律出版社, 2005.

[69] 张海文主编.《联合国海洋法公约》释义集[M]. 北京: 海洋出版社, 2006.

[70] 张良福. 聚焦中国海疆[M]. 北京: 海洋出版社, 2013.

[71] 张良福编著. 让历史告诉未来——中国管辖南海诸岛百年纪实[M]. 北京: 海洋出版社, 2011.

[72] 张乃根. 国际法原理[M]. 北京: 中国政法大学出版社, 2002.

[73] 张文彬. 论私法对国际法的影响[M]. 北京: 法律出版社, 2001.

[74] 张文显主编. 法理学[M]. 北京: 高等教育出版社、北京大学出版社, 1999.

[75] 赵理海. 海洋法问题研究[M]. 北京: 北京大学出版社, 1996.

[76] 郑成良主编. 现代法理学[M]. 长春: 吉林大学出版社, 1999.

[77] 中国南海研究院. 黄岩岛十问[M]. 海口: 海南出版社、三环出版社, 2012.

[78] 周鲠生. 国际法(上册)[M]. 武汉: 武汉大学出版社, 2007.

[79] 周伟民、唐玲玲. 南海天书——海南渔民"更路簿"文化诠释[M]. 北京: 昆仑出版社, 2015.

[80] 周忠海. 论海洋法中的历史性权利问题[M]//周忠海. 周忠海国际法论文集. 北京: 北京出版社, 2006.

(二)中文译著

[1] [德] 恩格斯. 反杜林论[M]//马克思恩格斯选集(第三卷). 北京: 人民出版社, 1972.

[2] [德] 鲁道夫·冯·椰林. 为权利而斗争[M]. 郑永流译. 北京: 法律出版社, 2007.

[3] [德] 奥本海. 奥本海国际法(第一卷第二分册)[M]. [英] 詹宁斯、瓦茨修订, 王铁崖等译. 北京: 中国大百科全书出版社, 1998.

[4] [德] 奥本海. 奥本海国际法(第一卷第一分册)[M]. [英] 詹宁斯、瓦茨修订. 王铁崖等译,

北京：中国大百科全书出版社，1995.
［5］［德］奥本海．奥本海国际法（上卷第一分册）［M］．［英］劳特派特修订，王铁崖、陈体强译．北京：商务印书馆，1971.
［6］［德］沃尔夫刚•格拉夫•魏智通主编．国际法［M］．吴越、毛晓飞译．北京：法律出版社，2002.
［7］［荷］格劳秀斯．论海洋自由或荷兰参与东印度贸易的权利［M］．马忠法译．上海：上海人民出版社，2005.
［8］［美］博登海默．法理学——法律哲学与法律方法［M］．邓正来译．北京：中国政法大学出版社，1999.
［9］［美］汉斯・凯尔森．国际法原理［M］．王铁崖译．北京：华夏出版社，1989.
［10］［美］路易斯・B. 宋恩等．海洋法精要［M］．傅崐成等译．上海：上海交通大学出版社，2014.
［11］［美］路易斯•亨金．国际法：政治与价值［M］．张乃根等译．北京：中国政法大学出版社，2005.
［12］［日］村瀬信也．国际立法——国际法的法源论［M］．秦一禾译．北京：中国人民公安大学出版社，2012.
［13］［英］戴维・M. 沃克编著．牛津法律大辞典［M］．北京社会与科技发展研究所组织翻译．北京：光明日报出版社，1988.
［14］［英］菲利普•桑斯．无法无天的世界：当代国际法的产生与破灭［M］．单文华等译．北京：人民出版社，2011.
［15］［英］伊恩・布朗利．国际公法原理［M］．曾令良、余敏友等译．北京：法律出版社，2003.

（三）外文著作

［1］栗林忠男，杉原高嶺編：『日本における海洋法の主要課題』，『現代海洋法の潮流一第3巻』［M］．東京：有信堂，2012.
［2］Bowett. *The Legal Regime of Islands in International Law*［M］. New York：Oceana Publications，1979.
［3］Brian D. Lepard. *Customary International Law：A New Theory with Practical Applications*［M］. Cambridge：Cambridge University Press，2010.
［4］Clive R. Symmons. *Historic Waters in the Law of the Sea：A Modern Re-Appraisal*［M］.

参考文献

Leiden/Boston: Martinus Nijhoff Publishers, 2008.

[5] Clive R. Symmons. *The Maritime Zones of Islands in International Law* [M]. Washington D.C.: Martinus Nijhoff Publishers, 1979.

[6] D. P. O'Connell. *The International Law of the Sea* [M]. Oxford: Clarendon Press, 1989.

[7] Donat Pharand. *Canada's Arctic Waters* [M]. Cambridge: Cambridge University Press, 1988.

[8] Durward V. Sandifer. *Evidence before International Tribunals* [M]. 2nd Edition. Charlottesville, Virginia: University Press of Virginia, 1975.

[9] Epsey Cooke Farrell. *The Socialist Republic of Vietnam and the Law of the Sea: An Analysis of Vietnamese Behavior within the Emerging International Oceans Regime* [M]. The Hague: Martinus Nijhoff Publishers, 1988.

[10] Iran Brownlie. *International Law* [M]. New York: Oxford University Press, 1973.

[11] Iran Brownlie. *Principles of Public International Law* [M]. 7th Edition. New York: Oxford University Press, 2008.

[12] J. Ashley Roach and Robert W. Smith. *Excessive Maritime Claims* [M]. The Hague: Martinus Nijhoff Publishers, 2012.

[13] J.A. Roach and R.W. Smith. *United States Responses to Excessive Maritime Claims* [M]. 2nd Edition. The Hague: Martinus Nijhoff Publishers, 1996.

[14] J.R. V. Prescott. *The Maritime Political Boundaries of the World* [M]. London: Methuen, 1985.

[15] James Brown Scott, *Hague Court Reports* [M], First Series, New York: Oxford University Press, 1916.

[16] James Crawford, SC, FBA. *Brownlie's Principles of Public International Law* [M]. New York: Oxford Universtiy Press, 2012.

[17] Jessup. *The Law of Territorial Waters and Maritime Jurisdiction* [M].New York: G. A. Jennings Co. Inc., 1927.

[18] Jonathan Law, Elizabeth A. Martin. *Oxford Dictionary of Law* [M].New York: Oxford University Press, 2013.

[19] Kriangsak Kittichaisaree. *The Law of the Sea and Maritime Boundary Delimitation in*

South-East Asia[M]. New York: Oxford University Press, 1987.

[20] Leo J. Bouchez. *The Regime of Bays in International Law*[M]. Leyden: A.W. Sythoff, 1964.

[21] Lise Lotte Odgaard. *Maritime Security between China and Southeast Asia: Conflict and Cooperation in the Making of Reginal Order*[M]. Aldershot: Ashgate Publishing Ltd., 2002.

[22] Lord Mc Nair. *The Law of Treaties*[M]. Oxford: Clarendon Press, 1961.

[23] Malcolm N. Shaw. *International Law*[M]. Beijing: Peking University Press, 2005.

[24] Mark J. Valencia, Jon M. Van Dyke, Noel A. Ludwig. *Sharing the Resources of the South China Sea*[M]. Hague: Martinus Nijhoff Publishers, 1997.

[25] Martin Dixon. *Textbook on International Law*[M]. London: Blackstone Press Limited, 1990.

[26] McDorman. *The South China Sea after 2009: Clarity of Claims and Enhanced Prospects for Regional Cooperation? In M. McConnell, S.Coffen-Smout and A. Chircop (eds.). Ocean Yearbook 24*[M].Leyden: Martinus Nijhoff, 2010.

[27] Merill Weakley Clark, Jr. *Historic Bays and Waters: A Regime of Recent Beginning and Continued Usage*[M]. New York: Oceana Publications, Inc., 1994.

[28] Michael Byers. *Custom, Power and the Power of Rules: International Relations and Customary International Law*[M]. Cambridge: Cambridge University Press, 2003.

[29] Michael P. Scharf. *Customary International Law in Times of Fundamental Change: Recognizing Grotian Moments*[M]. Cambridge: Cambridge University Press 2013.

[30] Mitchell P. Strohl. *The International Law of Bays*[M]. The Hague: Martinus Nijhoff Publishers, 1963.

[31] Myron H. Nordquist (Editor in Chief). Satya N. Nandan, Shabtai Rosenne (vol. eds), *United Nations Convention on the Law of the Sea 1982: A Commentary*, vol. II. [M]. Dordrecht/ Boston/ London: Martinus Nijhoff Publishers, 1993.

[32] Myron H. Nordquist (Editor in Chief). ShabtaiRosenne, Louis B.Sohn (Volume Editors), *United Nations Convention on the Law of the Sea 1982: A Commentary*, vol. V.[M].The Dordrecht/ Boston/ London: MartinusNijhoff Publishers, 1989.

[33] Natalie Klein. *Dispute Settlement in the UN Convention on the Law of the Sea*[M].

Cambridge: Cambridge University Press, 2005.

[34] Noora Arajärvi. *The Changing Nature of Customary International Law: Methods of Interpreting the Concept of Custom in International Criminal Tribunals*[M]. New York: Routledge, 2014.

[35] Peter Malanczuk. *Akehurst's Modern Introduction to International Law*[M]. 7th Edition. London/New York: Routledge, 1998.

[36] R. Y. Jennings and Arthur Watts. *Oppenheim's International Law*[M]. London: Longman Press, 1996.

[37] R. Y. Jennings. *The Acquisition of Territory in International Law*[M]. Manchester: Manchester University Press, 1963.

[38] T.O.Elias. *The International Court of Justice and Some of Contemporary Problems: Essays on International Law*[M]. The Hague: Martinus Nijhoff Publishers, 1983.

[39] Timothy Hillier. *Principles of Public International Law*[M]. 2nd edition. London: Cavendish Publishing Limited, 1999.

[40] Victor Prescott, Gillian D. Triggs. *International Frontiers and Boundaries*[M]. Leiden/Boston: Martinus Nijhoff Publishers, 2008.

[41] William L.Tung. *China and the Foreign Powers: The Impact of and Reaction to Unequal Treaties*[M].New York: Oceana Publications, 1970.

[42] Yehuda Z. Blum. *Historic Titles in International Law*[M]. The Hague: Martinus Nijhoff Publishers, 1965.

[43] Yoshifumi Tanaka. *The International Law of the Sea*[M]. Cambridge: Cambridge University Press, 2012.

[44] Zou Keyuan. *Law of the Sea in East Asia: Issues and Prospects*[M]. London and New York: Routledge, 2005.

二、论文

（一）中文期刊论文

[1] 白续辉.规避“人工岛屿陷阱”:海洋岛礁的“经济生活”概念及海洋旅游的特殊价值[J].中山大学法律评论，2014，1.

［2］曹鉴燎．历史性所有权原则与中国对南沙群岛的主权［J］．学术研究，2002，4.

［3］陈荔彤．东沙环礁国家公园法制与实践之研究［J］．台湾海洋法学报，2007，2.

［4］程爱琴．解析菲律宾在南沙群岛主权归属上的“邻近原则”——评菲律宾对南沙群岛的主权主张［J］．中国边疆史地研究，2002，4.

［5］邓烈．论“永续发展”概念在国际法上的意涵［J］．台湾海洋法学报，2006，2.

［6］付玉、黄硕琳．历史性捕鱼权的习惯国际法效力研究［J］．太平洋学报，2015，4.

［7］高健军．从国际法角度评菲律宾对黄岩岛的主权主张［J］．法学杂志，2012，10.

［8］高圣惕．论南海争端与其解决途径［J］．比较法研究，2013，6.

［9］顾德欣．南海争端中的海洋法适用［J］．战略与管理，1995，6.

［10］管建强．南海九段线的法律地位研究［J］．国际观察，2012，4.

［11］郭冉．论中国在南海U形线内海域的历史性权利［J］．太平洋学报，2013，12.

［12］郭渊、XIE Honyue. 论海洋法中的“历史性权利”［J］．中国海洋法学评论，2008，1.

［13］郭渊．南海断续线的形成及其历史涵义的解析［J］．浙江海洋学院学报（人文科学版），2011，3.

［14］郭渊．日本对东沙群岛的侵略与晚清政府的主权维护［J］．福建论坛（人文社会科学版），2004，8.

［15］黄瑶、卜凌嘉．论《海洋法公约》岛屿制度中的岩礁问题［J］．中山大学学报（社会科学版），2013，4.

［16］黄远龙．国际法上的时际法概念［J］．外国法译评，2000，2.

［17］贾宇．南海“断续线”的法律地位［J］．中国边疆史地研究，2005，2.

［18］贾宇．试论历史性权利的构成要件［J］．国际法研究，2014，2.

［19］江淮．菲律宾染指中国黄岩岛回溯［J］．世界知识，2012，10.

［20］姜丽、李令华．南海传统九段线与海洋划界问题［J］．中国海洋大学学报（社会科学版），2008，6.

［21］金永明．岛屿与岩礁的法律要件论析——以冲之鸟问题为研究视角［J］．政治与法律，2010，12.

［22］鞠海龙．近代中国的南海维权与中国南海的历史性权利［J］．中州学刊，2010，2.

［23］雷筱璐．历史性权利对《海洋法公约》相关制度和规则的促进作用［J］．湖北大学学报（哲学社会科学版），2014，3.

［24］李浩培．论条约法上的时际法［J］．武汉大学学报（社会科学版），1983，6.

[25] 李金明．南海断续线：产生背景及其法律地位［J］．现代国际关系，2012，9.

[26] 李金明．南海断续线的法律地位：历史性水域、疆域线、抑或岛屿归属线？［J］．南洋问题研究，2010，4.

[27] 李金明．南海领土争议的由来与现状［J］．世界知识，2011，12.

[28] 李金明．中法勘界斗争与北部湾海域划界［J］．南洋问题研究，2009，2.

[29] 李金明．中国南海断续线：产生的背景及其效用［J］．东南亚研究，2011，1.

[30] 刘惠荣、刘秀．北极群岛水域法律地位的历史性分析［J］．中国海洋大学学报（社会科学版），2010，2.

[31] 刘江萍、郭培清．加拿大对西北航道主权控制的法律依据分析［J］．中共青岛市委党校 青岛行政学院学报，2010，2.

[32] 刘锡清、刘洪滨．关于海洋岛屿成因分类的新意见［J］．地理研究，2008，1.

[33] 卢芳华．从岩礁概念的确立看“冲之鸟”的属性［J］．国际关系学院学报，2010，5.

[34] 罗国强．论自然法的否定之否定与国际法的构成［J］．法学评论，2007，4.

[35] 马克斯·索伦森．国际秩序中的时际问题［J］．国际法学会年刊，1973，55.

[36] 木水．中国南海疆域研究的一部力作——评《中国边疆史地研究》［J］．中国边疆史地研究，2001，2.

[37] 曲波．国际贸易惯例与公共秩序保留［J］．国际商务研究，2003，5.

[38] 曲波．海洋法中历史性权利构成要件探究［J］．当代法学，2012，4.

[39] 曲波．禁反言在国际法中的适用——以领土争端案为例［J］．法学杂志，2014，8.

[40] 曲波．南海周边有关国家在南沙群岛的策略及我国对策建议［J］．中国法学，2012，6.

[41] 曲波．条约视角下钓鱼岛主权归属探究［J］．当代亚太，2013，4.

[42] 任念文．“中国南海”范畴及我国行使主权沿革考——兼论“南海断续线”作为中国传统海疆线的历史依据［J］．太平洋学报，2013，2.

[43] 沈固朝．关于北部湾的“历史性水域”［J］．中国边疆史地究，2000，4.

[44] 史久镛、高健军．国际法院判例中的海洋划界［J］．法治研究，2011，12.

[45] 宋杰．法律视角下的“南海争端”——含义与解决的技术性建议［J］．当代法学，2012，4.

[46] 宋燕辉．历史性水域法律制度的探讨［J］．问题与研究，1993，8.

[47] 宋燕辉．由《南海各方行为宣言》论“菲律宾诉中国案”仲裁法庭之管辖权问题［J］．国际法研究，2014，2.

[48] 王建廷．历史性权利的法理基础与实证考查［J］．太平洋学报，2011，3.
[49] 王军敏．历史性捕鱼权在专属经济区划界中的地位和作用［J］．湖北行政学院学报，2009，4.
[50] 王军敏．领土所有权的形成过程——历史性逐渐强化［J］．中共中央党校学报，2009，2.
[51] 王军敏．中国根据南海断续线享有的权利［J］．中国党政干部论坛，2014，7.
[52] 王可菊．中国对南沙群岛拥有领土主权——兼评越南在南沙群岛问题上出尔反尔的行为［J］．法学研究，1990，2.
[53] 王颖、马劲松．南海海底特征、资源区位与疆界断续线［J］．南京大学学报（自然科学版），2003，6.
[54] 王勇智等．关于南海断续线的综合探讨［J］．中国海洋大学学报（社会科学版），2008，3.
[55] 吴凤斌．我国渔民对南沙群岛的开发和经营［J］．南洋问题，1981，3.
[56] 吴凤斌．我国中沙群岛的历史沿革［J］．南洋问题，1979，6.
[57] 徐栋．英挪渔业案中的历史性权利研究及对中国实践的启示［J］．中国海商法研究，2013，1.
[58] 徐志良．民国海疆版图演变与南海断续国界线的形成［J］．太平洋学报，2010，4.
[59] 徐志良等．中国历史地图上南海“九段线”的国界意义——兼论“九段线”内岛礁和海域的管辖权利［J］．太平洋学报，2013，2.
[60] 薛桂芳、徐向欣．由岛屿维持其本身的“经济生活”标准的界定谈对我国南海岛礁的保护性开发［J］．比较法研究，2013，6.
[61] 杨翠柏．时际国际法与中国对南沙群岛享有无可争辩的主权［J］．中国边疆史地研究，2003，1.
[62] 杨泽伟．国内法与国际法解释之比较研究［J］．法律科学，1996，5.
[63] 俞宽赐．从历史性水域制度探讨我国南海U型线之法律地位［J］．理论与政策，1993，1.
[64] 张明亮．《旧金山对日和约》再研究——关于其对西沙群岛、南沙群岛的处理及后果［J］．当代中国史研究．2006，1.
[65] 张卫彬．南海U形线的法律属性及在划界中地位问题［J］．当代法学，2013，2.
[66] 张新军．法律适用中的时间要素——中日东海争端关键日期和时际法问题考察［J］．法学研究，2009，4.
[67] 赵国材．从国际法观点分析我国南海历史性水域之法律制度［J］．问题与研究，1993，8.
[68] 赵建文．联合国海洋法公约与中国在南海的既得权利［J］．法学研究，2003，2.

[69] 赵理海．从国际法看我国对南海诸岛无可争辩的主权［J］．北京大学学报（哲学社会科学版），1992，3.

[70] 赵理海．关于南海诸岛的若干法律问题［J］．法制与社会发展，1995，4.

[71] 郑志华．中国南海 U 形线地图的可采性与证明力［J］．外交评论，2013，4.

[72] 周江．论我国南海主权主张中的“附近海域”［J］．重庆理工大学学报（社会科学版），2011，9.

[73] 周江：论洋中群岛的领海基线划定［J］．法商研究，2015，4.

[74] 周江．略论《南海各方行为宣言》的困境与应对［J］．南洋问题研究，2007，4.

[75] 周江．也谈南海断续线的法律性质［J］．法律科学，2013，5.

（二）中文会议论文

[1] 李志文、马金星．《海洋法公约》中 historic Titles 概念的辨析［G］．中国海洋法学会 2014 年学术年会论文集，2014.

[2] 许森安．南海断续国界线的内涵［G］．“21 世纪的南海：问题与前瞻”论文选，2000.

[3] 赵国材．从现行海洋法分析南沙群岛的主权争端［G］．“21 世纪的南海：问题与前瞻”论文选，2000.

（三）英文期刊论文

[1] A.L.Hollick. US Ocean Policy：The Truman Proclamation［J］. *Virginia Journal of International Law*，1976-7，17.

[2] A.M. Gross. The Maritime Boundaries of States［J］. *Michigan Law Review*，1966，64.

[3] Anthony Aust. The Theory and Practice of Informal International Instruments［J］. *International Law and Comparative Law Quarterly*，1986，35.

[4] Artur Kozlowski.The Legal Construct of Historic Titles to Territory in International Law—An Overview［J］. *Polish Yearbook of International Law*，2010，30.

[5] Barbara Kwiatkowska，Alfred H. A. Soons. Entitlement to Maritime Areas of Rocks Which Cannot Sustain Human Habitation or Economic Life of Their Own［J］. *Netherlands Yearbook of International Law*，1990，21.

[6] Bing Cheng. United Nations Resolutions on Outer Space：“Instant” International Customary Law?［J］. *Indian Journal of International Law*，1965，5.

[7] Brice M. Clagett. Competing Claims of Vietnam and China in the Vanguanel and Blue

Dragon Areas of the South China Sea [J] . *Oil and Gas and Taxation Review*, 1995, 13.

[8] Brinton Scott. Resolving the Question of Sovereignty over the Spratly Islands. [J] . *International Law and Policy*, 1995, 3.

[9] D. H. N. Johnson, . Acquisitive Prescription in International Law [J] . *British Yearbook of International Law*, 1950, 27.

[10] D. H. N. Johnson. Consolidation as a Root of Title in International Law [J] . *Cambridge Law Journal*, 1955, 13.

[11] D. W. Bowett M.A. Estoppel before International Tribunals and Its Relation to Acquiescene [J] .*British Yearbook of International Law*, 1957, 33.

[12] Erik Franckx and Marco Benatar.Dots and Lines in the South China Sea: Insights from the Law of Map Evidence [J] . *Asian Journal of International Law.* 2012, 2.

[13] Florian Dupuy, Pierre–Marie Dupuy. A Legal Analysis of China's Historic Rights Claim in the South China Sea [J] . *American Journal of International Law*, 2013, 107.

[14] Gamble Jr. John King. The Law of the Sea Conference: Dispute Settlement in Perspective [J] . *Journal of International Law*, 1976, 9.

[15] Gerald Fitzmaurice. The Law and Procedure of the International Court of Justice, 1951–54: General Principles ad Sources of Law [J] . *British Yearbook of International Law*, 1953, 30.

[16] Guenter Weissberg. Maps as Evidence in International Boundary Disputes: A Reappraisal [J] . *American Journal of International Law*, 1963, 57.

[17] Harley. J.B. Deconstructing the Map [J] . *Cartographica*, 1989, 26.

[18] J. M. Van Dyke, R. A. Brooks. Uninhabited Islands: Their Impact on the Ownership of the Oceans' Resources [J] . *Ocean Development and International Law*, 1983, 12.

[19] J.P.A. Francios.Second Report on the Regime of the Territorial Sea [J] .*Yearbook of the International Law Commission*, 1953, 2.

[20] Jon M. Van Dyke, Dale L. Bennett. Islands and Delimitation of Ocean Space in the South China Sea [J] . *Ocean Yearbook*, 1993, 10.

[21] Jonathan I. Charney. Central East Asian Maritime Boundary and the Law of the Sea [J]. *American Journal of International Law*, 1995, 89.

[22] Jonathan I. Charney. Progress in International Maritime Boundary Delimitation Law [J]. *American Journal of International Law*, 1994, 88.

[23] Jonathan I. Charney. Rocks That Cannot Sustain Human Habitation [J]. *American Journal of International Law*, 1999, 93.

[24] Jonathan L. Hafetz. Fostering Protection of the Maritime Environment and Economic Development: Art 121 (3) of the Third Law of the Sea Convention [J]. *American University International Law Review*, 2000, 15.

[25] Judicial Decisions Involving Questions of International Law (Republic of El Salvador v. Republic of Nicaragua). Central American Court of Justice [J]. *America Journal of International Law*, 1917, 2.

[26] Kuan Ming Sun. Dawn in the South China Sea? A Relocation of the Spratly Islands in an Everlasting Legal Storm [J]. *South African Yearbook of International Law*, 1990-91, 16.

[27] L.D.M. Nelson. The Emerging New Law of the Sea [J]. *Modern Law Review*, 1979, 42.

[28] L.F.E.Goldie. The Critical Date [J]. *International and Comparative Law Quarterly*, 1963, 12.

[29] H. Lauterpacht. Sovereighty over Submarine Areas [J]. *British Yearbook of International Law*, 1950, 27.

[30] M. Killas.The Legality of Canada's Claims to the Waters of Its Arctic Archipelago [J]. *Ottawa Law Review*, 1987, 19.

[31] I. C. MacGibbon. The Scope of Acquiescence in International Law [J]. *British Yearbook of International Law*, 1954, 31.

[32] Marius Gjetnes. The Spratlys: Are They Rocks or Islands? [J]. *Ocean Development and International Law*, 2001, 32.

[33] MarvinA. Fentress. Martitime Boundary Dispute Settlement: The Nonemergence of Guiding Principles [J]. *Georgia Journal of International Law and Comparative Law*, 1985, 15.

[34] Masahiro Miyoshi. China's "U-Shaped Line" Claim in the South China Sea: Any Validity under International Law? [J]. *Ocean Development and International Law*, 2012, 43.

[35] Michael Sheng-Ti Gau. The U-Shaped Line and a Categorization of the Ocean Disputes in the South China Sea [J]. *Ocean Development and International Law*, 2012, 43.

[36] Nguyen Hong Thao, Ramses Amer. A New Legal Arrangement for the South China Sea? [J]. *Ocean Development and Intenational Law*, 2009, 40.

[37] Nyuyen-Dang Thang, Nyuyen Hong Thao. China's Nine Dotted Lines in the South China Sea: The 2011 Exchange of Diplomatic Notes between the Philipines and China [J]. *Ocean Development and International Law*, 2012, 43.

[38] Nyuyen Hong Thao. Vietnam and the Code of Conduct for the South China Sea [J]. *Ocean Development and International Law*, 2001, 11.

[39] Oscar Schachter.The Twilight Existence of Nonbinding International Agreements [J]. *American Journal of International Law*, 1977, 71 (2).

[40] R. R. Churchill. The Greenland–Jan Mayen Case and Its Significance for the International Law of Maritime Boundary Delimitation [J]. *International Journal of Marine and Coastal Law*, 1994, 9.

[41] Ramser Amer. The Territorial Dispute between China and Vietnam and Regional Stability [J]. *Contemporary South Asia*, 1997, 19.

[42] Sienho Yee. The South China Sea Arbitration (the Philippines v. China): Potential Jurisdictional Obstacles or Objections [J]. *Chinese Journal of International Law*, 2014, 13.

[43] Wolfgang Friedmann. The Uses of "General Principles" in the Development of International Law [J]. *American Journal of International Law*, 1963, 57.

[44] Yann-huei Song, Peter Kien-hong Yu. China's "Historic Waters" in the South China Sea: An Analysis form Taiwan [J]. *American Asia Review*, 1994, 12.

[45] Yehuda Z. Blum. Current Development: The Gulf of Sidra Incident [J]. *American Journal Law*, 1986, 80.

[46] Young-Koo Kim. Maritime Boundary Issues and Island Disputes in Northeast Asia [J].

Korean Journal of International and Comparative Law, 1997, 25.

[47] Zhiguo Gao.The South China Sea: From Conflict to Cooperation? [J] .*Ocean Development and International Law*, 1994, 25.

[48] Zhiguo Gao and Bingbing Jia. The Nine-Dashi Line in the South China Sea: History, Status, and Implications [J] . *American Journal of International Law*, 2013, 107.

[49] Zou Keyuan. Historic Rights in International Law and in China's Practice [J] .*Ocean Development and International Law*, 2001, 32.

[50] Zou Keyuan. The Chinese Traditional Maritime Boundary Line in the South China Sea and Its Legal Consequeces for the Resolution of the Dispute over the Spratly Islands [J]. *International Journal Marine and Coastal Law*, 1999, 14.

三、案例

[1] Aegean Sea Continental Shelf, Judgment, *I. C.J. Reports 1978.*

[2] Alaska v. U.S., 545 U.S. 75 (2005).

[3] Barbados/Trinidad and Tobago Arbitration, Award, *P.C.A. 2006.*

[4] Case concerning Rights of Nationals of the United States of America in Morocco, Judgment, *I.C.J.Reports 1952.*

[5] Case concerning Sovereignty over Certain Frontier Land, (Belgium/Netherlands), Judgment, *I.C.J. Reports 1959.*

[6] Case concerning Sovereignty over Pulau Ligitan and Pulau Sipadan (Indonesia/ Malaysia), *I.C.J.Reports 2002.*

[7] Case concerning the Land, Island and Maritime Frontier Dispute (El Salvador/ Honduras: Nicaragua intervening), Judgemtnt, *I.C.J. Reports 1992.*

[8] Case concerning the Temple of Preah Vihear (Cambodia v. Thailand), Merits, Judgment, *I.C.J. Reports 1962.*

[9] Continental Shelf (Tunisia/Libyan Arab Jamahiriya), Judgment, *I.C.J.Reports 1982.*

[10] Corfu Channel Case, Judgment, *I.C. J. Reports 1949.*

[11] Delimitation of the Continental Shelf between the United Kingdom of Great Britain and Northern Ireland, and the French Republic, *Reports of International Arbitral*

Awards 1978.

[12] Delimitation of the Maritime Boundary in the Gulf of Maine Area，Judgment，*I. C.J. Reports 1984*.

[13] Delimitation of the Polish/Czechoslovakian Frontier Advisory Opinion. *P. C. I. J.* Series B.No.8. 1923.

[14] Dispute concerning Delimitation of the Maritime Boundary between Bangladesh and Myanmar in the Bay of Bengal (Bangladesh/ Myanmar)，Judgement，*ITLOS*，2012.

[15] Eritrea–Yemen Arbitration，Phase 1：Territorial Sovereignty and Scope of the Dispute，Award，*P.C.A. 1998*.

[16] Fisheries Case (United Kingdom v. Norway)，Judgement，*I.C.J. Reports 1951*.

[17] Frontier Dispute (Benin/Niger)，Judgment，*I.C.J. Reports 2005*.

[18] Frontier Dispute (Burking Faso /Republic of Mali)，Judgment，*I.C.J. Reports 1986*.

[19] Grisbadarna Case (Norway v.Sweden)，Award of the Tribunal，*P.C.A. 1909*.

[20] Kasikili/ Sedudu Island (Botswana v. Namibia)，Judgment，*I.C.J. Reports 1999*.

[21] Land and Maritime Boundary between Cameroon and Nigeria (Cameroon v. Nigeria：Equatorial Guinea intervening)，Judgment，*I. C. J. Reports 2002*.

[22] Legal Status of Eastern Greenland (Denmark v. Norway)，*P.C.I.J.* Series A/B No.53，1933.

[23] Maritime Delimitation and Territorial Questions between Qatar and Bahrain，Merits，Judgment，*I. C. J. Reports 2001*.

[24] Mavromattis Palestine Concessions (Greece v. U.K.)，*P.C.I.J.* series A，No. 2，1924.

[25] Military and Paramilitary Activities in and against Nicaragua (Nicaragua v.United States of America) . Merits，Judgment. *I.C.J. Reports 1986*.

[26] Minority Schools in Albania，Advisory Opinion，*P. C. I. J*，Series A/B，No.64，1935.

[27] North Sea Continental Shelf，Judgment，*I.C.J. Reports 1969*.

[28] Sovereignty over Pedra Branca/Pulau Batu Puteh，Middle Rocks and South Ledge (Malaysia/Singapore) .*I.C.J. Reports 2008*.

[29] Sovereignty over Pulau Ligitan and Pulau Sipadan (Indonesia /Malaysia)，Judgment，

I. C. J. Reports 2002.

[30] Territorial and Maritime Dispute (Nicaragua v. Colombia), Judgment, *I.C.J. Reports 2012.*

[31] Territorial and Maritime Dispute between Nicaragua and Honduras in the Caribbean Sea (Nicaragua v. Honduras), Judgment, *I.C.J. Reports 2007.*

[32] Territorial Dispute (Libya Arab Jamahiriya/Chad), Judgment, *I.C.J. Reports 1994.*

[33] The Island of Palmas (United States of America v. the Netherlands), Award of the Tribunal, P. C. A., 1928.

[34] The Minquiers and Ecrehos case (France / United Kingdom), Judgment, *I.C.J. Reports 1953.*

[35] The North Atlantic Coast Fisheries Case (Great Britain v. United States of America), Award of the Tribunal, *P.C.A. 1910.*

[36] Treatment of Polish Nationals and Other Persons of Polish Origin or Speech in the Danzig Territory, Advisory Opinion, *P. C. I. J*, Series A/B, No.44, 1932.

四、报纸文章

[1] 罗马尼亚政府声明　完全支持我国领海规定 [N]. 人民日报，1958-09-26.

[2] 南威岛和西沙群岛介绍 [N]. 人民日报，1951-08-23.

[3] 邵循正. 我国南沙群岛的主权不容侵犯 [N]. 人民日报，1956-06-05.

[4] 邵循正. 西沙群岛是中国的领土 [N]. 人民日报，1956-07-08.

[5] 史棣祖. 南海诸岛自古就是我国领土 [N]. 人民日报，1975-11-25.

[6] 疏震娅. 评菲律宾侵犯黄岩岛的非法无理主张 [N]. 中国海洋报，2012-05-14.

[7] 我国西沙群岛文物考察取得可喜成绩 [N]. 人民日报，1976-08-31.

[8] 我国远洋科学调查又获丰硕成果 [N]. 人民日报，1977-07-20.

[9] 余东晖. 专访贾兵兵教授: 在美国"南海年会"上舌战群儒阐述中国主张 [N]. 中国评论新闻，2014-07-16.

[10] 张颖. 黄岩岛自古以来就是中国领土 [N]. 中国海洋报，2012-05-16.

[11] 郑志华. 中国南海历史性权利主张于法有据 [N]. 法制日报，2014-06-10.

[12] 中国对西沙群岛和南沙群岛的主权无可争辩 [N]. 人民日报，1980-01-31.

[13] 中华人民共和国外交部发言人声明 [N]. 人民日报，1974-01-12.

[14] 专家：南沙主权遭侵犯　我国可退出海洋法公约 [N]. 环球时报，2013-07-20.

五、其他

（一）文件、声明、公告等

[1] 1958 年《中华人民共和国政府关于领海的声明》.

[2] 2014 年《中国政府关于菲律宾所提南海仲裁案管辖权问题的立场文件》.

[3] Arbitration between the Republic of the Philippines and the People's Republic of China. PCA Press Release.

[4] Executive Summary of Joint Submission to the Commission on the Limits of the Continental Shelf Submitted by Malaysia and the Socialist Republic of Vietnam 2009.

[5] Historic Bays：Memorandum by the Secretariat of the United Nations .A/CONF.13/1.

[6] Juridical Regime of Historic Waters including Historic Bays—Study prepared by the Secretariat. A/CN.4/143.

[7] LOS Bulletin，no.10 (November 1987).

[8] LOS Bulletin，no.3 (March 1984).

[9] LOS Bulletin，no.7 (April 1986).

[10] LOS Bulletin，no.9 (April 1987).

[11] Notification and Statement of Claim of the Philippines to the Embassy of the People's Republic of China 2013.

[12] Philippine Position on Bajo de Masinloc and the Waters Within its Vicinity 2012.

[13] Statement by the Ministry of Foreign Affairs of Thailand on the Vietnamess Claims concerning the So-called Historical Waters and the Drawing of Baselines 1985.

[14] Statement of 12 November 1982 by the Government of the Socialist Republic of Vietnam on the Territorial Sea Baseline of Viet Nam.

[15] United Nations Conference on the Law of the Sea，Official Records，Vol.3，First Committee，1958.

（二）条约

[1] 1958 年《领海及毗连区公约》.

[2] 1958 年《关于强制解决争端的任择签字议定书》.

[3] 1958 年《公海捕鱼及养护生物资源公约》.

[4] 1969 年《维也纳条约法公约》.

[5] 1974 年《印度与斯里兰卡关于两国间历史性水域的疆界及有关事项的规定》.

[6] 1976 年《东南亚友好合作条约》.

[7] 1982 年《联合国海洋法公约》.

[8] 2002 年《南海各方行为宣言》.

[9] Agreement on Historic Waters of Vietnam and Kampuchea 1982.

[10] Treaty between Australia and the Independent State of Papua New Guinea concerning Sovereignty and Maritime Boundaries in the Area between the Two Countries，including the Area Known as Torres Strait，and Related Matters 1978.

（三）立法

[1] 1992 年《中华人民共和国领海及毗连区法》.

[2] 1998 年《中华人民共和国专属经济区和大陆架法》.

[3] Constitution of Republic of the Philippines 1935.

[4] Constitution of the Republic of the Philippines 1973.

[5] Constitution of the Republic of the Philippines 1987.

（四）照会

[1] Note Verbale HA 24/09 from the Permanent Mission of Malaysia to the UN Secretary-General.

[2] Note Verbale No.000819 from the Permanent Mission of Philippines to the UN Secretary-General.

[3] Note Verbale No.240/HC–2009 from the Permanent Mission of the Socialist Republic of Vietnam to the UN Secretary-General.

[4] Note Verbale HA 41/09 from the Permanent Mission of Malaysia to the UN Secretary-General.

[5] Note Verbale No.480/POL–703/ Ⅶ /10 from the Permanent Mission of the Republic of Indonesia to the UN Secretary-General.

[6] Note Verbale 77/HC–2011 from the Permanent Mission of the Socialist Republic of Vietnam to the UN Secretary-General.

[7] Note Verbale No.86/HC–2009 from the Permanent Mission of the Socialist Republic of Vietnam to the UN Secretary-General.

[8] Note Verbale No.000228 from the Permanent Mission of Philippines to the UN Secretary-General.

[9] Note Verbale No.CML/18/2009 from the Permanent Mission of the People's Republic of China to the UN Secretary-General.

[10] Note Verbale No.CML/8/2011 from the Permanent Mission of the People's Republic of China to the UN Secretary-General.

[11] Note Verbale No.CML/17/2009 from the Permanent Mission of the People's Republic of China to the UN Secretary-General.

（五）词典

[1] 牛津现代高级英汉双解词典［Z］. 北京：商务印书馆，1988.

[2] 商务印书馆辞书研究中心修订. 新华词典［Z］. 北京：商务印书馆，2001.

[3] 现代汉语词典［Z］. 北京：商务印书馆，2005.

[4] 薛波主编. 元照英美法词典［Z］. 北京：法律出版社，2003.

[5] Bryan A. Garner (editor in chief). *Black's Law Dictionary* [Z]. 9th edition. Eagan, Minnesota: Thomson Reuters Business, 2009.

[6] J. A. Simpson, E. S. C. Weiner. *The Oxford English Dictionary* [Z]. 2nd edition. New York: Oxford University Press, 1989.

索　　引

（词条后页码为该词在正文中首次出现时的页码）

后　记

历史性权利是一个多有争议的问题，其中有很多基本理论需要阐释。我能够对历史性权利问题展开研究，首先要感谢国家海洋局海洋发展战略研究所的贾宇老师，是她最早让我对历史性权利产生兴趣，并坚持进行研究，才最终能获得教育部哲学社会科学研究后期资助项目的支持。

交流是最好的一种学习方法。感谢海南省南海政策与法律研究中心定期举办的研讨会，正是在这些研讨会上，我有幸与国际法的很多前辈、老师进行交流，包括中国社会科学院的刘楠来教授、武汉大学的杨泽伟教授、西南政法大学的周江教授、上海社会科学院的金永明教授、安徽财经大学的张卫彬教授、海南大学法学院的张丽娜教授和王秀卫副教授等。

在大连海事大学工作期间，法学院提供的教学科研环境更是从多角度让我受益良多。感谢司玉琢教授对晚辈的提携，感谢单红军教授和初北平教授给我提供学以致用的机会，感谢赵微教授、李冬梅教授、裴桦教授及徐红菊副教授给我的各种帮助。也要感谢杨晓楠、王文军、黄芬、王勇等各位青年才俊，因为学科的关系，他们从民法学、法理学等视角给我的研究提供了很好的建议。之后来到宁波大学工作，法学院的领导、同事给予了我诸多关心，良好的工作氛围促人奋进。浙江省新型重点专业智库宁波大学东海研究院亦为本书的完成提供了帮助，在此一并致谢。

尤其要感谢的是清华大学的车丕照教授、吉林大学的何志鹏教授。车教授和何教授多年来潜心研究国际法基本理论，而历史性权利的研究本身也属于国际法基本理论的一部分，每遇问题，他们都给了我指导性的意见，使课题的研究能有所突破。

感谢中共中央党校的王军敏教授的赠书及吉林大学姚莹副教授提供的资料，使我的研究更加充分。

同时也要感谢外审专家提出的宝贵意见，感谢武汉大学的杨泽伟教授能够在百忙之中阅读书稿，并为本书作序。

感谢我的家人，我点滴成绩的取得都与他们的付出是分不开的，尤其是姜苏一小同学的鼓舞，总是能让我在想要后退时选择继续前进。

也要感谢高等教育出版社的丁扬编辑，是他的辛苦付出，才使本书能尽快出版。

最后要说明的是，尽管书稿经过了多次修改，但一定有不足之处，敬请专家和读者批评指正。

曲波

2017 年 7 月 29 日